# ग्राम नियोजन

*लोकोपयोगी सामाजिक विज्ञान*

# ग्राम नियोजन

डॉ. महीपाल

nbt.india
एकः सूते सकलम्

राष्ट्रीय पुस्तक न्यास, भारत
NATIONAL BOOK TRUST, INDIA

ISBN 978-81-237-6527-3
पहला संस्करण : 2012
तीसरी आवृत्ति : 2019 *(शक 1941)*

Gram Niyojan *(Hindi Original)*

**₹ 140.00**

निदेशक, राष्ट्रीय पुस्तक न्यास, भारत
नेहरू भवन, 5 इंस्टीट्यूशनल एरिया, फेज-II
वसंत कुंज, नई दिल्ली-110070 द्वारा प्रकाशित
Website: www.nbtindia.gov.in

# विषय सूची

# आमुख

आज हमारे सामने रोजगार के अवसर पैदा करना, क्षेत्रीय असमानताओं को दूर करना, संसाधनों का उचित उपयोग करना, तेजी से बढ़ते शहरीकरण के कारण संसाधनों की खींचतान कम करना, रोजी-रोटी की तलाश में ग्रामीण इलाकों से नगरों को होते पलायन पर अंकुश लगाना, बुनियादी ढांचे का निर्माण करना, विकास व पर्यावरण संबंधी प्रभावों का उपशमन करना तथा ग्रामीण एवं शहरी स्थानीय संस्थाओं के बीच समरसता पैदा करना महत्वपूर्ण चुनौतियां हैं।

उपर्युक्त चुनौतियों का सहभागी ग्राम नियोजन द्वारा ही सामना किया जा सकता है।

स्वतंत्रता प्राप्ति के बाद ग्राम नियोजन के बारे में विभिन्न योजना दस्तावेजों में चर्चा तो हुई किंतु इस ओर कोई ठोस प्रयास नहीं हुए। लेकिन वर्तमान परिस्थितियों को ध्यान में रखते हुए इसकी अब और अनदेखी नहीं की जा सकती। आज प्रत्येक ग्रामीण अपना एवं अपने ग्राम का विकास सभी के सहयोग से करना चाहता है। अगर उसकी यह उम्मीद पूरी नहीं होती है तो इसके परिणाम भयावह हो सकते हैं। बढ़ता उग्रवाद व अलगाववाद इसके ज्वलंत उदाहरण हैं। हालांकि विभिन्न समितियों में नियोजन का जिक्र हुआ, लेकिन 1984 में प्रो. सी. एच. हनुमंता राव की अध्यक्षता में गठित जिला योजना कार्यदल द्वारा प्रस्तुत रिपोर्ट इस दिशा में एक महत्वपूर्ण दस्तावेज के रूप में सामने आई है। किंतु इस कार्यदल की सिफारिशें भी लागू नहीं हुईं। उन्हें लागू न किए जाने के लिए यह तर्क दिया जाता रहा कि जब स्थानीय स्तर पर लोगों द्वारा चुनी गई संस्थाएं अर्थात पंचायतें ही गठित नहीं हैं तो नियोजन में लोगों की भागीदारी कैसे सुनिश्चित होगी। इस कमी को दूर

करने के लिए संविधान में संशोधन किया गया, जिसने न केवल पंचायतों व शहरी निकायों को नया जीवन दिया बल्कि इन संस्थाओं को अपने स्तर पर नियोजन करने और अंततः जिला स्तर पर जिला विकास योजना बनाने का अधिकार भी दिया। वर्ष 2004 में पंचायती राज मंत्रालय बनाया गया ताकि ग्राम नियोजन को पंचायतों के माध्यम से तेजी से लागू किया जा सके।

ग्यारहवीं पंचवर्षीय योजना में यह निर्णय लिया गया था कि ग्राम नियोजन को इस योजना का अभिन्न अंग बनाया जाए, लेकिन इस दिशा में कोई प्रगति नहीं हुई। अब कहा जा रहा है कि 12वीं पंचवर्षीय योजना में इस ओर ध्यान दिया जाएगा। वास्तव में देखा जाए तो राजनैतिक इच्छा की कमी, नौकरशाही द्वारा सहयोग न देने, पंचायतों को उचित अधिकार और शक्तियां प्रदान न किए जाने के कारण पंचायतें न तो स्वायत्त शासन की संस्थाएं बन सकीं और न ही ग्राम नियोजन कर सकीं।

उपर्युक्त के अलावा, पंचायतों के 30 लाख से अधिक चुने गए प्रतिनिधियों को प्रशिक्षण देने के लिए उचित साहित्य उपलब्ध न कराना भी एक बड़ी कमी रही। राष्ट्रीय ग्रामीण विकास संस्थान, राज्य ग्रामीण विकास संस्थानों, क्षेत्रीय ग्रामीण संस्थाओं और स्वयंसेवी संस्थाओं के द्वारा ग्राम नियोजन का प्रशिक्षण भी उचित साहित्य के उपलब्ध न होने के कारण अधूरा ही रहा।

सामान्यतः नियोजन के अंतर्गत पांच बातों अर्थात् क्यों, कौन, कैसे, कहां व क्या का समावेश होता है। क्यों अर्थात् अमुक कार्य का उद्देश्य क्या है, कौन अर्थात् कार्य करने के लिए क्या-क्या कदम उठाने पड़ेंगे, कब अर्थात् समय अवधि क्या होगी, क्या अर्थात् कितने साधन चाहिए। योजना बनाने के बाद उससे प्राप्त होने वाले लाभ का मूल्यांकन करना भी जरूरी होता है। प्रस्तुत पुस्तक में इन सभी पक्षों पर विभिन्न अध्यायों के माध्यम से प्रकाश डाला गया है। स्तरोल प्लेर व बॉक्सों का उपयोग पठन सामग्री की उपयोगिता में चार चांद लगाता है। पठन सामग्री को अधिक उपयोगी बनाने के लिए आवश्यक अनुबंध भी दिए गए हैं।

मैंने अपने सेवाकाल में विभिन्न पदों, विशेषकर पंचायती राज मंत्रालय में अपर सचिव और उसके बाद राष्ट्रीय ग्रामीण विकास संस्थान, हैदराबाद में महानिदेशक के पद पर रहते हुए ग्राम नियोजन को अमल में लाने के लिए विभिन्न प्रयास किए थे। राष्ट्रीय ग्रामीण विकास संस्थान के महानिदेशक के नाते मैंने पंचायत प्रतिनिधियों व सरकारी कर्मचारियों की प्रशिक्षण जरूरतों व उचित पठन सामग्री पर गहराई से

अध्ययन किया और पाया कि देश में अच्छे प्रशिक्षक एवं उचित पठन सामग्री दोनों का ही अभाव है।

ग्राम नियोजन विषय पर हिंदी में ही नहीं क्षेत्रीय भाषाओं एवं अंग्रेजी में भी पठन सामग्री का अभाव है। डॉ. महीपाल द्वारा लिखित यह पुस्तक इस कमी को पूरा करती है। इस पुस्तक का लाभ देश के कोने-कोने तक पहुंचे, इसके लिए इस पुस्तक का अनुवाद विभिन्न भाषाओं व अंग्रेजी में भी होना चाहिए।

यह पुस्तक पंचायत कर्मियों, विद्यार्थियों, प्रशिक्षण संस्थानों, प्रशिक्षकों, अध्यापकों, शोधकर्ताओं व आम आदमी के लिए उपयोगी सिद्ध होगी। प्रस्तुत पुस्तक सरल भाषा शैली में लिखी गई है। मैं आशा करता हूं कि यह पुस्तक ग्राम नियोजन की प्रक्रिया को सुदृढ़ करने में मील का पत्थर साबित होगी।

नेशनल बुक ट्रस्ट, इंडिया ने यह पुस्तक प्रकाशित कर एक सराहनीय कार्य किया है।

**बी. के. सिन्हा**
सचिव, भारत सरकार
ग्रामीण विकास मंत्रालय

# भूमिका

ग्रामीण विकास के लिए ग्राम नियोजन के प्रति स्वतंत्रता प्राप्ति से पहले और बाद में अनेक प्रयास किए गए। स्वतंत्रता प्राप्ति से पहले किए गए प्रयास मुख्यतः व्यक्तिनोमुख थे। जब तक व्यक्ति विशेष, जिसने ये प्रयास सुनिश्चित किए थे, दृश्य पर रहा, योजना प्रभावी रही। वह जैसे ही दृश्य से ओझल हुआ वैसे ही योजना भी कुछ समय के बाद ओझल हो गई।

लेकिन स्वतंत्रता प्राप्ति के बाद ग्राम नियोजन के लिए सरकारी स्तर पर अनेक प्रयास किए गए। सन् 1950 में नियोजन व्यवस्था शुरू होने से ही प्रत्येक क्षेत्र में विशिष्ट स्थायी निधि पर आधारित एकीकृत स्थानीय क्षेत्र योजनाओं की आवश्यकता महसूस की गई थी। लेकिन अनेक रिपोर्टों और अध्ययनों के नतीजे बताते हैं कि ऐसी योजना के छुट-पुट प्रयास और अलग-थलग मामले ही सामने आए।

ग्राम नियोजन में लोगों की भागीदारी नहीं थी। पंचायतें अस्तित्व में थी, लेकिन वे केवल नाम के लिए ही थीं। इनके माध्यम से समाज के सभी वर्गों की भागीदारी नहीं हो रही थी। आजादी के बाद पंचायतों को सशक्त संस्थाएं बनाने के बजाय, सामुदायिक विकास व राष्ट्रीय विस्तार कार्यक्रम चलाए गए। इन कार्यक्रमों के संचालन में लोगों की सहभागिता कम, नौकरशाही की ज्यादा रही। इसलिए ग्राम नियोजन के प्रयास असफल हो गए। इसलिए पंचायतों को सुदृढ़ आधार प्रदान करने और लोगों की भागीदारी सुनिश्चित करने के लिए बलवंत राय मेहता समिति और अशोक मेहता समिति गठित की गई। इन समितियों ने अन्य सुझावों के साथ-साथ पंचायतों द्वारा लोगों की भागीदारी से योजना बनाने का सुझाव भी दिया। लेकिन इन समितियों के सुझाव कागजों तक ही सीमित रहे। सन् 1977 में ब्लॉक स्तर पर समिति ने ब्लॉक योजना बनाने की सिफारिश की। लगभग सात वर्षों के बाद 1984

में प्रो. सी.एच. हनुमंता राव की अध्यक्षता में गठित जिला योजना कार्यदल ने विकेंद्रीकृत योजना बनाने की सिफारिश की थी। लेकिन प्रायोगिक तौर पर कुछ राज्यों ने एक या दो जिलों की योजना बना ली। बस यही नतीजा इन समितियों और कार्यदल की सिफारिशों का रहा।

संविधान के 73वें और 74वें संशोधनों में ग्राम पंचायत, मध्यवर्ती पंचायतों और जिला पंचायत स्तर पर तथा शहरी स्थानीय संस्थाओं में स्थानीय योजना बनाने व अन्ततः जिला विकास योजना बनाने के प्रावधान दिए गए थे। वर्ष 2004 में पंचायती राज मंत्रालय का जन्म ग्राम नियोजन को पंचायती राज संस्थाओं के माध्यम से तैयार व उसे लागू करने के लिए महत्वपूर्ण प्रयास था।

हालांकि, संवैधानिक आदेश-पत्र को अमल में लाए हुए दो दशक होने को हैं लेकिन ग्राम योजना का हाल बेहाल है क्योंकि नतीजा नौ दिन चले अढ़ाई कोस ही रहा। छुट-पुट प्रयास के अलावा कोई ठोस आधार ग्राम नियोजन के क्रियान्वयन को नहीं दिया गया। अतः निर्णय लिया गया कि जिला योजना प्रक्रिया 11वीं पंचवर्षीय योजना (2007-12) और वार्षिक योजना 2007-08 को तैयार करने की प्रक्रिया का एक अभिन्न हिस्सा बने। लेकिन प्रगति निराशाजनक ही रही। अब कहा जा रहा है कि 12वीं पंचवर्षीय योजना के प्रारूप पत्र में विकेंद्रीकरण को प्रमुख स्थान दिया जाएगा। राजनैतिक इच्छा की कमी, नौकरशाही के सहयोग की कमी, पंचायतों को उचित अधिकार और शक्तियां प्रदान न होने के कारण ये संस्थाएं न तो स्वायत्त शासन की संस्थाएं बन सकीं और न ही ग्राम नियोजन कर सकीं। उपरोक्त के अलावा, ग्राम नियोजन का यह हाल होने का एक कारण यह भी रहा कि पंचायत प्रतिनिधियों, सरकारी कर्मियों, स्वयंसेवी संस्थाओं और अन्य सभी जो इस कार्य में लगे हैं, को उचित साहित्य की उपलब्धता भी नहीं हो पाई। राज्य सरकारें, राज्य ग्रामीण विकास संस्थानों और स्वयंसेवी संस्थाओं के द्वारा ग्राम नियोजन का प्रशिक्षण भी उचित साहित्य न होने के कारण अधूरा ही रहा। इसी कमी को ध्यान में रखकर यह पुस्तक लिखी गई है।

ग्राम नियोजन से संबंधित सभी विषयों को दस अध्यायों में बांटा गया है। प्रथम अध्याय में भारत में ग्राम नियोजन के इतिहास पर चर्चा की गई है। अध्याय दो में विकास के अर्थ को बताया गया है। अध्याय तीन में नियोजन के अर्थ पर प्रकाश डाला गया है। अध्याय चार में ग्राम नियोजन के मुख्य पहलुओं को प्रस्तुत किया गया है। अध्याय पांच में ग्रामीण विकास के मुख्य कार्यक्रमों (जो कि पंचायतों

के माध्यम से लागू किए जाते हैं) का अध्ययन किया गया है। छः अध्याय में ग्राम विकास के क्षेत्र में सफलताओं की मिसालें दी गई हैं जो मुख्यतः पंचायतों द्वारा किए गए उन्नत कार्यों से संबंधित हैं। अध्याय सात में वित्तीय संसाधनों पर प्रकाश डाला गया है। अध्याय आठ में पंचायत स्तर-वार सर्वेक्षण, परिकल्पना और योजना प्रारूप में विभिन्न पहलुओं पर विस्तृत रूप से चर्चा की गई है। अध्याय नौ में जिला योजना प्रक्रिया पर चर्चा की गई है तथा समीक्षा और मूल्यांकन पर चर्चा अध्याय दस में की गई है। उपरोक्त अध्यायों में ग्राम नियोजन के विभिन्न पहलुओं पर चर्चा उदाहरणों के साथ की गई है। 'रोल प्ले' भी दिए गए हैं। सामग्री को अधिक आकर्षक बनाने के लिए बॉक्स का सहारा भी लिया गया है। पुस्तक में उपयुक्त सामग्री के साथ-साथ अनुबंध भी दिए गए हैं जोकि पाठकों के लिए रुचिकर ही नहीं उपयोगी भी सिद्ध होंगे।

ग्राम नियोजन विषय पर हिंदी भाषा में पुस्तकों का अभाव है। उपरोक्त सारे बिंदुओं का समावेश करने वाली शायद ही हिंदी और अंग्रेजी भाषाओं में पुस्तक हों। अतएव यह पुस्तक पंचायत कर्मियों, स्वयंसेवी संस्थाओं, प्रशिक्षण संस्थानों, अध्यापकों, शोधकर्ताओं व जन सामान्य के लिए उपयोगी सिद्ध होगी। इस आशा के साथ ही यह प्रयास किया गया है। पुस्तक सरल भाषा शैली में लिखी गई है। हम आशा करते हैं कि यह पुस्तक सभी को पसंद आएगी और ग्राम नियोजन प्रक्रिया को सफल बनाने में सहायक सामग्री सिद्ध होगी।

मैं, श्री बी. के. सिन्हा, सचिव, ग्रामीण विकास मंत्रालय का तहे दिल से शुक्रिया अदा करता हूं, जिन्होंने अपने व्यस्त कार्यक्रम में से समय निकालकर इस पुस्तक का आमुख लिखना स्वीकार किया। इस पुस्तक में सहयोग देने के लिए मैं श्री इन्द्र कुमार पांडे, डॉ. मदन राय, श्री फूल सिंह और श्री संजय कुमार का भी आभार प्रकट करता हूं।

लेखक नेशनल बुक ट्रस्ट, इंडिया के सहायक संपादक श्री पंकज चतुर्वेदी का हृदय से आभारी है कि उन्होंने पुस्तक का संपादन न केवल मनोयोग से किया बल्कि पुस्तक को अधिक उपयोगी बनाने के लिए अनेक सुझाव भी दिए।

अंत में, मैं नेशनल बुक ट्रस्ट, इंडिया के अधिकारियों और अन्य कर्मियों के प्रति भी आभार व्यक्त करना अपना कर्तव्य समझता हूं, जिनके प्रयासों से पुस्तक का प्रकाशन अल्प समय में संभव हो सका। सुधी पाठकों के सुझावों का स्वागत रहेगा।

**डॉ. महीपाल**

*अध्याय-1*

# भारत में ग्राम नियोजन का इतिहास

## प्रस्तावना

भारत में ग्राम नियोजन के लिए विभिन्न प्रयास व्यक्तिगत, सामुदायिक व सरकारी स्तरों पर किए गऐ हैं। ये प्रयास स्वतंत्रता प्राप्ति से पहले और बाद के दोनों समय में हुए हैं। 73वें और 74वें संविधान संशोधनों के द्वारा ग्राम नियोजन को संवैधानिक दर्जा मिला है। यह दर्जा मिलने के बाद इस ओर राष्ट्रीय, राज्य और स्थानीय स्तरों पर ग्राम नियोजन के लिए अधिक प्रयास हो रहे हैं। इस अध्याय में स्वतंत्रता प्राप्ति से पूर्व व बाद के समय में ग्राम नियोजन की ओर हुए विभिन्न प्रयासों का संक्षेप में वर्णन किया गया है ताकि पाठक ग्राम नियोजन के बारे में छोटे और बड़े पैमानों पर हुए अब तक के प्रयासों की जानकारी प्राप्त कर यह समझ सकेंगे कि ये प्रयास किसके द्वारा और कहां शुरू किए गए थे तथा कहां तक सफल रहे।

## 1. स्वतंत्रता प्राप्ति से पहले के प्रयास

स्वतंत्रता प्राप्ति से पहले छोटे पैमाने और सूक्ष्म स्तर पर विभिन्न प्रयास किए गए थे जिनका यहां पर संक्षेप में वर्णन किया गया है।

### रवीन्द्रनाथ टैगोर योजना

रवीन्द्रनाथ टैगोर द्वारा 1914 में स्थापित विश्व-भारती ने 1921 में अपने ग्रामीण पुनर्निर्माण विभाग के बैनर तले श्री निकेतन सूरज ग्राम परियोजना की शुरुआत की थी। इस परियोजना का ध्येय था कि गांव का विकास ग्रामीणों की अपनी समझ से हो। इस परियोजना के तहत ग्रामीण समस्याओं का सर्वेक्षण द्वारा जानकारी प्राप्त

कर ग्रामीण सामाजिक विकास अर्थात शिक्षा, स्वास्थ्य व जनकल्याण को बढ़ाने का प्रयास किया गया था। इस परियोजना के अंतर्गत कुटीर उद्योगों को बढ़ावा देने के साथ-साथ फलों व सब्जियों की खेती को भी प्रोत्साहन दिया गया था। कुटीर उद्योगों को भी बढ़ावा दिया गया। किसानों को पशु नस्ल सुधार की जानकारी भी दी गयी थी। शिक्षा व स्वास्थ्य में सुधार के लिए भी सहकारिता के आधार पर प्रयास किए गए थे। ग्राम रक्षा के लिये बालचर संगठन बनाये गए थे। नेताओं, स्वयंसेवकों, बालचरों के प्रशिक्षण हेतु गांवों में कैंप लगाने व मनोरंजन के लिए नाटक तथा खेलकूद का भी प्रबंध इस योजना के अंतर्गत किया गया था।

यह परियोजना कुछ समय के लिये तो सफल रही। लेकिन बाद में लोगों की भागीदारी की कमी, सरकार का सहयोग न होना, स्वैच्छिक कार्यकर्ताओं को वेतन न मिलना इस योजना के विफल होने के मुख्य कारण रहे। चूंकि यह योजना व्यक्ति विशेष द्वारा चलाई गयी थी इसलिए आम लोगों का सहयोग भी इसे सतत् रूप से न मिल सका। यह भी इस योजना के असफल होने का कारण रहा।

## गुड़गांव योजना

सन् 1920 से 1926 के दौरान गुड़गांव जिला (जो अब हरियाणा राज्य में है) के उस समय के उप-आयुक्त श्री एफ.एल. ब्रॉयन ने कृषि उपज बढ़ाने, फिजूलखर्ची रोकने, स्वास्थ्य में सुधार लाने, स्त्री विकास व गृह विकास जैसे उद्देश्यों को ध्यान में रखकर एक परियोजना लागू की थी जिसे 'गुड़गांव योजना' के नाम से जाना जाता है।

जब तक श्री ब्रॉयन रहे तब तक यह परियोजना सफल रही। उनके चले जाने के बाद जनता व इस योजना में लगे कार्यकर्ताओं में उत्साह कम हो गया। प्रचार-प्रसार भी नहीं हो पाया। उचित मूल्यांकन व उससे निकले नतीजों पर कार्रवाई करने का भी अभाव रहा। इस योजना से यह सीख मिलती है कि यदि सरकारी अधिकारी रुचि लें तो विकास के कार्यों को प्रभावी सफलता मिलती है।

## मार्तंडम ग्राम विकास योजना

वाई.एम.सी.ए. के मार्गदर्शन मे डॉ. स्पेंसर हैच के द्वारा उस समय दक्षिण भारत के तत्कालीन त्रावणकोर कोचीन राज्य में सन् 1921 में मार्तंडम गांव को केंद्र मानकर आस-पास के 40 गांवों में यह योजना शुरू की गई थी। इस योजना को 'मार्तंडम योजना' के नाम से जाना जाता है। इस योजना का मुख्य उद्देश्य आध्यात्मिक, मानसिक, शारीरिक, सामाजिक और आर्थिक विकास करना था। इस योजना के अंतर्गत संगठनात्मक ढांचा क्रमशः गांव स्तर पर ग्राम समिति, क्षेत्रीय स्तर पर क्षेत्रीय

विकास समिति गठित करना और केंद्र स्तर पर प्रदर्शन केंद्र तैयार करना था। लोगों में कार्यक्रमों के प्रति विश्वास दिलाने के लिए विभिन्न कार्यक्रम ग्राम स्तर व क्षेत्र स्तर पर लागू किए गए थे। कृषि पर आधारित ग्रामीण उद्योग धन्धे सहकारिता व पंचायतों पर विशेष ध्यान दिया गया था। समाज के सभी वर्गों का सहयोग प्राप्त करने के लिये शिक्षा सम्बन्धी कार्यक्रम भी चलाए गए थे। चूंकि इस परियोजना के अंतर्गत संगठनात्मक ढांचा खड़ा किया गया था जिसके कारण यह योजना काफी सफल रही। इसी योजना के अनुभवों के आधार पर बड़ौदा, हैदराबाद, आदि जगहों पर भी इस तरह के प्रयास किए गए। लेकिन डा. हैच के देहान्त के बाद वाई.एम.सी.ए. नेतृत्व के मुद्दे को लेकर विवादों के घेरे में फंस गया। नतीजन स्वैच्छिक कार्यकर्ताओं को वेतन न मिलने के कारण वे अपने कार्यों के प्रति उदासीन हो गये और नतीजा यह हुआ कि यह प्रयास भी ज्यादा समय तक सफल नहीं हो पाया।

## कसम्बा ग्राम विकास परियोजना

श्री वी.टी. कृष्णमाचारी द्वारा वर्ष 1931-32 के दौरान बड़ौदा में 'कसम्बा ग्राम विकास परियोजना' गांवों में लोगों का जीवन स्तर सुधार करने, ग्रामोद्योगों का विकास करने व सामाजिक विकास को ध्यान में रखकर चलाई गई थी। यह योजना भी शुरू में तो अन्य योजनाओं की तरह सफल रही। चूंकि योजना का आधार भी व्यक्तिगत होने के कारण आम लोगों का सहयोग नहीं मिल सका और अंततः योजना सतत् रूप से नहीं चल पाई।

## सर विश्वैश्वरैया योजना

स्वतंत्रता प्राप्ति से पहले ग्राम नियोजन के ऊपर सबसे उल्लेखनीय कार्य सर विश्वैश्वरैया ने 1934-35 में भारत के लिए नियोजित अर्थव्यवस्था नामक पुस्तक लिखकर किया था। इस पुस्तक में भारत के नियोजित विकास के लिए दस वर्षीय कार्यक्रम प्रस्तुत किया गया था। इस योजना को विश्वैश्वरैया योजना के नाम से जाना जाता है। योजना के मुख्य उद्देश्य क्रमशः औद्योगिक उत्पादन में वृद्धि, राष्ट्रीय आय को दस वर्षों में दुगना करना, व्यवसायों में संतुलन स्थापित करना, लघु व बड़े उद्योगों का समन्वित विकास और तीव्र आर्थिक विकास थे।

'सर विश्वैश्वरैया योजना' जापान व इंग्लैण्ड के अनुभवों व भारत की जमीनी हकीकत को ध्यान में रखकर बनाई गई थी, जो तीन बातों पर आधारित थी। प्रथम, विकास की मुख्य धाराएं, द्वितीय, जिला संगठन व तृतीय, गांव व कस्बा संगठन। विकास की मुख्य धाराओं के अंतर्गत लोगों की आधारभूत आवश्यकताएं जैसे अन्न,

कपड़े, घर, शिक्षा, मनोरंजन व कामकाज़ संबंधित गतिविधियां थीं जिनको ध्यान में रखकर विभिन्न नीतियां व कार्यक्रम उन्होंने सुझाए थे। जिला संगठन के अंतर्गत जिला आर्थिक समिति बनाने का प्रावधान था जिसमें सात से 12 सदस्य सुझाए गए थे उनमें से आधे जनता द्वारा चुने होने का प्रावधान था। सर विश्वैश्वरैया योजना के अंतर्गत एक जिला विकास अधिकारी नियुक्त करने का भी प्रावधान था जिसका कार्य मुख्य रूप से जिला आर्थिक समिति द्वारा पारित योजनाओं व कार्यक्रमों को लागू करना था। गांवों में स्व-शासन के लिये उन्होंने सुझाव दिया था कि 10 या 12 गांव, जिनकी आबादी 5,000 व 10,000 के बीच में हो, के लिए ग्रामीण यूनियन या ग्रामीण समिति बनाई जाए। इस समिति में सात से 12 सदस्य हों जो गांव के परिवारों के मुखियाओं द्वारा चयनित हों। ये समिति गांव के आंकड़े तैयार करने के साथ-साथ उत्पादन व आमदनी बढ़ाने के मुद्दों पर कार्य करेगी। जब ये समितियां समर्थ हो जाएंगी तो जिला संगठन के कार्य भी इन्हें सौंप दिए जाएंगे। इसी तरह शहरी विकास के लिए शहरी क्षेत्रों में भी विकास समितियां बनाने का सुझाव उन्होंने दिया था।

सामाजिक संरचना 'सर विश्वैश्वरैया योजना' का मुख्य घटक था। इसको उन्होंने 'विकास में सहायता' की संज्ञा दी थी। इसके अतिरिक्त उन्होंने आर्थिक, शैक्षणिक, औद्योगिक और स्वास्थ्य सम्बन्धी संरचनाओं को भी अपनी योजना में शामिल किया था। इस प्रकार 'सर विश्वैश्वरैया योजना' लोगों की भागीदारी से उत्पादन व आय में सतत् वृद्धि का प्रारूप था। दुर्भाग्य यह रहा कि इस योजना के ऊपर तत्कालीन सरकार ने कोई ध्यान नहीं दिया। अगर उस समय इस योजना पर ध्यान दिया गया होता तो भारत की सामाजिक-आर्थिक स्थिति वर्तमान समय से कहीं अधिक बेहतर हुई होती।

उपरोक्त प्रयास ज्यादा सफल तो नहीं हुए लेकिन इन प्रयासों का प्रभाव यह रहा कि राष्ट्र की विभिन्न समस्याओं का अध्ययन कर भारत में नियोजित आर्थिक विकास का प्रारूप तैयार करने के लिए सरकार ने एक राष्ट्रीय नियोजन समिति का गठन किया। लेकिन उसी समय द्वितीय विश्व युद्ध छिड़ जाने के कारण इस योजना पर सरकार द्वारा कोई अमल नहीं किया गया।

## बम्बई योजना

'बम्बई योजना' को बम्बई के आठ उद्योगपतियों द्वारा तैयार किया गया था। इस योजना के मुख्य उद्देश्य 15 वर्षों में एक हज़ार करोड़ रुपए खर्च कर राष्ट्रीय आय को

तिगुना करना, प्रति व्यक्ति आय को दुगना करना, शिक्षा क्षेत्र को प्राथमिकता, कृषि क्षेत्र में वृद्धि, निजी उद्योगों का विकास व परिवहन साधनों का विकास करना था।

## जन योजना

बम्बई योजना के बाद श्री एम.एन. राय ने जन योजना का प्रतिपादन किया था। इस योजना के अंतर्गत आर्थिक जगत में सरकारी हस्तक्षेप की आवश्यकता पर बल दिया गया था ताकि समाज के शोषित वर्ग का संरक्षण विभिन्न आर्थिक क्रियाओं के संचालन द्वारा किया जा सके। चूंकि जन योजना समाजवादी विचारों से प्रभावित थी इसलिये उस पर सरकार द्वारा कोई ध्यान नहीं दिया गया।

## गांधीवादी योजना

श्री मन्नारमण ने गांधीवादी योजना का प्रतिपादन किया, जिसके अंतर्गत नियोजित विकास की एक दस वर्षीय योजना प्रस्तावित थी। गांधी जी के सिद्धांतों के आधार पर ग्राम स्वराज्य प्राप्त करने के उद्देश्यों को लेकर यह योजना 1947 में उस समय तत्कालीन मद्रास राज्य में चलाई गई थी। इस योजना के अंतर्गत यातायात के साधनों का विस्तार, ग्राम पंचायतों का संगठन, सहकारी समितियों का निर्माण, सिंचाई के साधनों का विकास, पशुधन का विकास तथा खादी व ग्रामीण उद्योगों का विकास करना था। गांधीवादी विचारधारा को समाहित कर यह एक स्वागतयोग्य योजना प्रारूप था लेकिन इसका भी क्रियान्वयन नहीं हो सका क्योंकि इस योजना में शहरी व ग्रामीण जीवन के बारे में सामंजस्य नहीं था। दूसरे, केंद्र सरकार व विभागीय सहयोग न मिलने के कारण यह योजना भी सफल नहीं हो सकी।

## भारतीय ग्राम सेवा योजना

डा. विलियग एच. फिशर द्वारा ग्रामीणों को स्वावलम्बी बनाने के उद्देश्य से 1947 में उत्तर प्रदेश के कुछ जिलों में यह योजना लागू की गई थी। इस योजना के अंतर्गत जनता में विकास के कार्यों में भागीदारी बढ़ाने के लिए विभिन्न संगठनात्मक ढांचा खड़ा करने के लिए ग्राम स्तरीय कार्यकर्ताओं तथा सामाजिक कार्यकर्ताओं की नियुक्तियां की गई थीं। चयनित जिलों में स्वास्थ्य, गृह विज्ञान, विकास, मनोरंजन, शिक्षा, कुटीर उद्योग व परिवार नियोजन से सम्बन्धित कार्यक्रम चलाए गये थे। प्रारम्भ में यह कार्यक्रम सफल रहा लेकिन ईसाइयों द्वारा चलाये जाने के कारण समाज के उच्च वर्ग का असहयोग रहा और अंततः योजना सतत् रूप से नहीं चल सकी।

## नीलोखेड़ी योजना

देश विभाजन के बाद शरणार्थियों को बसाने के लिये हरियाणा राज्य में दिल्ली व चंडीगढ़ हाईवे पर स्थित नीलोखेड़ी नामक गांव व उसके आसपास के गांवों में यह योजना श्री एस.के. डे के मार्गदर्शन में 1948 में शुरू की गई थी। इस योजना का मुख्य उद्देश्य लोगों को उनकी समझ, गुण व रुचि के अनुसार प्रशिक्षण देकर कुटीर उद्योगों का विकास करना तथा ऊसर व दलदली जमीन को कृषि योग्य बनाना था। इस योजना के अंतर्गत आवासीय, औद्योगिक, कृषि, प्रशिक्षण, शिक्षण, स्वास्थ्य, सहकारिता, बागवानी व कृषि प्रसार सम्बन्धी विभिन्न गतिविधियां शुरू की गईं। यह योजना भी अन्य योजनाओं की तरह कुछ सीमा तक ही सफल रही।

## इटावा प्रायोगिक योजना

उत्तर प्रदेश में इटावा जिले से 40 कि.मी. दूर मेंहवा ग्राम को केंद्र मानकर उसके आस-पास के 56 गांवों में यह योजना श्री अलवर्ट मायर के मार्गदर्शन में शुरू की गई थी। इस योजना को 'औसत जिला योजना' के नाम से भी जाना जाता है। इस योजना का मुख्य उद्देश्य कृषि, विकास, सहकारिता का विकास, लोगों में आत्म-विश्वास बढ़ाना, सामुदायिक जीवन तथा स्वावलम्बन की भावनाओं का विकास करना था। इस योजना के अंतर्गत सामाजिक, आर्थिक, औद्योगिक, सूचना-प्रसार, कृषि, सिंचाई, सामुदायिक विकास तथा कला व सांस्कृतिक विकास के लिए विभिन्न कार्यक्रम चलाए गए थे। औसत जिला योजना के परिणाम उत्साहवर्धक रहे। इस योजना की सफलता से प्रेरित होकर गोरखपुर व फैज़ाबाद जिलों में भी इस प्रकार की योजनाएं चलाई गईं। भारत सरकार द्वारा 1952 में शुरू किया गया सामुदायिक विकास कार्यक्रम इसी योजना की सफलताओं को ध्यान में रखकर शुरू किया गया था।

उपरोक्त प्रयास सरकारी, गैर-सरकारी व व्यक्तिगत स्तर पर किए गए थे। इसलिए इन योजनाओं के परिणाम अधिक प्रभावी व सतत् नहीं हो सके। प्रयासों के असफल होने के मुख्य कारण व्यक्तिगत केन्द्रित प्रयास, लोगों की भागीदारी का अभाव, सरकार का असहयोग, प्रचार-प्रसार का अभाव, ग्रामीण कार्यकर्ताओं का स्वैच्छिक कार्य या अल्प वेतन, आदि रहे। लेकिन उपरोक्त वर्णित ग्राम नियोजन के लिए किए गए प्रयासों से प्राप्त अनुभवों ने ग्रामीण विकास की रूपरेखा तैयार करने में महत्वपूर्ण भूमिका निभाई थी।

## 2. स्वतंत्रता प्राप्ति के बाद के प्रयास

आजादी प्राप्ति के समय भारत की अर्थव्यवस्था चरमराई हुई थी। खाद्यानों का अभाव, कच्चे माल की कमी, देश के विभाजन के कारण उत्पन्न प्रतिकूल आर्थिक और सामाजिक परिस्थिति, मुद्रा-स्फीति, प्रतिकूल भुगतान संतुलन और परिवहन के साधनों का अभाव, आदि मुख्य समस्याएं थीं। इस पृष्ठभूमि में आइये देखते हैं कि योजना काल, जो 1951 से आरम्भ हुआ था, में ग्राम नियोजन की ओर क्या प्रयास हुए।

### पहली पंचवर्षीय योजना

पहली पंचवर्षीय योजना का उद्देश्य जनता की भागीदारी से जनता के जीवन स्तर को ऊंचा उठाना और बेहतर जीवन के लिए अवसर प्रदान करना था। लोगों की भागीदारी सुनिश्चित करने के लिए ग्राम स्तर पर कोई एजेंसी/संगठन होने की बात भी इस योजना में कही गई थी। लोकतांत्रिक संस्थाओं का जिक्र भी इस योजना में किया गया था। इस योजना के प्रारूप के अनुसार स्थानीय नियोजन आवश्यक है। संक्षेप में, इस योजना में विकेंद्रीकृत नियोजन लोगों की भागीदारी के साथ करने पर बल दिया गया था। यह अच्छी शुरुआत थी लेकिन ऐसा करने के लिए क्या तरीके अपनाए जाएं आदि का वर्णन इस योजना में नहीं किया गया था। इसके अतिरिक्त, विकेंद्रीकृत योजना बनाने के लिये विभिन्न स्तरों पर सरकारी मशीनरी व आंकड़ा सार भी जरूरी है। इन सब बातों की चर्चा भी इस योजना में नहीं की गई थी। कुल मिलाकर सकारात्मक बात इस योजना की यह रही कि इस योजना के दौरान सामुदायिक विकास व राष्ट्रीय विस्तार सेवा कार्यक्रम शुरू हुए जिनका उद्देश्य ग्रामीणों की सामाजिक व आर्थिक स्तर में बढ़ोत्तरी करना था।

### दूसरी पंचवर्षीय योजना

दूरारी पंचवर्षीय योजना ने भी लोकतांत्रिक योजना में सामुदायिक सहयोग व सहभागिता के महत्व को पहचाना। इस योजना में इस मुद्दे पर प्रकाश डाला गया था कि गांव की औसतन जनसंख्या कितनी होनी चाहिए, ताकि गांव की उचित योजना बन सके। इसी ध्येय को ध्यान में रखकर इस योजना में इस बात पर जोर दिया गया कि गांव की जनसंख्या का पुनरावलोकन करने की जरूरत है ताकि प्रभावी गांव इकाई व जीवंत पंचायत स्थापित हो सके। स्थानीय शासन विभागों के मंत्रियों की 1954 में हुई बैठक में यह बात कही गई थी कि एक पंचायत की जनसंख्या 1000 से 1500 के बीच हो तो उचित रहेगा। इस योजना के अंतर्गत गांव स्तर पर कार्यकलाप चित्रण की भी बात कही गयी। यह मुद्दा प्रभावी नियोजन के लिए जरूरी है क्योंकि पंचायतों/प्रशासन के

विभिन्न स्तरों पर कार्यों का बंटवारा उनकी क्षमता को ध्यान में रखकर करना चाहिए। गांव, ब्लाक, टॉउन, तहसील स्तरों पर योजना बनाने की बात भी इस योजना के अंतर्गत कही गयी थी। योजना बनाने के लिए जिला स्तर पर जिला विकास समिति व ब्लाक स्तर पर विकास समिति बनाने की बात भी कही गयी थी। ये दोनों व्यवस्थाएं ग्राम नियोजन के लिये उचित कदम थे।

कुल मिलाकर कहें कि इस योजना में ग्राम नियोजन, ब्लाक नियोजन व जिला नियोजन की बात पर जोर दिया गया तथा इसके लिये संस्थाओं के गठन की भी बात कही गई थी लेकिन ये सब अलग-अलग तरह से कहा गया और कुल मिलाकर यह प्रयास एकीकृत रूप में संपूर्ण योजना प्रक्रिया का हिस्सा नहीं बन सका। इसी दौरान 1957 में बलवंत राय मेहता समिति ने सामुदायिक विकास और राष्ट्रीय विस्तार सेवा का मूल्यांकन कर अपना प्रतिवेदन प्रस्तुत किया जिसमें तीन स्तरीय (ग्राम, ब्लाक व जिला) पंचायती राज व्यवस्था स्थापित करने की सिफारिश की थी तथा राज्य सरकारों से पंचायतों को जरूरी संसाधन, अधिकार व शक्तियां प्रदान करने की भी सिफारिश इस समिति ने प्रस्तुत की थी ताकि ये संस्थाएं अपने स्तर पर हस्तांतरित कार्यों का सम्पादन उचित प्रकार से कर सकें।

## तीसरी पंचवर्षीय योजना

तीसरी पंचवर्षीय योजना में भी पंचायती राज संस्थाओं को विकेंद्रीकृत नियोजन में भागीदार होने की बात दोहराई गयी थी ताकि ये योजनाएं लोगों के द्वारा, लोगों के लिए स्थानीय संसाधनों के आधार पर बनाई जा सकें व लागू भी की जा सकें। लेकिन इस योजना अवधि में भी विभिन्न स्तरों पर संस्थाएं बनाने की बात, जो दूसरी पंचवर्षीय योजना के दस्तावेज में कही गई थी, फलीभूत नहीं हो सकीं।

## चौथी पंचवर्षीय योजना

इस योजना के प्रारूप में भी जिला व स्थानीय योजना लोगों की भागीदारी से पंचायतों द्वारा योजना बनाने की बात को फिर से दोहराया गया था। योजना बनाने के लिए उचित संसाधनों (वित्तीय व मानवीय) की बात पर महत्व दिया गया था। लेकिन ऐसा नहीं हुआ क्योंकि राज्य सरकारों ने न तो पंचायतों को उचित कार्य और न ही वित्तीय साधन सौंपे। इस योजना में एक महत्वपूर्ण बात यह हुई कि पहली बार विकास के लिये एकीकृत क्षेत्र विचार को चलन में लाया गया। इसके लिए प्रायोगिक परियोजना शुरू की गई जो कि इस योजना के लिए एक महत्वपूर्ण मील का पत्थर साबित हुआ। योजना आयोग ने राज्य सरकारों को जिला योजना बनाने की मार्गदर्शिका जारी की

ताकि उचित प्रभावी योजना एकीकृत क्षेत्र दृष्टिकोण को ध्यान में रखकर बनाई जा सके और लागू की जा सके। यह भी महसूस किया गया कि केंद्र पोषित योजना स्थानीय आधारभूत वास्तविकताओं को ध्यान में रखकर नहीं बनाई जाती, इसलिए उनको अधिक सफलता नहीं मिल पाती है। इसके अतिरिक्त दीर्घकालीन योजना अवधि अर्थात् 15 या 20 वर्षों के लिये बनाई जाए ताकि आवश्यक सामाजिक संरचना व सेवाओं की उपलब्धता की जा सके। इस कार्य के लिये उचित व कार्यशील मशीनरी जिला व नीचे स्तरों पर स्थाई रूप से उपलब्ध कराई जा सके ताकि मार्गदर्शिका के आधार पर योजनाएं बन सकें व लागू हो सकें। योजना आयोग द्वारा जारी मार्गदर्शिका के आधार पर कुछ राज्यों ने कुछ जिला योजना तो बनाई लेकिन वे संपूर्ण योजना को प्रक्रिया का हिस्सा नहीं बना सकीं। इसके अतिरिक्त, जिला योजना के अंग के रूप में शहरी नियोजन प्रक्रियाओं को ग्राम नियोजन के साथ शामिल नहीं किया गया।

## पांचवीं पंचवर्षीय योजना

पांचवीं पंचवर्षीय योजना के दौरान भी स्थानीय योजना के सम्बन्ध में कोई उत्साहवर्धक अनुभव नहीं रहे। इस दौरान अनेक राज्यों में कुछ मापदंडों जैसे विकास स्तर, जनसंख्या, क्षेत्रफल, उत्पादकता व सामाजिक संरचना के आधार पर मुख्यतः जिला स्तर पर अधिकार व शक्तियों का हस्तांतरण शुरू कर दिया गया था। बैंकों का राष्ट्रीयकरण हो गया था और उनमें से एक बैंक को 'लीड बैंक' का नाम दिया गया जो जिले की 'साख योजना' तैयार करेगा जो अंततः जिला विकास योजना में एकीकृत होगी। दूसरी तरफ, विशेष क्षेत्र संबंधी व खास वर्गों से संबंधित कार्यक्रम जैसे सूखाग्रस्त क्षेत्र कार्यक्रम और लघु किसान विकास एजेंसी आरम्भ किए गए थे। यहां पर बताना जरूरी है कि ये कार्यक्रम पंचायती राज संस्थाओं के माध्यम से लागू न करके खास एजेंसियों के माध्यम से लागू किए गए। इस प्रकार, ये कार्यक्रम जिला योजना के अंग भी नहीं बन सके।

1977 में पहली बार केंद्र में गैर-कांग्रेस सरकार सत्ता में आई और उसने इस चीज को परखा कि ब्लॉक स्तर पर सूक्ष्म योजनाओं के अभाव के कारण विभिन्न योजनाओं का जमीनी स्तर पर कोई सकारात्मक प्रभाव नहीं पड़ा है। अतः इस कमी को पूरा करने के लिये प्रो. एम.एल. दत्तवाला की अध्यक्षता में एक समिति का गठन किया गया। इस समिति ने स्वीकारा कि ब्लॉक स्तर पर सरकारी मशीनरी के पास योजना बनाने के लिए जरूरी कौशल नहीं है। इसलिए ब्लॉक स्तर की योजना बनाने के लिये स्वयंसेवी संस्थाएं व व्यवसायी संस्थाओं को शामिल करने की जरूरत है।

लोगों की भागीदारी योजना बनाने में पंचायती राज संस्थाओं को मजबूत करने की आवश्यकता पर भी बल दिया गया था। इस समिति ने यह महसूस किया कि ब्लॉक में योज़ना विभिन्न स्तरीय योजना का हिस्सा होना चाहिए तभी जाकर विकेंद्रीकृत योज़ना लाभदायक हो सकती है। कुछ राज्यों ने समिति द्वारा सुझाई मार्गदर्शिका के आधार पर योजना कुछ स्वयंसेवी संस्थाओं व व्यवसायी संस्थाओं के सहयोग से बनवाई थी। लेकिन विकेंद्रीकृत नियोजन मुख्य धारा का हिस्सा नहीं बन सकी।

## छठी पंचवर्षीय योजना

छठी पंचवर्षीय योजना के प्रारूप ने भी लोकतांत्रिक विकेंद्रीकरण की प्रक्रिया को मजबूत करने पर जोर दिया। स्थानीय स्तर पर विकास के विभिन्न क्षेत्रों के विनियोग के स्तर को बढ़ाने के लिए विकेंद्रीकृत योजना बनाने के लिए विश्वसनीय व समय से आंकड़ा सार होने के महत्व को स्वीकारा। अन्य योजनाओं की तरह इस योजना के भीतर भी पंचायती राज संस्थाओं व गांव के अन्य संगठन जैसे युवा कल्ब, आदि को योजना बनाने में शामिल करने की वकालत की थी। लेकिन कुल मिलाकर इस योजना के अंतर्गत विकेंद्रीकृत योजना संपूर्ण क्षेत्रों की योजना न बनकर मात्र गरीबी उन्मूलन व रोजगार सृजन की योजनाओं तक ही सिमट कर रह गई।

## अशोक मेहता समिति की रिपोर्ट

अशोक मेहता की अध्यक्षता में पंचायती राज समिति का गठन 1977 में किया गया था। इस समिति ने पंचायतों का विकेंद्रीकरण नियोजन को सुदृढ़ बनाने के लिए निम्न सुझाव दिए थेः

1. पंचायतों को केवल जनता के विचार जानने की सभा न बनाकर, उन्हें उपलब्ध संसाधनों से स्वयं अपने लिए योजना तैयार करने में सक्षम बनाया जाए। जिला परिषद जिले की योजना बनाएं। जिला स्तर पर जिला योजना बनाने की समिति का गठन किया जाना चाहिए।
2. पंचायतों की कार्य-सूची विकास की गतिशीलता के आधार पर निर्धारित होनी चाहिए। विकेंद्रीकरण मात्र राजनैतिक खैरात या प्रशासनिक रियायत नहीं होना चाहिए। प्रभावी कार्यान्वयन के लिए राज्य सरकारों को संबंधित स्थानीय स्तरों पर, पर्याप्त अधिकारों और कार्यों का विकेंद्रीकरण करना चाहिए तथा उसी अनुपात में वित्तीय संसाधन उपलब्ध कराए जाने चाहिए। जिला परिषद राज्य के सभी विकेंद्रीकृत कार्यक्रम संभाले तथा जिला स्तर पर योजना बनाए। पंचायतों को विकास कार्य सौंपना तब तक अपूर्ण रहेगा जब तक कि पंचायतों

को स्वयं निर्णय लेने और अपनी निजी आवश्यकताओं के अनुसार कार्यक्रम बनाने का अधिकार नहीं दिया जाता।

3. राज्य सरकार के कार्यों का विकेंद्रीकरण करने के साथ-साथ सभी जिला स्तर के अधिकारियों को जिला परिषदों तथा उसके नीचे के स्तरों के अधीन रखना होगा। श्रेणी-1 और श्रेणी-2 का राजपत्रित कर्मचारी वर्ग राज्य सरकार के कैडर में ही रहे, जबकि श्रेणी-3 तथा श्रेणी-4 का कर्मचारी वर्ग पूरी तरह से पंचायती राज संस्थाओं को हस्तांतरित कर दिया जाए। जिला परिषद के कर्मचारी वर्ग की नियुक्ति स्वतंत्र राज्य तथा जिला स्तर के बोर्डों द्वारा की जानी चाहिए। पंचायतों के लिए अलग से एक मंत्री होना चाहिए।

4. राज्य सरकार द्वारा बजट हस्तांतरित करने के अलावा, पंचायतों को स्वयं भी अपने वित्तीय साधन जुटाने होंगे, तभी वे सही ढंग से अपने दायित्वों को निभा सकती हैं। भू-राजस्व पर उपकर, जन्म-दर पर उपकर, स्टांप शुल्क पर अधिमूल्य, मनोरंजन कर और प्रदर्शन कर पंचायतों को सौंप देना चाहिए। इसमें अधिक प्रतिशत मंडल पंचायतों का होना चाहिए। बाज़ार, हाट, मंडी, मेले, आदि राजस्व के महत्वपूर्ण साधन हैं। ये सब भी पंचायतों को सौंपे जाने चाहिए। पंचायती राज संस्थाओं की आर्थिक स्थिति सुदृढ़ करने के लिए पंचायती राज वित्त निगम स्थापित किए जाने चाहिए।

इस समिति की सिफारिशों के आधार पर पश्चिम बंगाल, कर्नाटक, आंध्र प्रदेश तथा जम्मू और कश्मीर राज्यों ने अपने-अपने पंचायत अधिनियमों में स्थानीय परिस्थितियों को ध्यान में रखकर संशोधन किए थे। लेकिन यह शुरुआती उत्साह सभी राज्यों में अधिक समय तक कायम नहीं रह सका। पश्चिम बंगाल ही अकेला राज्य है जहां 1978 से लेकर अब तक नियमित रूप से पंचायतों के चुनाव होते आ रहे हैं।

## जिला योजना कार्यदल

वर्ष 1982 में योजना आयोग ने जिला योजना पर एक कार्यदल प्रो. सी.एच. हनुमंता राव की अध्यक्षता में गठित किया था। इसने 1984 में अपना प्रतिवेदन योजना आयोग को सौंप दिया था। यह ग्राम नियोजन के क्षेत्र में महत्वपूर्ण घटना थी। इस कार्यदल ने विभिन्न स्तरीय योजना के अंतर्गत एकीकृत क्षेत्र योजना के विचार का समावेश किया था। एकीकृत योजना का अर्थ है कि आर्थिक (आमदनी सृजन संबंधी) व सामाजिक (शिक्षा व स्वास्थ्य संबंधी) गतिविधियों को एकीकृत कर जनसंख्या व दूरी के आधार पर विभिन्न स्थानों पर उपलब्ध कराना। कार्यदल ने विभिन्न राज्य का

विकेंद्रीकृत योजना के स्तरों का सर्वेक्षण कर विकेंद्रीकृत योजना के 'स्टेज अप्रोच' की वकालत की थी। पहली 'स्टेज' है–शुरुआत (जिसमें कुछ खास क्षेत्रों की योजना बनाई जाए), दूसरी 'स्टेज' है–सीमित विकेंद्रीकरण जिसमें अनुभव के आधार पर अन्य क्षेत्रों को शामिल किया जाए तथा तीसरी 'स्टेज' है अन्तिम 'स्टेज' जब संपूर्ण विकेंद्रीकृत योजना तैयार की जाए। कार्यदल ने यह भी दोहराया कि विकेंद्रीकृत योजना प्रभावी तरीके से लागू हो इसके लिए राजनैतिक इच्छा शक्ति व लागू करने के लिए प्रभावी मशीनरी की जरूरत है। इसमें कोई दो राय नहीं है कि कार्यदल ने विकेंद्रीकृत नियोजन के लिये विस्तृत मार्गदर्शिका बनाई थी और उसको लागू करने के लिए विभिन्न सुझाव भी प्रस्तुत किये थे लेकिन पंचायती राज संस्थाओं को योजना बनाने में प्रभावी रूप से शामिल करने की बात नहीं कही गई थी। यह इस कार्यदल की विशेष आलोचना है। कार्यदल ने कहा था कि 2000 तक सभी राज्य स्थानीय नियोजन की तीसरी 'स्टेज' प्राप्त कर लेंगे। लेकिन स्थिति हमारे सामने है कि 2011 में भी वह स्थिति नहीं आई जबकि कार्यदल के बाद विकेंद्रीकरण के क्षेत्र में विभिन्न प्रयास व प्रयोग हो चुके हैं। अंततः स्थिति की वस्तुस्थिति नौ दिन चले अढ़ाई कोस ही रही।

## सातवीं पंचवर्षीय योजना

सातवीं पंचवर्षीय योजना ने जिला नियोजन पर गठित कार्यदल के प्रतिवेदन को स्वीकारा और विकेंद्रीकृत नियोजन की आवश्यकता को महसूस किया। लेकिन अधिकतर राज्यों में यह विचार बहुत शुरुआती स्तर तक ही रहा। राज्यों में ग्राम पंचायत, पंचायत समिति और जिला परिषद तो गठित हो गयी थी लेकिन योजना बनाने के सन्दर्भ में वे अनभिज्ञ थीं। स्थानीय योजना बनाने की मशीनरी की जरूरत पर भी जोर दिया गया था। स्थानीय योजना में लगे कर्मियों को प्रशिक्षण देने की जरूरत पर भी गंभीरता से विचार हुआ।

## जी.के.वी. राव समिति की रिपोर्ट

योजना आयोग द्वारा इस समिति का गठन 25 मार्च, 1985 को ग्रामीण क्षेत्र मे विकास व गरीबी उन्मूलन से संबंधित प्रशासनिक व्यवस्था की समीक्षा करने के लिए किया गया था। समिति ने अपनी रिपोर्ट दिसंबर, 1985 में प्रस्तुत की थी।

नियोजन के संबंध में इस समिति की निम्न सिफारिशें थीं:

1. योजनाएं तैयार करने, निर्णय लेने व उन्हें लागू करने का कार्य पंचायतों को सौंपा जाए क्योंकि वे जनता के अधिक निकट हैं।
2. समिति ने माना कि विकेंद्रीकृत योजना लागू न होने का मुख्य कारण राज्य का

बजट है जिसमें जिला स्तर का आवंटन सम्मिलित नहीं है। अतः राज्य स्तर के बजट को जिला स्तर पर वितरित करने की जरूरत है।

3. समिति ने सुझाव दिया कि जिला स्तर पर प्रभावी योजना बनाने के लिए मजबूत मशीनरी होने की आवश्यकता है। इसके लिए इस समिति ने सुझाया था कि जिला स्तर पर तीन इकाइयां होनी चाहिए। प्रथम, योजना इकाई जिसको जिला योजना अधिकारी के 'सुपरविजन' में गठित किया जाना चाहिए। द्वितीय, जिला ग्रामीण विकास इकाई जो परियोजना समन्वयक के 'सुपरविजन' में काम करे। तृतीय, जिला बजट इकाई जो कि जिला बजट व लेखा अधिकारी के सुपरविजन में कार्य करे। यह इकाई योजना व गैर-योजना दोनों संसाधनों की देखभाल करे। इन तीनों इकाइयों के पास पर्याप्त मानवीय संसाधन होने चाहिए ताकि ये इकाइयां अपना कार्य सुचारु रूप से कर सकें।

## आठवीं पंचवर्षीय योजना

आठवीं पंचवर्षीय योजना के दौरान बाजार व्यवस्था चलन में आ गयी थी। अतः इस योजना में अंतर्राष्ट्रीय परिस्थितियों को ध्यान में रखकर यह नीतिगत दिशा दी गई कि योजना व बाजार तंत्र इस तरह चूल से चूल मिलाकर लागू की जाए कि दोनों एक दूसरे के प्रतिस्पर्धी न होकर एक दूसरे के पूरक के रूप में कार्य करें। सरकार अर्थव्यवस्था में प्रगति भी लाए और सामाजिक दायित्वों को भी निभाए। उपरोक्त को ध्यान में रखकर, इस योजना में भी विकेंद्रीकृत नियोजन लोगों की भागीदारी के साथ करने की बात कही गई। जिला, ब्लॉक व गांव स्तर की संस्थाओं को मजबूत करने की बात भी दोहराई गई। इसके लिए स्वयंसेवी संस्थाएं, विश्वविद्यालय व कॉलेजों के सहयोग पर भी जोर दिया गया। इस योजना के दौरान विकेंद्रीकृत योजना के सबलीकरण के लिए प्रशिक्षण पर जोर दिया गया और इसके लिए राज्यों को संसाधन भी हस्तांतरित किए गए।

## सूक्ष्म स्तरीय योजना और स्थानीय स्तर पर लोगों की भागीदारी पर राष्ट्रीय विकास समिति की रिपोर्ट

सूक्ष्म स्तरीय योजना और लोगों की भागीदारी समिति का गठन श्री चिम्मन भाई पटेल की अध्यक्षता में फरवरी, 1992 में की गई थी। इस समिति ने अपनी रिपोर्ट 24 अप्रैल, 1993 को प्रस्तुत की थी। इस समिति का उद्देश्य सूक्ष्म स्तरीय योजना का दायरा लागू करने व उसे प्रभावी बनाने के तरीकों को बताना था। इस समिति का कोई खास योगदान विकेंद्रीकृत नियोजन में नहीं रहा। इस समिति के संदर्भ में निम्न बातें कहना उचित प्रतीत होता है:

1. इस समिति के गठन करने की कोई जरूरत नहीं थी जबकि स्थानीय योजना बनाने की जिम्मेदारी 73वें व 74वें संविधान संशोधनों के द्वारा पंचायतों व नगरपालिकाओं को दी जा रही थी।
2. इस समिति ने यह तो ठीक कहा कि 73वें संविधान संशोधन में दर्ज 29 विषय स्थानीय नियोजन के दायरे में आने चाहिए लेकिन इन सब विषयों से कौन सा हिस्सा पंचायती राज व्यवस्था (अर्थात् ग्राम पंचायत समिति और जिला परिषद) के किस स्तर को देना चाहिए, इसका जिक्र नहीं किया गया। उदाहरण के लिए 29 विषयों में से एक विषय प्राथमिक शिक्षा भी है। अब इस विषय के बारे में यह निश्चित करना है कि प्राथमिक शिक्षा से संबंधित अनेक कार्य जैसे शिक्षकों की भर्ती, उनका 'सुपरविजन', स्कूल इमारत बनाना, इमारत की मरम्मत, आदि कार्य पंचायती राज व्यवस्था के किस स्तर को दिया जाए। अगर समिति ने ऐसा किया होता तो इसका कुछ योगदान विकेंद्रीकृत नियोजन के क्षेत्र में होता।
3. समिति की सिफारिश थी कि जिला स्तर पर जिला ग्रामीण विकास अभिकरण और जिला योजना बोर्ड को मिलाकर एक विकास बोर्ड बनाया जाये। लेकिन समिति ने यह विचार नहीं किया कि 74वें संविधान संशोधन में पहले ही जिला नियोजन समिति बनाने का प्रावधान है। इसलिए बोर्ड की कोई जरूरत है ही नहीं।
4. समिति ने सुझाव दिया था कि गांव स्तर पर ग्राम विकास समिति बनायी जाए लेकिन इसकी जरूरत ही क्या है जबकि सभी राज्यों में पंचायती राज अधिनियम के अंतर्गत विषय समितियां बनाने का प्रावधान है। कुल मिलाकर इस समिति ने विकेंद्रीकृत नियोजन में कोई योगदान नहीं दिया। शायद कुछ राजनैतिक मजबूरियों के कारण श्री पटेल को समायोजित करने के लिए इस समिति का गठन किया गया हो।

## 3. 73वां संविधान संशोधन और नियोजन

देश स्वतंत्र होने से पहले व बाद के प्रयासों से यह साफ नज़र आ रहा था कि स्थानीय योजनाएं बनाने के लिए लोगों की भागीदारी सुनिश्चित करने के लिए ग्राम स्तर, ब्लाक स्तर व जिला स्तर पर स्थाई संस्थागत ढांचा होना जरूरी है। इसके साथ-साथ योजनाएं बनाने के लिए वित्त की भी आवश्यकता है क्योंकि बिना वित्त के योजना अर्थहीन है यह तथ्य भी उभरकर आ रहा था। यहां यह बताना भी उचित है कि राज्यों में पंचायती राज संस्थाएं तो थीं जिनके माध्यम से योजनाओं के बनाने व उनको लागू

करने में इन संस्थाओं के माध्यम से लोगों की भागीदारी सुनिश्चित हो सके। लेकिन ये संस्थाएं लोगों की आकांक्षाओं को पूरा नहीं कर सकीं क्योंकि राज्य सरकारों द्वारा समय-समय पर जारी विभिन्न आदेश और निर्देश पंचायती राज संस्थाओं के अधिकारों को कम करते चले गए। योजना बनाने के लिए निर्धारित संसाधनों की कमी की प्रवृत्ति से पंचायती राज संस्थाओं की अवनति हुई।

नौकरशाही ने भी इन संस्थाओं के प्रति सौतेला व्यवहार रखा। उन्होंने अपने वित्तीय प्राथमिकताओं कें परिणाम दिखाने के लिए प्रमुख रूप से राज्य सरकारों के प्रति अपने आपको उत्तरदायी माना। इनको एक ओर तो पंचायती राज संस्थाओं को अतिरिक्त कार्यकलाप सौंपने की बात गले से नीचे न उतरी, दूसरे, निर्वाचित प्रतिनिधियों के 'सुपरविजन' में काम करने के लिए अपने आपको आसानी से तैयार नहीं कर सके। नौकरशाही का ही नहीं, राजनेताओं की भी राजनैतिक इच्छा शक्ति की कमी के कारण राजनैतिक अभिजन का रवैया भी पंचायती राज संस्थाओं को मजबूत बनाने के पक्ष में नहीं रहा। कुल मिलाकर उपरोक्त दृष्टांत से पंचायती राज संस्थाओं की दयनीय स्थिति के कारण विकास संबंधी प्रशासनिक कार्यो की गति पर प्रतिकूल प्रभाव पड़ने के साथ-साथ तथा समन्वय की समस्याएं भी पहले से अधिक जटिल हो गईं।

विकेंद्रीकरण की राह में आ रही विभिन्न उपरोक्त गिनाई कमियों को दूर करने के लिए और पंचायतों को निश्चिंतता, निरंतरता और सशक्त बनाने के लिए 73वां संविधान संशोधन लागू किया गया। ग्राम सभा का गठन, ग्राम, ब्लाक व जिला स्तरों पर पंचायतों का गठन, समाज के कमज़ोर वर्गों, जिनमें महिलाएं भी शामिल हैं, का आरक्षण, राज्य वित्त आयोग का गठन, राज्य चुनाव आयोग का गठन, पंचायतों का अधिकार और शक्तियों को बढ़ावा देने, आर्थिक विकास और सामाजिक न्याय के लिए योजनाएं बनाने का अधिकार, कर, शुल्क, आदि लगाने का अधिकार इन संस्थाओं को दिया गया। संविधान सशोधन की धारा 243-जी के अनुसार पंचायतें अपने स्तर पर (अर्थात ग्राम पंचायत, पंचायत समिति (मध्य स्तर) व जिला परिषद) आर्थिक विकास और सामाजिक न्याय की योजनाएं तैयार करेंगी तथा ऐसा करते समय ये संस्थाएं अधिनियम में अनुबंध ग्यारहवीं अनुसूची में दर्ज 29 विषयों को भी शामिल करेंगी।

इस सूची में कृषि, लघु उद्योग, ग्रामीण विकास और गरीबी उन्मूलन, शिक्षा, स्वास्थ्य, समाज कल्याण और सामुदायिक परिसंपत्तियों का अनुरक्षण भी शामिल है। ग्यारहवीं अनुसूची अनुबंध-1 में दी गई है। यहां पर यह बताना जरूरी है कि पंचायतों को कितने अधिकार व शक्तियों का हस्तांतरण और योजना बनाने के अधिकार

राज्यों के ऊपर छोड़ दिया था। जिसके कारण पंचायतें स्वायत्त शासन की संस्थाओं के रूप में उभर कर नहीं आई हैं। पुस्तक में जब हम विस्तार से ग्राम योजना प्रक्रिया पर चर्चा करेंगे तब इन मुद्दों पर समग्र रूप से विचार करेंगे। 73वें संविधान संशोधन के अतिरिक्त 74वें संविधान संशोधन, जो नगरपालिकाओं के लिए है, में जिला नियोजन समिति गठन करने का प्रावधान किया गया है। इस प्रावधान के अनुसार यह समिति ग्रामीण क्षेत्रों और नगरीय क्षेत्रों की योजनाओं को एकीकृत कर जिला स्तर की योजना का प्रारूप तैयार कर राज्य सरकार को भेजेंगी। ऐसा करते समय यह समिति संसाधनों, पर्यावरण से जुड़े मुद्दों को भी ध्यान में रखेंगी।

### 4. पंचायत प्रावधानों का अनुसूचित क्षेत्रों में विस्तार अधिनियम, 1996

सांसद दिलीप सिंह भूरिया की अध्यक्षता में गठित समिति की सिफारिश के आधार पर पंचायत उपबंध (अनुसूचित क्षेत्रों तक विस्तार) अधिनियम, 1996 के द्वारा अनुसूचित क्षेत्रों में भी पंचायती राज व्यवस्था का विस्तार किया गया ताकि योजना बनाने, उन्हें लागू करने व मूल्यांकन करने में आदिवासियों की भागीदारी सुनिश्चित हो सके।

### पंचायत उपबंध

(अनुसूचित क्षेत्रों में विस्तार) अधिनियम, 1996 भारत के अनुसूचित क्षेत्र के नौ राज्यों अर्थात आंध्र प्रदेश, छत्तीसगढ़, गुजरात, हिमाचल प्रदेश, झारखण्ड, महाराष्ट्र, मध्य प्रदेश, उड़ीसा व राजस्थान में लागू हैं। इस अधिनियम में ग्राम सभा को संपूर्ण योजना प्रक्रिया का दिल और दिमाग माना गया है। इस अधिनियम की ग्राम नियोजन से संबंधित मुख्य प्रावधान निम्न हैं:

1. प्रत्येक गांव में एक ग्राम सभा होगी जिसमें वे सभी व्यक्ति शामिल होंगे जिनके नाम ग्राम स्तर पर पंचायत के लिए बनाई गई मतदाता सूची में शामिल होंगे।
2. सामाजिक और आर्थिक विकास के कार्यक्रमों और परियोजनाओं को ग्राम स्तर पर पंचायतों द्वारा लागू करने से पहले सभी कार्यक्रमों और परियोजनाओं की स्वीकृति ग्राम सभा देगी तथा गरीबी उन्मूलन और अन्य कार्यक्रमों के तहत लाभार्थियों को भी चिन्हित करेगी। पंचायतों को इन कार्यक्रमों व योजनाओं के संबंध में वित्त का उपयोग करने के बारे में ग्राम सभा से प्रमाण पत्र लेना होगा।
3. अनुसूचित क्षेत्रों में विकास परियोजनाओं के लिए भूमि का अधिग्रहण करने से पहले और अनुसूचित क्षेत्रों में ऐसी परियोजनाओं के कारण प्रभावित हुए लोगों का पुनर्वास करने से पहले ग्राम सभा या पंचायत के उचित स्तर से

सलाह लेनी होगी। अनुसूचित क्षेत्रों में ऐसी परियोजनाओं की वास्तविक योजना के निर्माण और क्रियान्वयन में सामंजस्य राज्य स्तर पर भी किया जाए।

4. अनुसूचित क्षेत्रों में गौण खनिजों के लिए लाइसेंस या खनन पट्टे देने के लिए ग्राम सभा या पंचायत के उचित स्तर की सिफारिश अनिवार्य है।
5. अनुसूचित क्षेत्रों में गौण खनिजों के दोहन में रियायत देने के लिए ग्राम सभा या पंचायत के उचित स्तर की पूर्व संस्तुति अनिवार्य है।

## नवीं पंचवर्षीय योजना

नवीं पंचवर्षीय योजना का एक मुख्य उद्देश्य था कि पंचायती राज संस्थाओं द्वारा योजना बनाने में लोगों की भागीदारी सुनिश्चित करना ताकि इन योजनाओं में लोगों की इच्छाओं का समावेश ही न हो बल्कि ये प्रभावी भी रहें। इस संदर्भ में 73वें संविधान संशोधन की धारा 243-जी का जिक्र करते समय योजना प्रस्ताव कहता है कि पंचायतें अपने स्तर पर योजनाएं तैयार करें। इसके लिए उन्हें अतिरिक्त वित्तीय संसाधन ही नहीं अतिरिक्त तकनीकी और प्रशासनिक संरचना की भी आवश्यकता है। पंचायतों के कार्यों और शक्तियों की बात कहते हुए योजना दस्तावेज कहता है कि जो कार्य अब तक राज्य सरकार कर रही थी, अब पंचायतों को करने हैं। अतः वे सभी कार्य भी पंचायतों के अधिकार क्षेत्र में हस्तांतरित कर देने की जरूरत है।

पंचायतों के विभिन्न स्तरों पर अधिकारों व शक्तियों का हस्तांतरण पंचायतों की क्षमताओं को ध्यान में रखकर करना चाहिए। दूसरे, शब्दों में जो कार्य जिस स्तर पर प्रभावी ढंग से सम्पन्न हो सके उसे उसी स्तर पर हस्तांतरित करने की जरूरत है। जिला नियोजन समिति का जिक्र करते समय दस्तावेज कहता है कि इस समिति का गठन अनिवार्य है जबकि बहुत से प्रदेशों में इस समिति का गठन तक नहीं हुआ है। जिला स्तर पर विभिन्न क्षेत्रों के विशेषज्ञों को शामिल कर एक प्रमुख योजना टीम बनाने की जरूरत है जो कि स्थानीय सामाजिक सच्चाइयों, प्राकृतिक संसाधनों और अन्य साधनों की उपलब्धता के आधार पर योजना बनाने में पंचायती राज संस्थाओं को सहयोग दे सकें।

## दसवीं पंचवर्षीय योजना

दसवीं पंचवर्षीय योजना में भी नवीं पंचवर्षीय योजना में कही बात दोहराई गई थी कि पंचायतों को कारगर योजना बनाने व उन्हें लागू करने के लिये जरूरी कार्य, संसाधन और कर्मी हस्तांतरित करने की जरूरत है। राज्य सरकारों ने जिला नियोजन समितियों के गठन व उनको कार्यशील करने के लिए कोई कदम नहीं उठाए। इसके अतिरिक्त,

जिला नियोजन समिति से पहली प्रक्रिया जो ग्राम सभा से लेकर जिला परिषद तक योजना बनाने के लिए करनी है उस तरफ भी कुछ राज्य जैसे केरल को छोड़कर कोई खास प्रयास नहीं हुआ।

## पंचायती राज मंत्रालय का गठन

दसवीं पंचवर्षीय योजना के दौरान ही विकेंद्रीकरण की ओर एक महत्वपूर्ण कदम मई 2004 में पंचायती राज मंत्रालय का गठन था। इस मंत्रालय के अस्तित्व में आने के बाद विकेंद्रीकृत शासन, योजना व विकास को नई शक्ति प्रदान करने का अवसर प्राप्त हुआ। मंत्रालय के गठन के बाद नियोजन के क्षेत्र में अनेक सकारात्मक चीजें घटित हुईं जिनका जिक्र विस्तृत रूप में पुस्तक के विभिन्न अध्यायों में करेंगे।

## 5. पिछड़ा क्षेत्र अनुदान निधि कार्यक्रम और नियोजन

ग्रामीण नियोजन की दिशा में पिछड़ा क्षेत्र अनुदान निधि (बी.आर.जी.एफ.) पंचायती राज मंत्रालय की अभिनव योजना है। इस योजना के अंतर्गत वर्ष 2000 से 2012 तक देश के चयनित सबसे पिछड़े 250 जिलों के लिए 100 प्रतिशत अतिरिक्त केंद्रीय सहायता केंद्र सरकार उपलब्ध करायेगी। बी.आर.जी.एफ. के अंतर्गत विकास प्राथमिकताओं का निर्धारण जन-सहभागिता से किया जाता है, विशेषकर ग्रामीण अंचल में वार्ड सभाओं और ग्राम सभाओं के जरिए और शहरी क्षेत्रों में वार्ड और मोहल्ला सभाओं के जरिए। सभी पंचायती राज संस्थाओं और नगरीय निकायों द्वारा उनके क्षेत्र में निवेश किये जा रहे संसाधनों का आकलन, विशेषकर नीचे अंकित संदर्भों के आधार पर प्रस्तावित है:

1. राज्य योजना के जिला खण्ड और क्षेत्रीय योजनाओं से प्राप्त संसाधन,
2. केंद्रीय पोषित समस्त योजनाओं से प्राप्त संसाधन,
3. महात्मा गांधी राष्ट्रीय रोजगार गारन्टी योजना से प्राप्त संसाधन,
4. केंद्र और राज्य वित्त आयोगों से प्राप्त सभी सम्बद्ध व असंबद्ध अनुदान राशि, और
5. भारत निर्माण कार्यक्रम से प्राप्त राशि।

इस प्रकार, प्राप्त सभी संसाधनों का आकलन हर पंचायती राज संस्थाओं और नगरपालिकाओं द्वारा किये जाने के बाद जिला योजना का समेकीकरण किया जायेगा। जिला योजना में जिले को प्राप्त हो रहे समस्त वित्तीय संसाधनों को बिना विलम्ब, बिखराव, दोहराव और सही उपयोग सुनिश्चित करने हेतु प्रावधान योजना में निहित है। इस कार्यक्रम के तहत दो प्रकार की अनुदान राशि प्राप्त होगी:

1. देशभर में चुने गये 250 जिलों के लिए प्रति जिला एक करोड़ रुपये प्रति वर्ष के आधार पर जिले में क्षमता निर्माण के तहत प्रभावी नियोजन क्रियान्वयन, निगरानी, लेखा-कार्य और पारदर्शिता व जवाबदेही बढ़ाने हेतु उपाय किये जा सकेंगे।
2. पंचायती राज संस्थाओं और शहरी स्थानीय निकायों को इन राशियों का बंटवारा राज्य सरकार द्वारा पारदर्शी मानदंडों के अनुसार किया जाता है। स्थानीय पंचायती राज और नगरीय संस्थाएं इस राशि का सदुपयोग अपने क्षेत्र में समन्वित विकास की टूटी हुई महत्वपूर्ण कड़ियों को जोड़ने में करेंगे जिनकी पहचान जन-सहभागिता आधारित नियोजन प्रक्रिया से की जायेगी। इस योजना के तहत सहायता राशि से क्षेत्र के प्रमुख अभावों को दूर करने हेतु उपयोगी परिसम्पत्तियों का निर्माण किया जाता है विशेषकर ऐसी जरूरी परिसम्पत्तियां जिनके लिये अन्य किसी योजना से संसाधन न मिलें।

## 6. ग्यारहवीं पंचवर्षीय योजना व हाल के प्रयास

वर्ष 2005 में ग्यारहवीं योजना के लागू होने के समय पंचायती राज मंत्रालय ने वी. रामचन्द्रन की अध्यक्षता में एक विशेषज्ञ दल का गठन किया जिसका उद्देश्य जमीनी स्तर पर नागरिकों की बुनियादी न्यूनतम जरूरतों की पूर्ति के लिए सभी पंचायत स्तरों पर जिला और उप-जिला योजनाएं तैयार करने के संबंध मे अध्ययन कर अपनी सिफारिशें प्रस्तुत करना था। पंचायती राज मंत्रालय और योजना आयोग ने विशेषज्ञ दल की रिपोर्ट को स्वीकार करने के बाद योजना आयोग ने अगस्त, 2006 में ग्यारहवीं पंचवर्षीय योजना में जिला योजनाओं के बारे में विस्तृत दिशा-निर्देश जारी किये हैं। इस योजना में जोर देकर कहा गया है कि विकास प्रक्रिया की समावेशिता के लिए यह अत्यंत आवश्यक है कि आवश्यक जन सेवाओं की प्रदायगी के नियोजन, कार्यान्वयन और पर्यवेक्षण में स्थानीय जन प्रतिनिधियों को पूरी तरह से शामिल किया जाए। इस योजना में स्थानीय नियोजन, कार्यान्वयन और मॉनीटरिंग के केंद्र में स्थानीय सरकारों को रखने के लिए आवश्यक सुधारों के बारे में विस्तार से बताया गया है। योजना में इस बात पर भी बल दिया गया है कि हर जिले को जिला विकास योजना तैयार करनी होगी जिसमें उसके शहरी और ग्रामीण क्षेत्रों की योजनाओं को समेकित किया जाएगा और साथ ही विभिन्न योजनाओं के क्षेत्रीय आबंटन भी शहरी होंगे। इसमें आगे यह सुझाव भी दिया गया है कि तीन अवधियों—(1) दीर्घकालीन योजना 20-25 वर्ष, (2) अल्पावधिक एकीकृत विकास योजनाएं, और (3) विशिष्ट परियोजनाओं और स्कीमों से संबंधित योजनाओं के लिए अंततः संबद्ध योजनाओं की जरूरत है।

राज्य सरकारों ने अपने राज्य योजना दस्तावेजों को तैयार करने में सुधार किया है। राज्यों में जिला नियोजन के लिए जरूरी संस्थागत सुधारों की दिशा में भी कार्य आगे बढ़ा है। अनुच्छेद 243-जेड डी के अनुरूप अधिक़तर राज्यों ने जिला योजना समितियों के गठन से चलाई गई केंद्र प्रायोजित योजनाओं और अतिरिक्त केंद्रीय सहायता के माध्यम से केंद्र की ओर से राज्यों को पर्याप्त संसाधन प्रदान किए जा रहे हैं। केंद्रीय वार्षिक योजना का आकार वर्ष-दर-वर्ष बढ़ता जा रहा है। इससे विकास कार्यक्रमों के वित्तपोषण के लिए केंद्रीय संसाधनों पर सापेक्ष निर्भरता बढ़ी है। क्षेत्र-विशिष्ट कार्यक्रमों के माध्यम से इस वित्तपोषण का एक नकारात्मक पक्ष भी है कि यह अपने कार्यक्रमों को वित्तपोषित करने के अधिकार राज्यों के स्व-निर्णय को सीमित कर देता है क्योंकि उनके संसाधन केंद्र प्रायोजित योजनाओं के लिए राज्य के हिस्से की व्यवस्था करने में खर्च होते हैं। परिणामतः राज्य योजनाएं उन राज्यों से संबंधित विभाग की योजनाओं का योग बन जाती हैं जो केंद्रीय वित्तपोषण के अंतर्गत उपलब्ध संसाधनों के अनुसार अपनी योजनाएं तैयार करते हैं।

## निष्कर्ष

ग्राम नियोजन के प्रति स्वतंत्रता प्राप्ति से पूर्व व बाद में हुए विभिन्न प्रयासों का संक्षेप में वर्णन इस अध्याय में किया गया है। इन प्रयासों से स्पष्ट है कि स्वतंत्रता प्राप्ति से पहले किए गऐ प्रयास मुख्यतः व्यक्तिनोमुख थे जो कि लोगों की भागीदारी सुनिश्चित नहीं कर सके। उनको सरकार का भी सहयोग नहीं रहा क्योंकि उस समय ब्रिटिश सरकार की ग्राम विकास की बजाय ग्राम विनाश में रुचि थी। स्वतंत्रता प्राप्ति के बाद ग्राम नियोजन के लिए विभिन्न योजनाओं में इसकी आवश्यकता व लागू करने की बात तो कही गई लेकिन नतीजा नौ दिन चले अढ़ाई कोस ही रहा। कुछ राज्यों में इस तरफ कुछ प्रयास तो किये गये लेकिन वे प्रयास संपूर्ण योजना प्रक्रिया का हिस्सा नहीं बन सके। 73वें व 74वें संविधान संशोधनों के बाद ग्राम नियोजन के कानूनी संस्थागत आधार मिलने के साथ-साथ अधिकार कार्यक्षेत्र व संसाधनों का क्षेत्र भी बढ़ा है। पंचायती राज मंत्रालय का जन्म विकेंद्रीकृत नियोजन को पंचायती राज संस्थाओं के माध्यम से लागू करने मे महत्वपूर्ण प्रयास है। इस प्रकार, हमने ग्राम नियोजन के क्षेत्र में हुए विभिन्न प्रयासों को देखा और जाना कि ये प्रयास कहां तक सफल रहे। आइए, इस पृष्ठभूमि के बाद देखते हैं कि आखिर ग्राम विकास से अर्थ क्या है व उसके कौन-कौन से आयाम हैं। क्योंकि यह जानकर ही हम आगे सोचेंगे कि किस तरह की योजना बनानी है।

*अध्याय-2*

# विकास का अर्थ

## प्रस्तावना

ग्राम योजना की प्रक्रिया को समझने से पहले विकास के अर्थ को भी जानना जरूरी है। क्योंकि विकास एक ऐसा शब्द है जिसको प्रत्येक व्यक्ति अपने-अपने नज़रिए व मापदंड से देखता/परखता है। सामान्यतः गांव में गली-नाली, चौपाल, पंचायत घर व सड़क बनाने को ही विकास समझते हैं। कुछ लोग रोजगार के अवसरों को बढ़ावा देने व आय में वृद्धि को विकास समझते हैं। कुछ लोग शिक्षा व स्वास्थ्य के क्षेत्र में की गई वृद्धि को विकास समझते हैं। कुछ लोग जहां वे रह रहे हैं वहां झगड़ा-फसाद न हो और गांव में शराब की दुकान न हो उसी को विकास समझते हैं। कुछ लोग पोषणता में सुधार को विकास कहते हैं। इस अध्याय में इन सब बातों पर चर्चा करके यह बताने का प्रयास किया गया है कि किस ग्राम विकास को नियोजन द्वारा स्वयं ग्रामीण करना चाहते हैं। आइए चर्चा शुरू करते हैं।

## 1. विकास और उसके पहलू

आजकल प्रत्येक व्यक्ति विकास की बात करता है। गांव में पंचायत प्रतिनिधियों जैसे सरपंच व पंचों के चुनाव के समय वे भी जब लोगों से वोट मांगते हैं तो कहते हैं कि वे गांव का विकास करेंगे। सरकार भी विकास की बात करती है। उद्योगपति भी कहते हैं कि विकास करेंगे। विकास के अर्थ को लेकर अर्थशास्त्री व विचारक एक मत नहीं हैं। कुछ इसका अर्थ प्रगति से लगाते हैं, कुछ रोजगार सृजन से व आय में वृद्धि से लगाते हैं, कुछ जीवन में गुणवत्ता एवं लोगों की आधारभूत आवश्यकताओं की संतुष्टि से लगाते हैं। लेकिन समय के साथ विकास के विचार में भी बदलाव आता

गया है। और यह माना जाने लगा है कि प्रति व्यक्ति राष्ट्रीय उत्पादन में वृद्धि के साथ-साथ आय के वितरण में सुधार, रोजगार के अवसरों में सुधार व गरीबी को कम करने जैसे उद्देश्यों को भी विकास में शामिल किया जाए। विदित है कि विकास मनुष्य का एक स्वभाविक गुण है अतः उपरोक्त गिनाए तथ्यों में सुधार से अंततः सामाजिक जीवन का उत्थान होता है तभी जाकर सभी सामुदायिक जीवन निर्वाह कर सकते हैं। विकास का अर्थ केवल लोगों की आय में वृद्धि से ही नहीं बल्कि बढ़ी हुई आय से उनके जीवन में सुधार आने से भी है। अधिक बेहतर ढंग से समझने के लिये हम कह सकते हैं कि विकास में निम्न चार तत्व शामिल होते हैं:

1. वस्तुओं व सेवाओं का उत्पादन करना ताकि लोगों की आवश्यकताएं पूरी हो सकें।
2. बढ़ी हुई आय को समाज के विभिन्न वर्गों में इस प्रकार वितरित करना कि समाज के सभी व्यक्तियों के पास वस्तुओं एवं सेवाओं को खरीदने की क्रय शक्ति हो।
3. सामाजिक सेवाएं जैसे शिक्षा का प्रसार व चिकित्सा सेवाओं का प्रसार करके जीवन में गुणात्मक सुधार होना।
4. लोगों में स्थानीय, प्रादेशिक एवं राष्ट्रीय कार्यक्रमों को अधिक लगन और उत्तरदायित्व के साथ लागू करने की क्षमता में बढ़ोत्तरी होना।

संक्षेप में विकास एक बहुपक्षीय विचार है जिसमें सामाजिक, आर्थिक, सांस्कृतिक, राजनैतिक, आदि विकास सम्मिलित होते हैं।

## 2. ग्रामीण विकास

ग्रामीण क्षेत्र से अर्थ उन क्षेत्रों से है जहां पर कृषि रीढ़ की हड्डी है और कार्यशील जनसंख्या का अधिकतर भाग या तो कृषक हैं या कृषि मजदूर हैं। चूंकि ग्रामीण क्षेत्रों में देश की लगभग तीन चौथाई जनसंख्या निवास करती है इसलिए विकास का अर्थ ही ग्रामीण विकास है।

ग्रामीण विकास का विचार उतना ही पुराना है जितनी की कृषि है क्योंकि ग्रामीण विकास का पर्यायवाची कृषि विकास माना जाता था। हां, कृषि विकास ग्रामीण विकास का हृदयस्थल है लेकिन संपूर्ण शरीर नहीं है। देखने में आ रहा है कि समय के साथ-साथ ग्रामीण विकास के विचार में भी बदलाव आया है। चूंकि गांव में कृषि ग्रामीण अर्थव्यवस्था की धुरी है इसलिए कृषि विकास के लिए इससे सम्बन्धित योजनाओं जैसे सिंचाई व विद्युत सुविधाओं का विकास व प्रसार करना ही ग्रामीण विकास है। लेकिन ग्रामीण विकास की यह संकुचित अवधारणा थी

क्योंकि विकास के लिए रोटी, कपड़ा व मकान ही काफी नहीं है। रहन-सहन में गुणवत्ता लाना भी आवश्यक है जिसके लिए पेट पूजन के अलावा शिक्षा, चिकित्सा, सड़क, संचार, स्वच्छ पानी, स्वच्छता, आदि भी जरूरी है। इसलिए, ग्रामीण विकास में गरीबी और आय की असमानता को दूर करना, रोजगार के अवसरों को बढ़ाना व सम्पत्ति और सेवाओं की असमानताओं में कमी करना शामिल है।

अतः ग्रामीण विकास वह प्रक्रिया है जिसका उद्देश्य गरीबी एवं असमानता को दूर करने के लिए ग्रामीण मिल-जुलकर अपनी सोच-समझ से सहभागिता के आधार पर प्रयास करते हैं। वैसे तो ग्रामीण विकास के सन्दर्भ में बचत, विनियोग व राष्ट्रीय उत्पादन आदि घटकों का सन्दर्भ दिया जाता है, लेकिन ग्रामीण विकास की वृहत आयाम के रूप में संकल्पना की जाती है। इसलिए विकास का अभिप्राय शिक्षा, जीवन-अवधि में वृद्धि, शिशु मृत्यु दर में कमी, पेय जलपूर्ति, स्वच्छता, रोजगार, आधारभूत सुविधाओं को बढ़ाना शामिल है। इस प्रकार ग्रामीण विकास केवल कृषि और उद्योग धन्धों के विकास तक ही सीमित न रखकर शिक्षा, पोषण, स्वास्थ्य, आधारभूत सुविधाओं व परिवार नियोजन, आदि क्षेत्रों में बढ़ावा देकर ग्रामीण जीवन-स्तर में सुधार लाना है।

***बॉक्स-1***

## विकास का अर्थ

*विकास बदलाव की प्रक्रिया है। इस प्रक्रिया के कारक हैं—उत्पादन का बढ़ना, आमदनी का बढ़ना, स्वास्थ्य में सुधार होना, यातायात के साधनों को बढ़ावा देना, वातावरण में सुधार लाना। इन कारकों का अन्तिम उद्देश्य जीवन की गुणवत्ता में इज़ाफा करना है। लेकिन गांव में विकास का अर्थ निर्माण कार्यों से है। अगर प्रधान से पूछा जाए कि अपने कार्यकाल में विकास के क्या-क्या कार्य किए तो उनका जवाब होगा, खड़ंजा लगवाया, सड़क पर मिट्टी डलवाया, कुआं खुदवाया, मकान बनवाए, बिजली का कनेक्शन लगवाया, पंचायत घर बनवाया, आदि। हां, वैसे तो ये भी विकास के ही कार्य हैं लेकिन संपूर्ण विकास के कार्य नहीं हैं, क्योंकि इस तरह के विकास कार्यों से क्या लाभ, यदि गांव में महिला, बच्चे व पुरुष अनपढ़ हैं। गांव में बच्चे व महिला कुपोषण का शिकार हों। गांव में लोग दस्त, खून की कमी, आदि बीमारियों से पीड़ित हों। बच्चों की कम उम्र में शादी हो जाती हो। गांव में*

*पीने का पानी शुद्ध न हो। घर में शौचालय न हो। सोचो, यदि इन सड़कों, खडंजों पर चलने वाले महिला-पुरुष व बच्चे बीमार हों तो ऐसे विकास कार्यों से क्या लाभ। वर्तमान विकास की धारणा को जहन में लिए हुए क्या हमारे बच्चे शहर, देश व विदेश के बच्चों से प्रतिस्पर्धा कर पाएंगे। नहीं! इसलिए विकास की व्यापक सोच को अपनाकर गांव के समग्र विकास के लिए निर्माण कार्यों के अलावा स्वास्थ्य व पोषण, शिक्षा, चिकित्सा, रोजगार व महिलाओं में जागृति जैसे कारकों को भी विकास की परिधि में लें। इस प्रकार की विकास की धारणा को जहन में रखकर ही पंचायत प्रतिनिधि इन सुविधाओं के वर्तमान स्तर का जायजा ले सकते हैं। वित्तीय संसाधनों के आधार पर गांव की विकास की योजना बनाते समय इन कारकों को उचित स्थान दें। वे इसका भी ध्यान रखें कि इन कार्यों के लिए कौन-कौन से सरकारी विभाग, अधिकारी व कर्मचारी हैं, जिनका सहयोग लिया जा सकता है।*

संक्षेप में, ग्रामीण विकास से अर्थ परिणात्मक सुधार (जैसे रोजगार के साधनों का सृजन) के साथ-साथ गुणवत्ता सुधार (जैसे शिक्षा आदि) भी लाना है। उपरोक्त चर्चा को हम निम्न बिंदुओं में समाहित कर सकते हैं। ग्रामीण विकास का विचार बहुआयामी है। इसमें कृषि विकास के अतिरिक्त उद्योग-धन्धों की स्थापना, सामाजिक सुविधाओं और अवस्थापना जैसे सड़क, संचार, विद्युत, विपणन, जलापूर्ति, बैंक, जन कल्याण सेवाएं व बीमारी नियंत्रण, पोषण में सुधार, प्रौढ़ साक्षरता जैसे कार्यक्रम भी सम्मिलित हैं। इसका सम्बन्ध आर्थिक प्रगति न होकर ग्रामीण गरीबों जैसे गरीब कृषक, खेतिहर मजदूर, दस्तकार व अन्य दुर्बल वर्गों के शारीरिक और सामाजिक कल्याण में प्रगति से भी है। इस प्रकार ग्रामीण विकास ग्रामीणों की सहभागिता के आधार पर उनके रहन-सहन में सुधार और उनको आत्मनिर्भर बनाने की प्रक्रिया से है।

***बॉक्स-2***

## विकास के बारे में गांधी जी का नज़रिया

*महात्मा गांधी ने ग्रामीण जनसंख्या के सर्वांगीण विकास का अर्थ मानव जीवन के प्रत्येक पक्ष सामाजिक, राजनीतिक व आर्थिक का पुनर्निर्माण और आत्मनिर्भर व स्वशासित ग्रामों से लिया है। उनके अनुसार ग्रामीण विकास*

*का उद्देश्य लघु, स्वतन्त्र और स्वावलंबी ग्रामीण समाज को बनाना है। वह समाज सादा जीवन उच्च विचार पर आधारित हो तथा जीवन की विभिन्न जरूरतों की पूर्ति परस्पर सहयोग से हो जाती हो।*

उपरोक्त विवेचना से स्पष्ट है कि व्यापक सन्दर्भ में ग्रामीण विकास की संकल्पना ग्रामों का समग्र एवं व्यापक रूपान्तरण है जो स्वयं में एक बहुआयामी और बहुद्देशीय अनवरत प्रक्रिया है। इसके उद्देश्यों को संक्षेप में निम्नलिखित रूप में व्यक्त किया जा सकता है:

1. उत्पादन में बढ़ोत्तरी और रोजगार अवसरों का सृजन।
2. आधुनिक निवेशों और सेवाओं की उचित मात्रा में प्राप्ति और उनकी समाज के सभी वर्गों को समान सुलभता।
3. आय का सामान वितरण और समाज के विभिन्न वर्गों को विकास के समान अवसर उपलब्ध कराना।
4. जन-कल्याण और रहन-सहन के स्तर में सुधार।
5. गरीब जनों का विकास-कार्यक्रमों के निर्धारण और क्रियान्वयन में सक्रिय सहभागिता सुनिश्चित करने के प्रयास करना।
6. स्वप्रेरित और स्वावलम्बी विकास सुनिश्चित करना।
7. पर्यावरणीय जागृति उत्पन्न करना और जीवन में गुणात्मक सुधार करना।

ग्रामीण विकास के बारे में अपनी अधिक समझ बढ़ाने के लिए स्थानीय बातों के माध्यम से चर्चा करते आगे बढ़ते हैं। आपने देखा होगा कि आजकल हर कोई विकास की बात करता है। पंचायत के चुनाव के समय जो सरपंच या प्रधान का चुनाव लड़ रहे होते हैं वे कहते हैं कि यदि वे जीत गए तो गांव का विकास करेंगे। ब्लॉक व डी.आर.डी.ए. का कर्मी गांव में जब सरकारी काम से आता है तो कहता है कि सरकार ने गांव के विकास के लिए अनेक योजनाएं चला रखी हैं। यही नहीं जब लोक सभा या विधान सभा के चुनाव होते हैं तब राजनैतिक दलों के घोषणा-पत्रों में भी विकास की बात होती है। घोषणा-पत्रों के आधार पर विभिन्न राजनैतिक पार्टियों के नेता जब जनता से वोट मांगते हैं तो वे भी कहते हैं कि अगर जीत गए तो विकास कराएंगे। अतः चारों ओर विकास की चर्चा है। इसी से जुड़े दूसरे सवाल हैं कि किसका विकास। कैसा विकास। गांव में चर्चा चलती रहती है कि रोजगार के अवसरों में सृजन करना विकास है। सड़क बनवाना विकास है। गरीबी हटाना विकास है। स्कूल खुलवाना विकास है। विकास के सम्बन्ध में जितने

मुंह उतनी बात वाली कहावत चरितार्थ होती है। लेकिन इसका अर्थ यह हुआ कि विकास को लोग अपने-अपने नज़रिए से देखते हैं और उसका नजरिया वहां के वातावरण जहां वे रह रहे हैं, उससे प्रभावित होता है। इस चर्चा को एक उदाहरण के जरिए आगे बढ़ाते हैं ताकि हमारी समझ विकास के सन्दर्भ में और बढ़ें।

*बॉक्स-3*

## हाथी की पहचान दृष्टिहीनों द्वारा

*हाथी की चार दृष्टिहीनों ने पहचान की और अपना नजरिया बताया कि हाथी कैसा होता है। प्रथम व्यक्ति ने हाथी की सूंड़ को छुआ और बताया कि हाथी वह है कि जिसकी सूंड़ होती है। दूसरे व्यक्ति ने हाथी के पेट को छुआ और अपना विचार रखा कि हाथी वह है जिसका पेट बहुत बड़ा होता है। तीसरे व्यक्ति ने हाथी के पैर को छुआ और अपना विचार रखा है कि हाथी वह होता है जिसका पैर बड़ा होता है। चौथे व्यक्ति ने हाथी कि पूंछ को छुआ और अपना विचार रखा कि हाथी वह होता है जिसकी पूंछ छोटी होती है। उपरोक्त उदाहरणों से हमको पता चलता है कि प्रत्येक व्यक्ति हाथी के जिस अंग को छुआ उसके आधार पर हाथी की पहचान बता दी लेकिन उस व्यक्ति की पहचान से हाथी कैसा होता है इसका पता नहीं चला। लेकिन जब चारों के विचारों को एक साथ मिलाते हैं तो हाथी की पहचान हो जाती है। अर्थात् हाथी वह है जिसकी एक सूंड़ होती है, बड़ा पेट होता है, बड़ी टांगे होती हैं व छोटी पूंछ होती है। इस तरह समग्र विकास की समझ बनती है और उसके लिए समग्र योजना तैयार करनी होती है।*

*बॉक्स-4*

## भिन्न-भिन्न नज़रिया

*विकास की समझ के लिए एक गिलास में आधा पानी भरते हैं और लोगों से उस गिलास के बारे में राय मांगते हैं। उपस्थित लोगों में से कुछ बोलेंगे कि गिलास आधा भरा है। कुछ बोलेंगे कि गिलास आधा खाली है। इससे यह निष्कर्ष निकलता है कि लोगों का चीजों को देखने, समझने व उन पर कार्य करने का नजरिया भिन्न-भिन्न है।*

ग्रामीण विकास के सन्दर्भ में जो चर्चा हुई है उसको इस संदर्भ में देखें तो ब्लाक कार्यालय गरीबी रेखा के नीचे रह रहे परिवारों को सहायता कर रहा है। सार्वजनिक निर्माण विभाग सड़कों को बनवा रहा है और उसी को विकास मान रहा है। इसी तरह से शिक्षा, चिकित्सा व अन्य विभाग भी अपनी गतिविधियों में लगे हैं। अपनी-अपनी गतिविधियों में लगना हाथी के उदाहरण को चरितार्थ करता है। लेकिन जब इन सभी को एक साथ रखकर देखेंगे तो गांव के समग्र विकास की पहचान हो जाएगी।

## 3. गांव के विकास का अर्थ ग्रामीणों के नजरिए से

गांव के लोगों से बातचीत की और उनसे पूछा गया कि वे अपने मोहल्ले में क्या-क्या चीजें चाहते हैं जिसके आधाार पर वह बता सकें कि अगर अमुक-अमुक चीजें हमारे यहां हो जायें तो समझेंगे कि विकास हो गया है। प्रथम मोहल्ले के लोगों से पूछा और उन्होंने जो बताया वह इस प्रकार है:

- बिजली
- सड़क
- आने-जाने के साधन
- पंचायत घर
- कृषि उपकरणों की मरम्मत की दुकान
- हाई स्कूल

उपरोक्त से स्पष्ट है कि थोड़े विकसित मोहल्ले में अगर उपरोक्त चीजों की उपलब्धि हो जाए तो समझो कि विकास हो गया।

गांव के दूसरे मोहल्ले वालों से चर्चा की तो उनका नज़रिया निम्न था। उन्होंने जो कहा वह इस प्रकार है:

- टेलीफोन की सुविधा
- परचून की दुकान
- पुस्तकालय
- पंचायत भवन में टीवी की सुविधा
- खेलने का मैदान

उपरोक्त उदाहरण से स्पष्ट है कि इस मोहल्ले में रहने वाले काफी साधन सम्पन्न हैं व उनका विकास के प्रति नजरिया पहले वाले मोहल्ले वालों से भिन्न है।

तीसरे मोहल्ले के लोगों से विकास के बारे में चर्चा हुई तो उन्होंने जो बताया वह इस प्रकार है:

- गांव में काम-धन्धा
- रोजगार गारंटी योजना के तहत जॉब कार्ड
- राशन की दुकान
- बच्चों की पढ़ाई
- आपसी झगड़े से छुटकारा
- नर्स की उपलब्धता

उपरोक्त तथ्यों से स्पष्ट है कि इस मोहल्ले में तुलनात्मक दृष्टि से देखें तो पता चलता है कि यहां पर गरीब लोग रहते हैं और उनके अनुसार उपरोक्त चीजें उनके मोहल्ले में हो जाएं तो समझो उनका विकास हो गया है।

उपरोक्त उदाहरणों से स्पष्ट है कि गांव में रहने वाले तीन अलग-अलग मोहल्लों में लोगों के लिए विकास का अर्थ और उनकी जरूरतें भिन्न-भिन्न हो सकती हैं।

इसी सन्दर्भ में, मैं अपने दो अनुभव बताना चाहूंगा। प्रथम, हरियाणा के एक गांव में रात को रुका हुआ था। साधन संपन्न गांव था और जहां मैं रुका था वह काफी अधिक साधन-सम्पन्न मोहल्ला था। जब मैने उनसे विकास के बारे में पूछा तो उनका जवाब था कि हमारे मोहल्ले में सब चीजें उपलब्ध हैं। केवल खेल के मैदान की कमी है। बच्चे खेलने के लिए दूसरे मोहल्ले में जाते हैं वहां उनमें आपस में तकरार हो जाती है जो अच्छी बात नहीं है। इसका अर्थ यह हुआ कि उनके नजरिए में खेल का मैदान होने का अर्थ ही विकास है। दूसरे, एक बार पंचायत प्रतिनिधियों की एक विचार गोष्ठी में ग्रामीण विकास के कार्यक्रमों के बारे में चर्चा चल रही थी। बैठक में उपस्थित अधिकतर लोगों ने कहा कि कहां का विकास, कैसा विकास, किसका विकास। खादों के प्रयोग से जमीन खराब हो रही है। पानी का स्तर नीचे चला गया है। जंगल भी समाप्त हो गए हैं। इसलिए स्वास्थ्य, पढ़ाई, लिखाई, पंचायत घर, आने-जाने के साधन आदि से कोई मतलब नहीं रह जाता यदि जमीन खराब हो गयी और पानी समाप्त हो गया। इसलिए प्राकृतिक संसाधनों को संरक्षित करना ही विकास है।

**बॉक्स-5**

## विकास की समझ व्यक्तिगत दृष्टिकोण

*लीलाराम छोटा किसान है उसके पास एक एकड़ जमीन है। उससे पूछा गया कि विकास क्या है। उसने जवाब दिया कि अगर कुआं खुदवा दिया जाए तो समझो कि विकास हो गया। बलवन्त बड़ा किसान है उसके पास ट्रैक्टर, बिजली, आदि सब है। उससे पूछा गया तो उसने बताया औजारों की मरम्मत के लिए दूर जाना पड़ता है। यदि गांव में ही मैकेनिक की सुविधा हो जाए तो समझो कि विकास हो गया। लता आंगनवाड़ी कार्यकर्ता है, जब उससे विकास के बारे में पूछा गया तो उसने बताया कि अगर सभी बच्चों का टीकाकरण हो जाए तो समझो कि विकास हो गया। सन्तराम स्कूल हैडमास्टर हैं जब उनसे पूछा गया कि विकास का अर्थ क्या है और उनको यह भी बताया गया कि लीलाराम व अन्य ने विकास के बारे में क्या राय दी तो उन्होंने कहा कुंआ, पानी, मैकेनिक, टीकाकरण, आदि अच्छी बात है, होनी चाहिए। लेकिन यदि बच्चे स्कूल नहीं आयेंगे तो वे पढ़ेंगे नहीं। अतः ऐसे विकास से क्या फायदा? उपरोक्त उदाहरणों से स्पष्ट है कि विकास को समग्र रूप में देखना होगा।*

### 4. विकास कार्य और उनका प्रभाव

विकास का अर्थ समझने के बाद आइए बात करते हैं विकास कार्यों की और उनके द्वारा हुए समाज पर प्रभावों की। देश आजाद हुए 60 वर्षों से अधिक हो गया है। इस दौरान सरकारों और पंचायतों ने गांव के विकास के लिए अनेक कदम उठाए, विभिन्न योजनाएं शुरू कीं और योजना लागू करने की व्यूह-रचना में बदलाव किया गया। लेकिन क्या बदलाव आया। जरूर सकारात्मक प्रभाव आया, इसमें कोई दो राय नहीं है। लेकिन इसके साथ ही एक बदलाव यह भी आया कि एक समस्या के समाधान करने में दूसरी समस्या सामने खड़ी हो गयी। उदाहरणार्थ, खेतों में खाद और कीटनाशक डालकर अनाज की पैदावार तो बढ़ी लेकिन साथ ही जमीन भी खराब हो गई। पानी का अधिक उपयोग करने वाली फसलों को उगाकर परिणाम यह हुआ कि पानी की कमी हो गयी। खाद व कीटनाशक दवाइयों से पैदा किए गऐ अनाजों से शारीरिक बीमारियां हो गईं। इसके अतिरिक्त, दूसरा प्रभाव यह पड़ा कि जबसे सरकार ने विकास कार्य करना शुरू किया तब से गांव वाले जो कार्य स्वयं कर सकते थे, अब वे सरकार के सहारे हो गए हैं। पहले ग्रामीण स्वयं श्रमदान

करके सड़कें, बांध, आदि जैसे कार्य करते थे। लेकिन जबसे सरकारी योजनाएं ग्राम विकास के लिए शुरू हुईं तभी से लोगों ने अपने आप कार्य करना बंद कर दिया और हाथ पर हाथ रख कर बैठ गए। सरकार द्वारा विकास का काम हाथ में लेने से पंचायत के चुने गए प्रतिनिधियों ने हेराफेरी करनी भी सीख ली। फर्जी मस्टर रोल बनाने, फर्जी बैलगाड़ी, ट्राली ट्रैक्टर, आदि के बिल बनाना सीख लिया। इसमें मुख्य रूप से अहम भूमिका सरकारी अधिकारियों की भी रही।

73वें संविधान संशोधन के बाद गांव में पंचायती राज व्यवस्था आने के बाद गांव वाले कहने लगे कि हमने सरपंच व पंचों को चुन दिया। अब विकास का कार्य करना उनका काम है हमारा नहीं है। ग्रामीण तर्क देते हैं कि अगर सब कुछ हम ही कर लेंगे तो सरकार व पंचायत क्या करेगी। विकास से जुड़ा दूसरा पहलू यह है कि जिस गति से जनसंख्या बढ़ी है उस गति से विकास नहीं हो पाया है। अभी भी शिक्षा, स्वास्थ्य, बेराजगारी, भोजन व सुरक्षा जैसी समस्याएं हमारे सामने मुंह बाए खड़ी हैं। गांव में काम-धंधों की कमी के कारण लोग शहरों में पलायन कर रहे हैं।

अतः विकास के संदर्भ में इन सब कड़वे सच को भी समझना जरूरी है। विकास के संपूर्ण प्रकरण में एक बात साफ नज़र आती है कि ग्रामीण विकास में लोगों की भागीदारी नहीं रही। विकास करना है कैसे करना है यह अब उनके ऊपर थोपा गया। इस सन्दर्भ में विकास में लोगों की भागीदारी का एक उदाहरण दिया गया है।

***बॉक्स-6***

## सुखो माजरी गांव की कहानी गांव वालों की जुबानी

*सुखो माजरी गांव हरियाणा राज्य के जिला पंचकुला के शिवालिक पर्वतों की तलहटी में बसा है। यह गांव वाटरशेड में लोगों की सहभागिता के लिए विश्वविख्यात है। हुआ ऐसे कि चंडीगढ़ की सुखना झील में बरसात के पानी के कटाव से मिट्टी भरती जा रही थी। मिट्टी के कटाव को रोकने के लिए पौधारोपण किया गया। लेकिन कामयाबी नहीं मिली। एक दिन सरकारी लोग जो इस कार्य में लगे थे दोपहर को पेड़ के नीचे बैठे खाना खाते समय कह रहे थे कि इतने पौधे लगाए लेकिन एक भी नहीं बचा। यह बात सुखो माजरी गांव का किसान, जो पास के खेत में कार्य कर रहा था, ने भी सुना। उसने कहा जो कार्य अंग्रेज कर रहे थे वही आप भी कर रहे हो। सरकारी लोग*

*उचक कर बोले। कैसे? किसान ने कहा जब तक आप गांव को साथ लेकर उनकी पानी की समस्या का समाधान नहीं करोगे तब तक उनकी भेड़-बकरियां व पशु इन पौधों को नहीं बढ़ने देंगे क्योंकि इन पौधों से उनका कोई सरोकार नहीं है। उनका इनसे कोई सम्बन्ध नहीं है। तो क्या करें, सरकारी कर्मचारियों ने कहा। किसान ने कहा आओ मेरे साथ। वह उनको उस जगह लेकर गया जहां पानी को रोकने के लिए बांध लगाना ज़रूरी था। अंततः जैसा किसान ने कहा था वैसा सरकार द्वारा भी किया गया। इसका नतीजा वही हुआ कि जब लोगों की पानी की समस्या का समाधान हो गया तो ग्रामीण पौधों के भक्षक के स्थान पर रक्षक हो गये। अतः सहभागिता, विकास का महत्वपूर्ण घटक है।*

यहां पर यह बता देना उचित प्रतीत होता है कि ग्रामीण विकास के लिए पंचायत प्रतिनिधियों व पंचायत कर्मियों को समग्र विकास की समझ होना जरूरी है। पंचायत प्रतिनिधियों से चर्चा करने से पता चलता है कि अधिकतर प्रतिनिधियों व कार्मिकों की ग्रामीण विकास के बारे में संकीर्ण सोच है। वे निर्माण कार्यों को ही विकास समझते हैं। खड़ंजा (अर्थात् ईंटों को रास्तों पर खड़ा बिछाना) व पड़ंजा (अर्थात् ईटों को रास्तों पर पड़ा बिछाना) करना ही उनकी नज़र में विकास है। पंचायत प्रतिनिधियों को कहते हुए पाया गया है कि जब कभी सरकार से पैसा आ गया तो उसके बंटवारे के लिए बैठक कर ली। लेकिन उनको यह मालूम नही कि पंचायतों का कार्य केवल निर्माण कार्य ही नहीं है। अन्य कार्य भी हैं जो बहुत महत्वपूर्ण हैं। उदाहरण के लिये अगर महिलाओं व बच्चों में कुपोषण है तो उनके लिये बैठक में चर्चा करें कि क्या आंगनवाड़ी ठीक कार्य कर रही है? क्या वहां बच्चों को भोजन मिलता है? क्या प्राथमिक चिकित्सालय में नर्स आती है? क्या सभी बच्चों को टीका लगता है? क्या सभी बच्चों को पोलियो की दवाई पिलाई जाती है। इनकी भी बैठक में चर्चा होनी जरूरी है जबकि इन कार्यों के लिए पैसे की भी आवश्यकता नहीं है। विचार करें कि गांव में सड़क बनवायी गई है, किंतु यदि उस पर चलने वाले बच्चे लंगड़े हों तो ऐसे विकास से क्या फायदा? गांव में अच्छी खेती-बाड़ी है, ट्रैक्टर, घोड़ा गाड़ी है लेकिन बच्चे अनपढ़ हैं तो ऐसे विकास से क्या फायदा! अगर गर्भवती महिलाओं के लिए जच्चा-बच्चा केंद्र की सुविधा न होने के कारण मां बच्चे को जन्म देते समय दम तोड़ देती है तो ऐसी धन-दौलत से क्या फायदा! इसलिये विकास को

इसकी समग्रता से देखना पड़ेगा। सभी को साथ लेकर चलना पड़ेगा, सभी की भागीदारी सुनिश्चित करनी होगी। सभी का ख्याल रखना होगा, तभी विकास का ख्वाब पूरा होगा।

***बॉक्स-7***

## विकास का जवाब स्वयं से

*हमने विकास के अर्थ व उससे जुड़े विभिन्न पहलुओं पर चर्चा की और अपनी समझ बनाई कि किस विकास के लिए हमको नियोजन करना है। नियोजन के अर्थ के बारे में चर्चा अगले अध्याय में करेंगे। अब हम कुछ सवाल अपने से करेंगे और अगर उनका जवाब हमें मिल जाता है तो जानेंगे की सब कुछ ठीक है अर्थात विकास हो रहा है। यदि जवाब नहीं मिलता है तो मानेंगे कि सब कुछ ठीक नहीं है।*

- *पैदावार बढ़ रही है या नहीं।*
- *खाद्यान्न होने पर भी लोग भूखे क्यों मरते हैं?*
- *रोजगार के अवसर क्यों कम होते जा रहे हैं?*
- *क्यों गरीब और गरीब होता जा रहा है?*
- *झगड़े क्यों बढ़ रहे हैं?*
- *महिलाओं पर अत्याचार क्यों बढ़ रहा है?*
- *क्या लड़कियां स्कूल जा रहीं हैं?*
- *जल व जंगल कम क्यों होते जा रहे हैं?*
- *लूटपाट की घटनाएं क्यों बढ़ रहीं हैं?*
- *जेल, पुलिस व अदालतें क्यों बढ़ती जा रही हैं?*
- *राजनीति में धनबल का इस्तेमाल क्यों बढ़ रहा है?*
- *परंपरागत धंधे क्यों लुप्त होते जा रहे हैं?*
- *आम आदमी ग्राम सभा की बैठक में क्यों नहीं आ रहा है?*
- *स्थानीय संसाधनों पर स्थानीय लोगों का अधिकार क्यों कम होता जा रहा है?*
- क्या संस्कृति और परंपराओं पर गलत प्रभाव पड़ रहा है?

## निष्कर्ष

व्यक्तिगत जीवन, परिवार और समाज में कुछ नया करने के लिए सोच-विचार कर निर्णय करें। अपने स्वयं के जीवन व परिवार में उन्नति और गांव में जरूरत के साथ-साथ सुख-सुविधाओं की चीजों को जुटाना विकास है। विकास कार्यों के अंतर्गत उन चीजों व सुविधाओं को बनाएं जो स्वयं को व दूसरे लोगों के काम आ सकें। ये चीजें इस तरह की होंगी जो घर, परिवार व गांव में सुख समृद्धि लाएं। विकास सहभागितापूर्वक होना चाहिए अर्थात् ग्रामीण स्वयं मिलजुल कर क्या-क्या कार्य करने हैं उनको सोचें-समझें, उनको करने की कार्य योजना बनाएं, उस योजना को अमल में लाएं व स्वयं ही मूल्यांकन करें। बाहरी हस्तक्षेप तभी हो, ज़ब ग्रामीण चाहें।

*अध्याय-3*

# नियोजन

## प्रस्तावना

अध्याय दो में हमने विकास व ग्रामीण विकास के अर्थ के बारे में विस्तृत चर्चा के बाद निष्कर्ष निकाला था कि विकास सकारात्मक बदलाव की प्रक्रिया है। इस प्रक्रिया में विभिन्न कारक जैसे उत्पादन का बढ़ना, आमदनी का बढ़ना, आधारभूत संरचना में सुधार, शिक्षा व स्वास्थ्य सेवाओं में सुधार तथा पर्यावरण जिसमें हम रह रहे हैं उसमें सुधार लाना शामिल हैं। स्वभाविक है कि इन कारकों का अन्तिम उद्देश्य जीवन की गुणवत्ता में इज़ाफा लाना है। विकास और नियोजन को एक पेड़ के उदाहरण से अच्छी तरह समझाया जा सकता है। अगर पेड़ अपने आप बढ़ता जा रहा है। उससे क्या होगा कि कोई शाखा इधर जाएगी व कोई उधर जाएगी। इससे वह न अच्छी छाया दे पाएगा और न देखने में ही सुन्दर लगेगा। कारण यहां पर पेड़ की बढ़ोत्तरी तो हो रही है लेकिन उसका विकास नियोजित ढंग से नहीं हो पा रहा है। यदि उसकी टहनियों की कटाई व छंटाई होती रहे तो वह पेड़ छायादार भी होगा व देखने में भी सुन्दर लगेगा। इसी प्रकार पंचायतों को गांव स्तर पर विकास का पेड़ भी स्वयं लगाना है उसे उचित योजना बनाकर तराशना भी स्वयं ही है ताकि विकास के माध्यम से ग्रामीण जीवन में गुणवत्ता आ सके और गांव से शहरों की ओर हो रहे पलायन में भी कमी आ सके। प्रश्न उठता है कि इस तरह का विकास कार्य जिसका खाका इससे पहले अध्याय मे खींचा गया है कैसा होगा। इसके लिए जरूरी है गांव का नियोजनबद्ध विकास। इसी मुद्दे को ध्यान में रखकर इस अध्याय

में योजना क्या है? क्यों जरूरी है? उसके क्या लाभ हैं? इन सब बातों पर उदाहरणों द्वारा चर्चा की गई है। पंचायतों के संदर्भ में यह इसलिए भी जरूरी हो जाता है कि 73वें संविधान सशोधन में पंचायतों से उम्मीद की गई है कि वे अपने स्तर पर आर्थिक विकास और सामाजिक न्याय की योजनाएं बनाएंगी, उनको लागू करके, उनका मूल्यांकन भी करेंगी।

## 1. नियोजन का अर्थ

नियोजन का अर्थ है योजना बनाना। अर्थात् कोई भी कार्य करने से पहले हम सोचते हैं कि यह कार्य हम क्यों करना चाहते है, किसके लिए करना चाहते है, कैसे करेंगे, कब करेंगे आदि-आदि तथा ऐसा करने से क्या लाभ होगा? योजना के अंतर्गत शामिल किए गए कार्य को कैसे जारी रखेंगे, कैसे उसका मूल्यांकन करेंगे, पैसा कहां से आएगा, आदि? देखा जाए तो आप और हम रोज योजना बनाते हैं। चाहे वह योजना यात्रा संबंधी है, मकान बनाने की है, बच्चों को पढ़ाने की है, बच्चों की शादी करने की है, खेतों की पैदावार बढ़ाने की है। वास्तव में हम सब योजना बनाते हैं और उन्हे लागू करते हैं। योजना बनाने के विचार को निम्न उदाहरण द्वारा समझाने की कोशिश की गई है। पंचायतें अपने स्तर पर विकास की योजना बनाएंगी। अतः यह जानना जरूरी है कि किस कार्य के करने या किस परिसम्पत्ति के बनाने के लिए योजना कैसे बनानी होगी? योजना में क्या-क्या कदम उठाने पड़ते हैं उनका जानना भी आवश्यक है? उदाहरण के लिए यदि पंचायत गांव में प्राइमरी स्कूल बनाने का विचार करती है तो इस विचार को योजना में तबदील करने के लिए निम्न कदम उठाने होंगेः

| | | | |
|---|---|---|---|
| (1) | क्यों | – | अर्थात् स्कूल का उद्देश्य क्या है? |
| (2) | कौन | – | अर्थात् स्कूल बनाने की योजना निष्पादन कौन करेगा? |
| (3) | कैसे | – | अर्थात् इस कार्य के लिए क्या-क्या कदम उठाने पड़ेंगे? |
| (4) | कब | – | अर्थात् समय व अवधि कितनी होगी? |
| (5) | क्या | – | अर्थात् कितने साधन चाहिए तथा किस-किस तरह के साधन (मानवीय, धन, आदि) चाहिए? |

उपरोक्त विचार की संक्षेप में व्याख्या की गई है।

| | | | |
|---|---|---|---|
| (1) | क्यों | – | प्राइमरी स्कूल बनाने का उद्देश्य है ग्राम के अंदर शिक्षा का स्तर बढ़ाना। |

(2) कौन – प्राइमरी स्कूल बनाने का निष्पादन कौन करेगा? कौन उसकी देखभाल करेगा?

(3) कैसे – स्कूल बनाने के लिए कौन-कौन से कदम उठाने होंगे? अर्थात् यह देखना होगा कि कितने स्तर का स्कूल बनाना है? बनाने वाला राज मिस्त्री कौन होगा? किस जगह बनाना है? आदि।

(4) कब – समय को निश्चित करना होगा। अर्थात् एक महींने में बनाना है या छः माह के अंदर बनाना है या वर्ष के अंदर बनाना है।

(5) क्या – पंचायत के पास वित्तीय व गैर-वित्तीय साधन कितने हैं? क्या साधन पर्याप्त हैं? अगर कमी है तो साधन कैसे एकत्र किए जाएंगे, आदि बातों का ध्यान योजना बनाते समय इस मद में लेने होंगे।

वास्तव में देखा जाए तो ग्रामीण व्यक्ति अपने परिवार की योजनाएं बनाते ही रहते हैं। अब उनको गांव की, ब्लॉक की व जिले की योजना बनानी है। उदाहरण के लिए अगर ग्रामीण व्यक्ति मकान बनाता है तो वह विचार करेगा कि इसे बनाने के लिए कौन सी जगह उचित है। उसका आकार कितना होगा। मकान कच्चा बनाना है या पक्का बनाना है। कौन राजमिस्त्री अच्छा कार्य करता है? ईंट अच्छी व सस्ती कहां से मिल सकती है? मकान की अनुमानतः लागत कितनी होगी? स्वयं के पास कितने साधन हैं, बाकी साधन कहां से मिल सकते हैं? आदि-आदि? अब इन्हीं बातों को ध्यान में रखकर पंचायतों को सारे गांव की विकास योजना बनानी है।

अब ग्रामीणों को अपने मकान के स्थान पर गांव के लिए प्राइमरी स्कूल बनाना है। या इसी तरह का अन्य कोई कार्य जैसे सड़क बनाना, पंचायत घर बनाना व नाली बनाना है।

## 2. ग्राम नियोजन

नियोजन का क्या अर्थ है। इस पर बात करने के बाद आइए चर्चा को आगे बढ़ाते हुए बात करते हैं ग्राम नियोजन की। विदित है कि गांव विकास की जिम्मेदारी केंद्र सरकार व राज्य सरकार से चलकर पंचायत तक पहुंच गयी है। अब पंचायतों को

ही मिल बैठकर अपने स्तर पर योजना बनाना व लागू करना है। यहां पर ग्राम नियोजन से तात्पर्य है कि गांवों में जहां जिस कार्य की जरूरत है वहां पर उसी जगह के लोग निर्णय लें कि अमुक कार्य कैसे करना है? उस कार्य से जुडी अन्य बातों व कार्यों का निर्णय भी वही लोग करेंगे। ग्राम समाज में अनेक वर्ग होते हैं सभी के राय-मशविरे से कार्य करें। यहां ध्यान यह रखें कि गरीब गुरबा व महिलाओं की राय अवश्य लें क्योंकि गांव की अधिकतर समस्यायें इनकी ही समस्याएं हैं।

अगर एक ग्राम पंचायत में अनेक टोले/मोहल्ले हैं तो सभी की राय लेनी जरूरी है। उन्हीं की राय से ही कार्य निर्धारित होंगे, कार्य करने का तरीका भी उन्हीं की राय से निर्धारित होगा। संसाधन निर्धारित होंगे और उन्हीं के द्वारा उस कार्य का मूल्यांकन होगा।

**नियोजन की उपरोक्त परिभाषा व उदाहरण से निम्न बातें उभर कर आती हैं:**

1. योजना बनाने का अर्थ है व्यवस्थित रूप से किसी कार्य को कम समय व कम संसाधनों में गुणवत्तापूर्वक करना। दूसरे शब्दों में किसी कार्य को व्यवस्थित रूप से करने की तैयारी करना ही योजना बनाना है।
2. व्यक्तिगत रूप से तैयारी करने के लिए कार्य के बारे में सोचना व विचार करना, सूचनाएं इकट्ठी करना उनका विश्लेषण करना और इस तरह करके संपूर्ण स्थिति का जायजा लेकर कदम उठाना।
3. योजनाएं वार्षिक, पंचवर्षीय व दीर्घकालिक हो सकती हैं। अर्थात् विभिन्न समय अवधियों की योजनाओं को ध्यान में रखकर उनका उद्देश्य व भावी जरूरतों को भी ध्यान में रखना है। उदाहरण के लिए अगर वर्तमान में लागू पंचवर्षीय योजना के लिए प्राइमरी स्कूल बनाने का प्रस्ताव है तो आप इस कार्य को करते समय सोच-विचार करें कि दीर्घकाल में गांव की जनसंख्या बढ़ने के कारण गांव को मिडिल स्कूल या हाई स्कूल की भी जरूरत पड़ेगी। अतः प्राइमरी स्कूल की जमीन का प्रबंध करते समय यह प्रयास करें कि अगर जमीन अधिक प्राप्त होती है तो उसे प्राप्त करें ताकि भविष्य में यदि स्कूल को बढ़ाना है तो जमीन की समस्या आपके सामने न आए।
4. आप योजनाएं हर समय बनाते हैं और उन्हें लागू करते हैं। अब वही समझ, वही तरीके इस्तेमाल करके संपूर्ण गांव, ब्लॉक व जिले की योजना बनानी है।

### 3. ग्राम नियोजन के लिए सावधानियां बरतना

नियोजन विचार वैसे तो सभी स्थानों व परिस्थितियों के लिए समान हैं। लेकिन ग्राम विकास के सन्दर्भ में नियोजन करते समय विशेष सावधानियां बरते जाने की जरूरत है, जो नीचे गिनाई गई हैं:

1. ग्राम सभा के माध्यम से सभी ग्रामीणों की भागीदारी जरूरी है क्योंकि ग्राम सभा एक ऐसा प्लेटफार्म है जिस पर पंचायत के प्रत्येक वोटर की भागीदारी योजना बनाने में सुनिश्चित की जा सकती है।
2. प्रायः देखा गया है कि पंचायतें खड़ंजा व पड़ंजा को ही विकास मानती हैं। जिस गांव में खड़ंजा/पड़ंजा पूरा हो गया फिर इनको पक्का कराना, नालियां, आदि बनवाना विकास समझते हैं। ये हैं, लेकिन इनके अलावा शिक्षा, स्वास्थ्य, गरीबी उन्मूलन, आदि बातों को भी ध्यान में रखना है।
3. पंचायतें गांव के सारे कार्य एक साथ नहीं कर सकतीं क्योंकि संसाधन सीमित हैं। अतः पंचायत को भविष्य में किए जाने वाले कार्यों को वार्षिक, पंचवर्षीय व दीर्घकालीन अवधि के आधार पर उपलब्ध साधनों को ध्यान में रखकर और सोच-विचार करके पांच साल के बाद या 10 साल के बाद गांव का सामाजार्थिक स्तर क्या होगा। इस तरह का अनुमान भी लगाएं।
4. ग्रामीण समाज के कमजोर तबकों जैसे अनुसूचित जाति, अनुसूचित जनजाति व महिलाओं का विशेष ध्यान रखें। उनकी खास जरूरतों को ध्यान में रखकर ही योजना का खाका तैयार करें।
5. अक्सर देखा गया है कि पंचायतें नए कार्यों जैसे सड़क बनाना, नाली बनवाने को ही कार्य समझती हैं और उन्हीं के बारे में सोच-विचार कर योजना बनाती हैं और लागू करती हैं। ये सब भी जरूरी है। लेकिन इन कार्यों की मरम्मत भी तो जरूरी है। उस पहलू को भी तो योजना का अंग बनाना है। परिसंपत्तियों का रख-रखाव भी इनके सृजन से कम महत्वपूर्ण नहीं है।
6. नियोजन का प्रारूप तैयार हो जाने के बाद उसको लागू भी करना है। इसके लिये राज्य पंचायती राज अधिनियमों के तहत विभिन्न समितियों का गठन करने की एक प्रक्रिया है। उनमें एक समिति नियोजन समिति है। अगर नियोजन समिति का अलग से बनाने का प्रावधान नहीं है तो किसी अन्य समिति जैसे निर्माण समिति या विकास समिति को यह कार्य दिया गया होगा। उस समिति को कार्यशील करने की जरूरत है ताकि वह अपने स्तर

पर योजना के विभिन्न पहलुओं जैसे योजना बनाना, उसे क्रियान्वयन करना, उसका मूल्यांकन करना, आदि को देखे और आगे की प्रगति व योजना से जुड़े अन्य मुद्दों को पंचायत की बैठक में रखे।

## 4. ग्राम नियोजन अनिवार्य क्यों?

अब यह प्रश्न उठता है कि योजना बनाने की जरूरत क्यों है? इसका साधारण सा उत्तर है जिसको सभी जानते हैं। हमारे पास संसाधन (पैसा) कम है, समय सीमित है और कार्य और समस्याएं असीमित हैं। कम संसाधनों से अधिक से अधिक समस्याओं का समाधान करना योजना के माध्यम से ही संभव है। अगर हमारे पास संसाधन असीमित हैं व समय की कोई सीमा नहीं है। समस्याएं भी नहीं के बराबर हैं तो हमे योजना बनाने की जरूरत ही नहीं है। हमारे ग्रामीण क्षेत्रों के लिये योजना बनाना इसलिए भी जरूरी हो जाता है कि देश की 70 प्रतिशत आबादी वहां निवास करती है। देश में गरीबी रेखा से नीचे रह रहे परिवारों की संख्या भी गांव में अधिक होती है। बच्चे व महिलाएं कुपोषण की शिकार हैं। इन सब बातों के लिए भी नियोजन जरूरी होता है।

जैसा कि हमने अध्याय एक में देखा है कि नियोजन तो प्रथम पंचवर्षीय योजना से ही चल रहा है और अब तक 10 पंचवर्षीय योजनाएं पूर्ण हो चुकी हैं तथा 11वीं पंचवर्षीय योजना भी समाप्त होने वाली है। प्रश्न उठता है जब नियोजन आजादी के बाद से ही चल रहा है तो ग्राम नियोजन की जरूरत क्यों पड़ी? यह क्यों आवश्यक हो गया? संविधान में अलग से इसका प्रावधान क्यों किया गया? क्यों लोगों की भागीदारी की बात होने लगी? कारण, 73वां संविधान संशोधन द्वारा ग्राम समाज के सभी लोगों व महिलाओं की भागीदारी सुनिश्चित की गई जबकि यह प्रावधान पहले नहीं था। इन सबका उत्तर निम्न उदाहरण से स्पष्ट हो जाएगा। एक बार प्रशिक्षण के दौरान एक गांव में गांववासियों से गांव में स्थित एक प्राथमिक स्वास्थ्य केंद्र के बारे में चर्चा हुई। जब पूछा गया कि प्राथमिक स्वास्थ्य केंद्र की स्थिति खराब क्यों है? मरम्मत क्यों नहीं हुई? क्यों इसके आंगन में कुत्ते व सुअर घूम रहे हैं? उनका जवाब था यह तो सरकारी है। सरकार इसका ध्यान रखेगी। लेकिन प्राथमिक स्वास्थ्य केंद्र के आस-पास अनेक घर हैं वे तो सही सलामत हैं न उनमें कुत्ते हैं न सुअर घूम रहे हैं। इस पर लोगों का जवाब था, वे तो हमारे अपने हैं। इससे स्पष्ट है कि नियोजन, जो स्वतंत्रता प्राप्ति से चल रहा है, वह गांव वालों पर थोपा गया है। उनको इनकी न समझ है न समझाया गया। इसका नतीजा

यह हुआ कि ये लोग योजना प्रक्रिया से नहीं जुड़ सके। प्राथमिक स्वास्थ्य केंद्र व अपने घर के अंतर के बारे में उनके जवाब का निष्कर्ष निकलता है किः

- घर हमारा है, स्वास्थ्य केंद्र सरकारी है।
- घर में पैसा हमारा लगा है, स्वास्थ्य केंद्र में पैसा सरकार का लगा है।
- हमने स्वयं इसे बनाया है, स्वास्थ्य केंद्र सरकार ने बनाया है।
- अपने मकान की मरम्मत हम स्वयं करते हैं, स्वास्थ्य केंद्र की मरम्मत सरकार करती है।
- अपने मकान से हम भावनात्मक रूप से जुड़े हैं, जबकि स्वास्थ्य केंद्र से हम भावनात्मक रूप से नहीं जुड़े हैं।

बात को आगे बढ़ाते हुए उनसे पूछा गया कि स्वास्थ्य केंद्र से लाभ तो आपको व आपके बच्चों को मिलता है। तो उसकी देखभाल भी आपको करनी चाहिए। उनका जवाब था कि उन्होंने कौन सा हमसे पूछकर यह बनाया था। हमारे कौन से अपने काम सरकार कराने आती है ताकि हम सरकार के स्वास्थ्य केंद्र की देखभाल करें। उपरोक्त चर्चा से निम्न बातें निकल कर आती हैं:

1. गांव में प्रत्येक कार्य लोगों की भागीदारी से सम्पन्न हो ताकि उनमें किए गए कार्यों के प्रति जुड़ाव हो। भागीदारी से अर्थ केवल लाभ लेने तक सीमित न होकर जरूरत पड़ने पर क्षमतानुसार संसाधनों की भागीदारी भी होनी चाहिए।
2. अगर पैसा राज्य सरकार का है लेकिन प्राथमिक स्वास्थ्य केंद्र बनवाने की जिम्मेदारी पंचायत को दी जा सकती थी। देखभाल की जिम्मेदारी भी पंचायत के माध्यम से लोगों की होती। इसके लिए पंचायत एक समिति गठित कर सकती थी।
3. लोगों को विश्वास में लिया होता। मुख्य समस्या अपने पराए की है। यह दुविधा तभी समाप्त हो सकती है यदि ग्रामीणों के अंदर यह भावना पैदा की जाए कि घर तो हमारे हैं ही, स्कूल, स्वास्थ्य केंद्र, आंगनवाड़ी केंद्र और पशु चिकित्सा केंद्र भी हमारे हैं। अगर सरकार ने बनवाए हैं तो सरकार भी तो हमारी ही है, हमने ही तो विधायकों व सांसदों को चुनकर भेजा है। उपरोक्त से स्पष्ट है कि सरकार ने गांव में प्राथमिक स्वास्थ्य केंद्र बनवाकर अच्छा कार्य किया। गांव वाले उससे दवाइयां व अन्य लाभ लेते रहे हैं। लेकिन स्वास्थ्य केंद्र को अपना नहीं सके। इसलिए स्वास्थ्य केंद्र की हालत दयनीय

हो गई है। इसलिए ग्राम नियोजन जरूरी हो गया कि गांव वाले स्वयं देखें व जांचें कि स्वास्थ्य केंद्र बनवाने की भी जरूरत है, अगर जरूरत है तो उसे बनवाना कहां उचित रहेगा। अगर ऐसा होगा तो गांव वाले उसको सरकार का स्वास्थ्य केंद्र न समझ कर स्वयं का केंद्र समझेंगे।

इसी संदर्भ में एक बात पंचायत के सम्बन्ध में बता देना उचित होगा। अगर स्वास्थ्य केंद्र बनवाने की जिम्मेदारी सरकार से हस्तांतरित होकर पंचायत के पास चली जाती है तथा पंचायत स्तर पर सरपंच या पंचायत के सदस्य गांवों के आम लोगों की राय न लेकर स्वयं ही निर्णय लेते हैं, तो समस्या बनी रहेगी क्योंकि इस कार्य में लोगों की भागीदारी सुनिश्चित नहीं हुई है। इसके लिए पंचायत को चाहिए कि ग्राम सभा की बैठक करके उसमें लोगों की आम सहमति ले। ग्राम पंचायत की बैठक बुलाकर सभी पंचों से राय-मशविरा करें।

अतः नियोजन के चलते ग्राम नियोजन की जरूरत इसलिए पड़ी क्योंकि नियोजन में लोगों की भागीदारी नहीं थी।

## 5. ग्राम नियोजन से लाभ

हम पहले ही चर्चा कर चुके हैं कि ग्राम नियोजन मुख्यतः गांव वालों का, गांव वालों के द्वारा बनाया व लागू किया गया नियोजन है। यह ऊपर से उनके ऊपर नहीं थोपा गया है। 73वें संविधान संशोधन से पहले ग्रामीण क्षेत्रों में समस्या यह थी कि कैसे विकास कार्यों में लोगों की भागीदारी सुनिश्चित करें? कैसे विकास को जनामुख बनाएं? लेकिन इस संशोधन के बाद गांवों में पंचायती राज व्यवस्था लागू हो गयी है जिसको लागू हुए 17 वर्ष से अधिक समय हो चुका है। सभी ग्राम, ब्लॉक व जिला स्तर पर जनता की सरकार अर्थात पंचायतें अस्तिव में हैं। तीन स्तरीय पंचायती राज व्यवस्था में एक और संस्था ग्राम सभा है जिसके गांव के सभी मतदाता सदस्य हैं। यह संस्था प्रत्येक मतदाता को ग्रामीण विकास में भागीदारी सुनिश्चित करने का अधिकार प्रदान करती है। आइए, ग्राम नियोजन से प्राप्त लाभों पर चर्चा करते हैं।

### 1. सहभागिता पूर्ण विकास

हमने पहले चर्चा की है कि नियोजन तो देश आजाद होने से अब तक चल रहा है लेकिन उसका लाभ ग्रामीणों को और आम जनता को नहीं मिल सका। कारण नियोजन सहभागी नहीं था। जबकि ग्राम नियोजन ग्रामीणों की भागीदारी सुनिश्चित करता है। जब भागीदारी सुनिश्चित होती तो विकास के किए गए कार्य अधिक

टिकाऊ व लाभदायक होंगे। वहां अपने पराए का सवाल नहीं होगा। वहां तो प्रश्न यह होगा कि कैसे किसी समस्या का समाधान सभी लोग मिलजुल कर करें। यदि लाभ की बात है तो कैसे सभी लोग उस लाभ के भागीदारी बनें। यह महत्वपूर्ण प्रश्न होगा।

## 2. साधनों का सदुपयोग

ग्राम नियोजन में साधनों का सदुपयोग होता है क्योंकि सारा कार्य लोगों की आंखों के सामने होता है। यहां पर सवाल यह नहीं होता है कि अमुक कार्य कौन करेगा? यहां भावना यह होती है कि हम करेंगे। हम देखेंगे। हम निपटायेंगे। जब इस तरह का वातावरण होगा तो साधनों का सदुपयोगिता से व्यय होगा। गांवों में देखा गया है कि अगर कोई निर्माण कार्य बाहर की संस्था करा रही है जो वहां रखे रेत, ईंट व अन्य सामान की कोई रखवाली नहीं करता। ईंटें व अन्य सामान इधर-उधर होता रहता है। लेकिन अगर पंचायत द्वारा यह कार्य हो रहा है तो सवाल ही पैदा नहीं होता कि कोई सामान इधर-उधर कर दे। दूसरे, जब गांव वाले यह स्वीकार कर लेते हैं कि यह कार्य उनका है तो उपलब्ध साधनों के सदुपयोग के साथ एक लाभ यह होता है कि साधनों की भी कम ही आवश्यकता पड़ती है। उदाहरण के लिए, यदि कोई सामान बाजार से लाना है तो गांव वाले ट्रैक्टर ट्राली से वह सामान 'फ्री' में ला सकते हैं। श्रमदान करके साधनों की बचत कर लेते हैं। यह सब ग्राम नियोजन के द्वारा ही संभव है।

## 3. क्षमता बढ़ाना

ग्राम नियोजन द्वारा सरपंचों, पंचों व ग्राम सभा के सदस्यों व पंचायत कर्मियों की क्षमतावर्धन में इजाफा होता है क्योंकि ग्राम नियोजन के तहत लोगों को अपनी समस्या को सही से पहचानने का ज्ञान होता है। उस समस्या के कारणों का ज्ञान होता है और अंततः उपलब्ध साधनों के आधार पर समाधान खोजने के प्रयास किए जाते हैं। पंचायत स्वयं यह हिसाब-किताब करना शुरू कर देती है कि अमुक कार्य करने के लिये हमारे पास कितने संसाधन है। कितने अतिरिक्त संसाधनों की आवश्यकता है, कितने संसाधन हमें बाहर से अर्थात् सरकार से या ऋण द्वारा उपलब्ध कराने होंगे। कार्यों को उचित व प्रभावी ढंग से करने के लिए क्या करना चाहिए इसकी जानकारी हो जाती है। दूसरे शब्दों में कहें कि लोगों को जिम्मेदारी लेने की क्षमता का विकास हो जाता है। इस तरह के अनेक उदाहरण हमारे सामने हैं जहां पर पंचायतों ने इस तरह के अनेक उल्लेखनीय कार्य किए हैं।

**4. सामाजिक विकास की पहल**

चूंकि ग्राम नियोजन के अंतर्गत निर्माण कार्यों के अलावा अन्य कार्य भी सम्मिलित होंगे, अतः इसमें ग्रामीण समाज के आर्थिक, सामाजिक व सांस्कृतिक सभी पहलू शामिल होंगे। ऐसा होने पर सामाजिक विकास जैसे शैक्षिक विकास, स्वास्थ्य विकास, समाज के कमजोर वर्गों से जुड़े प्रश्न जैसे पैंशन आदि पर महत्व देकर उनको ग्राम नियोजन का हिस्सा बनाना होगा। इसकी अधिक सम्भावना इसलिये बढ़ जाती है कि समस्या के दौरान समाज के गरीब तबके इन समस्याओं को उठायेंगे जिनका निवारण पंचायतें करेंगी। अगर पंचायतें ऐसा नहीं करती हैं तो वह विकास सहभागी नहीं होगा। ग्राम नियोजन न होकर मात्र कार्यों का निबटारा, जो आजादी से अब तक होता आ ही रहा है, वही होगा।

**5. उचित मूल्यांकन**

अगर कार्य राज्य या केंद्र सरकार द्वारा किया जाता है तो ग्रामीण उन कार्यों के मूल्यांकन में रुचि नहीं लेते हैं। उदाहरण के तौर पर यदि कोई कार्य सरकार द्वारा किया गया है और सरकार से आदेश आता है कि इसके सामाजिक आकलन के लिये ग्राम सभा की बैठक बुलाई जाए तो पंचायत ग्राम सभा की बैठक बुलाएगी, लेकिन यह बैठक औपचारिकता ही होगी। क्योंकि ग्रामीण यह तर्क देकर इसमें नहीं जाएंगे कि हमारी कौन सा जेब से पैसा लगा है कि हम पंचायत से या सरकार से हिसाब-किताब लें। इसके विपरीत, यदि उसी कार्य में लोगों की भागीदारी संसाधन के माध्यम से या श्रमदान के माध्यम या कार्य करने में निर्णय लेने आदि में रही है तो गांव वाले बढ़-चढ़ कर हिस्सा लेंगे यह कहकर कि हमने भी पैसा दिया है। देखते हैं उस पैसे का उपयोग किस-किस कार्य के लिए किया गया है। कुल मिलाकर ग्राम नियोजन ग्रामीणों की सोच को बदलता है। लोग जो अब तक ग्राम विकास की विभिन्न योजनाओं के क्रियान्वयन में रुचि नहीं लेते थे। वे रुचि लेना शुरू कर देते हैं। पंचायतों के माध्यम से ग्रामीणों में विभिन्न समस्याओं को विचारने, समझने व उनका उपाय ढूंढ़ने की क्षमता का विकास हो जाता है।

**निष्कर्ष**

ग्राम नियोजन का अभिप्राय प्रासंगिक तथ्य व सामाजार्थिक आंकड़ों के आधार पर विश्लेषण करके प्राथमिकताएं निर्धारित करना है। निर्धारित प्राथमिकताओं का उपलब्ध संसाधनों के आधार पर लक्ष्य निर्धारित कर कार्यान्वयन की प्रक्रियाओं को

लागू किया जाता है व उनका अनुश्रवण व मूल्यांकन किया जाता है। इसलिये एक आदर्श ग्राम नियोजन के तहत हर योजना इकाई जैसे ग्राम पंचायत, पंचायत समिति, जिला परिषद लोगों के साथ विचार-विमर्श करके अपने कार्य व उत्तरदायित्व को पूरा करने के लिए एक योजना बनाती हैं। उनसे अपेक्षा की जाती है कि वे एक-दूसरे के सहयोग व समन्वय से एक-दूसरे की जिम्मेदारी वाले क्षेत्र में दखल न देकर आपसी सहमति से कार्य करें।

*अध्याय-4*

# ग्राम नियोजन के मुख्य पहलू

## प्रस्तावना

अध्याय तीन में हमने नियोजन के अर्थ, ग्राम नियोजन की आवश्यकता, लाभ, आदि पर चर्चा की थी। अब हम पाठकों को ग्राम नियोजन के विभिन्न पहलुओं जैसे जन-सहभागिता, जवाबदेही, प्रभावकारिता, प्राथमिकीकरण, समयबद्धता व संसाधनों का सही इस्तेमाल से अवगत कराएंगे। इन सभी विचारों का व्यवहार में लाने का अर्थ है कि ग्राम नियोजन को मजबूती देना। उपरोक्त पहलुओं पर चर्चा करते समय सूचना का अधिकार व सामाजिक लेखा पर भी प्रकाश डाला गया है। इन बातों को समझाने के लिए 'रोल प्ले' के भी कुछ उदाहरण दिए गए हैं।

## 1. जन-सहभागिता

जन-सहभगिता का अर्थ लोकतन्त्र या प्रजातंत्र के समान है। यह भी कहा जा सकता है कि जन-सहभागिता लोकतंत्र से ही निकला है। वास्तय में, जन-सहभागिता एक ऐसी प्रक्रिया है जिसमें वे सभी साझेदार जो विकास की पहल, लिए गए निर्णयों व इकट्ठे किए गए संसाधनों से प्रभावित होते हैं व प्रभावित करते है, शामिल होते हैं। ये साझीदार ही संपूर्ण प्रक्रिया को नियंत्रण में रखकर शासन और प्रशासन के लिए भी जिम्मेदार होते हैं।

सहभागिता निम्न मान्यताओं पर आधारित है:

1. जानना व दूसरों को सिखाना मनुष्य का प्राकृतिक गुण है। मनुष्य दूसरों के सम्पर्क में आकर अपनी समझ का विश्लेषण करता है और अपने आपको

बदलने की कोशिश करता है। दूसरों के सम्पर्क में आकर वह उनसे विचारों का आकलन कर अपने आप निष्कर्ष निकालता है कि वह सही सोच रहा था या नहीं। अतः व्यक्तियों की मानसिकता व व्यवहार दूसरों के सम्पर्क में आकर बदलता है।

2. प्रत्येक व्यक्ति प्रकृति की असीम देन है। प्रत्येक व्यक्ति की अपनी समझ व विचार होते हैं। उसकी अपनी क्षमता व सीमाएं भी होती हैं।
3. ऊपर से थोपने से या दबाव से विकास नहीं किया जा सकता है।
4. यदि एक-दूसरे के प्रति व्यवहार ठीक नहीं है तो यह पहले कार्यों का परिणाम है। एक खराब अनुभव दूसरे खराब अनुभव को जन्म देता है। और इस प्रकार कुचक्र में फंस जाते हैं। एक जागरुक व्यक्ति अपने पुराने खराब अनुभव से सीख लेकर कुचक्र से बाहर निकल जाता है।

उपरोक्त मान्यताओं के आधार पर विकास की प्रक्रिया आगे बढ़ती है। वास्तव में, सहभागिता विकास में लोग एक-दूसरे की कमजोरी को पहचान कर सभी को साथ लेकर चलते हैं और प्राप्त अच्छे अनुभवों के आधार पर विकास का बीज बोते हैं। इससे विकास के मार्ग में लोगों को आत्म-विश्वास बढ़ने के साथ-साथ आत्म-सम्मान भी बढ़ता है जो अपने आप में एक अहम उपलब्धि है।

उपरोक्त चर्चा से यह बात सामने आती है की जन-सहभागिता में हिस्सेदारी होती है। सबको साथ लेकर चलना होता है। जो लोग जिस योग्य हैं उन्हें उसी काम में लगाकर विभिन्न गतिविधियों को सम्पन्न करके अनुकूलतापूर्ण लाभ प्राप्त किया जा सकता है। इस प्रकार, लोग लाभ लेने के रूप में, योगदान करने के रूप में, सलाह-मशविरा देने के रूप में, व्यवस्था को अच्छे ढंग से चलाने के रूप में कार्य कर विकास के कारवें को आगे बढ़ाते हैं। आइए, अब जन-सहभागिता को पंचायत व ग्राम नियोजन के सन्दर्भ में देखते हैं।

(*i*) ग्राम पंचायत ग्राम नियोजन के तैयार दृष्टिकोण को ग्राम सभा से विचार-विमर्श करती है। ग्राम सभा एक ऐसी संस्था है जो गांव के सभी वयस्कों की भागीदारी सुनिश्चित करती है। ग्राम सभा से भी नीचे वार्ड सभाओं (जिन्हें पश्चिम बंगाल में ग्राम संसद व उड़ीसा में पाली सभा कहते हैं) से भी चर्चा करके सलाह-मशविरा कर सकती हैं। ग्राम सभा के सदस्य गांव के सभी लोग चाहे पढ़े-लिखे हैं या अनपढ़, कमजोर वर्ग से हैं या अमीर वर्ग से हैं, महिलाएं हैं या पुरुष हैं सभी इसके सदस्य हैं। इस सभा से सभी अपनी-अपनी समझ के अनुसार चर्चा कर निष्कर्ष निकाल सकते हैं। उदाहरण के लिए, यदि

कमजोर वर्ग का कोई व्यक्ति अपनी समस्या बताता है तो पढ़ा-लिखा व्यक्ति उसको दूर करने का तरीका सुझा सकता है। इस प्रकार, सभी सदस्य एक-दूसरे के पूरक हैं। यह इस सभा में महसूस होता है।

(*ii*) ग्राम पंचायत अधिनियम में पंचायतों द्वारा अपना कार्य निबटाने के लिए विभिन्न समितियां बनाने का प्रावधान है। इसमें एक समिति नियोजन समिति भी है। अगर किसी राज्य में पंचायत अधिनियम में नियोजन समिति को गठित करने का प्रावधान नहीं है तो किसी अन्य समिति जैसे विकास समिति आदि को यह कार्य दिया गया है। इस समिति में पंचायतों के सदस्य होते हैं। अगर पंचायत चाहे तो बाहर से जानकार लोगों को बुलाकर सलाह-मशविरा कर सकती है। इस तरह का प्रावधान पंचायतों के तीनों स्तरों पर उपलब्ध है।

(*iii*) ग्राम सभा अपने सदस्यों में से कार्यदल बना सकती है। इस तरह के कार्यदल बनाकर मुद्दों को चयनित करने व चयनित मुद्दों पर गंभीरता से चर्चा की जा सकती है। केरल राज्य में नवीं पंचवर्षीय योजना के दौरान इस तरह का प्रयास किया गया था। इन कार्यदलों को योजना के विभिन्न मुद्दों जैसे क्षेत्रीय योजनाओं को एक साथ मिलाना, संसाधनों का इकट्ठा करना, आदि कार्य सौंपे गए थे।

(*iv*) ग्राम पंचायत के अतिरिक्त पंचायत समिति व जिला परिषद स्तर पर इन संस्थाओं की बैठक करके सभी सदस्यों की भागीदारी योजना बनाने में सुनिश्चित की जा सकती है।

(*v*) विभिन्न हितधारक समूहों जैसे स्व-सहायता समूह, राष्ट्रीय सेवा स्कीम, नेहरु युवक केंद्र, राष्ट्रीय कैडेट कोर की भी सहभागिता ग्राम नियोजन में सुनिश्चित की जा सकती है। ये हितधारक सामाजिक लामबंदी, जागरुकता व समस्याओं को जानने व उनके समाधान के लिये ग्रामीणों की भागीदारी सुनिश्चित कर सकते हैं। राज्य पंचायती राज अधिनियमों के अंतर्गत ग्राम सभा की वर्ष में कम से कम दो बैठकें होना जरूरी है। अनेक राज्यों में ग्राम सभा की वर्ष में चार बैठकें भी होती हैं। अगर ग्राम पंचायत चाहे तो ग्राम सभा की विशेष बैठक भी बुला सकती है। अर्थात पंचायती राज से जुड़ी विभिन्न सामाजिक संस्थाओं की भी महत्वपूर्ण भूमिका है कि वह अपने कार्य क्षेत्रों में पंचायतों को व ग्राम सभा के सदस्यों को जागरुक करके उनकी भागीदारी ग्राम नियोजन में सुनिश्चित करे।

**2. जवाबदेही**

चूंकि ग्राम नियोजन के तहत योजना ऊपर से थोपने की बजाय ग्रामीणों के बीच से ग्राम सभा की बैठक में विचार-विमर्श से उभर कर आती है। इसलिए जवाबदेही इसमें समाहित ही होती है। इसे हम एक उदाहरण के द्वारा समझते हैं।

***बॉक्स-1***

## ग्रामीणों की भागीदारी

*आप जानते हैं कि महिलाओं व अनुसूचित जाति/अनुसूचित जनजाति और पिछड़े वर्गों को प्रधान व सदस्य पद के लिए आरक्षण इसलिए दिया गया है कि उनकी ग्रामीण विकास की योजना बनाने, निर्णय लेने, कार्यान्वयन करने, लाभ में हिस्सेदारी व निगरानी और कार्यों की जांच में भागीदारी हो। ग्राम सभा ग्राम के सभी व्यक्तियों की आमसभा है। यह संस्था बहुत महत्वपूर्ण है, क्योंकि यह गांव के सभी तबकों की ग्रामीण विकास में भागीदारी सुनिश्चित करती है। यह महत्वपूर्ण बात है कि भागीदारी गांव के गरीब तबके, अनुसूचित जाति और अनुसूचित जनजाति की महिलाओं की भी होनी आवश्यक है, नहीं तो संपूर्ण गांव की भागीदारी का कोई अर्थ ही नहीं रह जाता। भागीदारी कैसे सुनिश्चित होती है।*

***1. निर्णय लेना:*** *ग्राम स्तर पर वार्षिक योजना, पंचवर्षीय योजना व दीर्घकालीन योजना में क्या-क्या कार्य करने हैं इसका निर्णय जनता द्वारा लेने से है। ग्राम सभा की बैठक करके यह कार्य किया जाता है।*

***2. निर्णयों को लागू करना:*** *इसका अर्थ है कि लिए गए निर्णयों को कार्यान्वित करना। इसके लिए ग्राम पंचायत एक समिति बना सकती है जो यह देखे कि अमुक-अमुक निर्णयों को सही मायने में कैसे लागू करें। राज्यों में ग्राम पंचायत अधिनियम के अंतर्गत विभिन्न विषय समितियां बनाने का प्रावधान है। यह कार्य लोक निर्माण समिति या अन्य किसी समिति को दे सकते हैं। अगर पंचायत चाहे तो इस कार्य के लिए अलग समिति भी बना सकती है।*

***3. साधनों में हिस्सेदारी:*** *ग्राम पंचायत के पास आय के स्रोत, केंद्र सरकार, राज्य सरकार, बैंकों से ऋण के अलावा स्वयं पंचायत को भी अपने साधन कर व गैर-कर माध्यम से जुटाने होंगे। यहां साधनों की हिस्सेदारी से यही*

*अर्थ है कि गांव के लोग अपना अंश भी योजना बनाने में दें। यह अंशदान नकद, मजदूरी या श्रमदान के रूप में हो सकता है।*
*यदि गांव में खड़ंजा बनाना है तो मिट्टी का प्रबंध गांव वाले ट्रैक्टर ट्राली के रूप में कर सकते हैं। मिट्टी को समतल करने के लिए श्रमिक अपने श्रम का दान कर सकते हैं। साधनों की हिस्सेदारी से पंचायत के लोगों के प्रति उत्तरदायित्व बढ़ जाता है। अगर ग्रामीण वित्तीय या गैर-वित्तीय तरीके से साधन जुटाएंगे तो उनमें हमेशा जिज्ञासा रहेगी कि क्या हमारे द्वारा दिए गए संसाधनों का उचित उपयोग हुआ है या नहीं। अगर पैसा केंद्र व राज्य सरकार से आता है तो ग्रामीणों का तर्क होता है कि करने दो जैसा प्रधान/संसद कर रहा है हमने कौन-सा अपनी जेब से पैसा दिया है। अतः संसाधनों की हिस्सेदारी सुनिश्चित करने के लिए ग्रामीणों की जेब से या श्रम से ग्रामीण विकास में सहभागिता अति आवश्यक है, ताकि विकेंद्रीकृत योजना सुचारु रूप से चल सके।*
***4. लाभ में हिस्सेदारी:*** *लाभ में हिस्सेदारी से अर्थ है कि तैयार योजना से होने वाले लाभ में हिस्सेदारी। उदाहरण के लिए, यदि गांव में स्कूल बना है तो उसमें सभी जाति व वर्गों के बच्चों को पढ़ना। यदि नाले पर पुल बना है तो उस पर सभी का आना-जाना है। अगर गांव में आंगनवाड़ी या बालवाड़ी खुली है तो उसमें सभी वर्गों के बच्चों का जाना व वहां पर उपलब्ध सुविधाओं से लाभ उठाना। यदि स्वर्णजयन्ती रोजगार योजना कार्यक्रम के अंतर्गत कोई प्रशिक्षण केंद्र खुला है तो उसमें युवकों को प्रशिक्षण देना, अगर गांव में सिलाई-कढ़ाई सेंटर खुला है तो उसमें सभी वर्गों व जातियों की लड़कियों को सिलाई व कढ़ाई सिखाना, आदि-आदि।*

अगर गांव के अंदर स्कूल का निर्माण ग्रामीणों की सलाह मशविरे से नहीं हुआ है तो वे अपने बच्चों को तो स्कूल मे पढ़ने के लिए भेजेंगे लेकिन यदि स्कूल की इमारत खराब हो गई या बरसात में छत खराब होने से टपकने लगी तो ग्रामीण इस ओर ध्यान नहीं देंगे। उनसे अगर पूछें कि आप इसकी देखभाल करें तो गांव वालों का जवाब होगा। क्या हमसे पूछकर सरकार ने स्कूल बनवाया था। यह सरकार का स्कूल है, सरकार ही इसकी देखभाल करे। दूसरे शब्दों में कहें कि इसमें पंचायतों की जवाबदेही सुनिश्चित नहीं होती है। केंद्र सरकार या राज्य सरकार जो गांव से हजारों किलोमीटर दूरी पर स्थित हैं, वे कैसे जवाबदेही सुनिश्चित कर सकते हैं।

उपरोक्त के विपरीत यदि ग्राम पंचायत ने बैठक में निर्णय लिया कि गांव के चार मोहल्ले हैं और उनमें चार पानी पीने के नल लगाने हैं। इन नलों को लगाने का पैसा तो सरकार से आया है। लेकिन इनकी मरम्मत हमें स्वयं करनी है ताकि अगर नल खराब हो जाए तो हमें इसको ठीक कराने के लिए सरकार की ओर मुंह न ताकना पड़े। ग्राम पंचायत यह प्रस्ताव ग्राम सभा में रखकर निर्णय ले सकती है कि चारों मोहल्लों में नल किस-किस जगह लगाने हैं, कौन मिस्त्री इसे लगाएंगे तथा इनकी मरम्मत के लिय ग्राम के सभी परिवारों से कितनी राशि शुल्क के रूप में चार्ज की जायेगी। ग्राम सभा में इन सब मुद्दों पर प्रस्ताव पास हो जाता है। यहां पर सरकार ग्राम पंचायत के रूप में व ग्राम सभा आम जनता के रूप में एक दूसरे के प्रति जवाबदेह होंगे। दूसरे शब्दों में, जवाबदेही व्यवस्था में ही निहित होती है। यदि पंचायत नलों की मरम्मत नहीं कराती है तो गांव वाले सरपंच को या पंचायत के सदस्यों को जीने नहीं देंगे। यह कहकर कि हमने भी पैसा दिया हुआ है फिर नल ठीक क्यों नहीं करा रहे हैं। दूसरी तरफ, यदि गांव के परिवार निर्धारित राशि ग्राम पंचायत को नहीं दे रहे हैं और नल खराब हो जाते हैं तो जवाबदेही ग्राम सभा की हो जाती है क्योंकि सरपंच या पंचायत यह कह सकती है कि आप लोगों ने पैसा नहीं दिया है इसलिए नलों की मरम्मत नहीं हो पाई। इस प्रकार, ग्राम नियोजन दोनों ओर से जवाबदेही सुनिश्चित करती है। ग्राम नियोजन में वास्तव में सरकार लोगों के दरवाजे पर होती है जिससे कार्य प्रभावी ढंग से होते हैं।

### 3. पारदर्शिता और प्रभावकारिता

पारदर्शिता विकेंद्रीकृत नियोजन का महत्वपूर्ण पहलू है। चूंकि ग्राम योजना ग्रामीणों द्वारा ग्रामीणों के लिए तैयार और लागू की जाती है इसलिए योजना का हर कार्य लोगों की आंखों के सामने होता है। अतः जवाबदेही की तरह पारदर्शिता भी योजना में ही निहित होती है। जहां जवाबदेही व पारदर्शिता होगी वहां पर प्रभावकारिता स्वाभाविक ही होगी। यहां पर ग्राम सभा की भूमिका योजना की गतिविधियों में पारदर्शिता लाने में महत्वपूर्ण है। जैसा की पहले भी जिक्र किया गया है कि योजना का प्रारूप ग्राम पंचायत द्वारा ग्राम सभा की अनुमति से तैयार किया जाता है। तैयार किया गया मसौदा पुनः अनुमोदन के लिए ग्राम सभा के सामने रखा जाता है। ग्राम सभा उसका मूल्यांकन करके ग्राम पंचायत को सुझाव देती है ताकि उन सुझावों के आधार पर योजना में तबदीली की जा सके। इसके विपरीत, ग्राम सभा व ग्राम पंचायत की भूमिका ग्राम विकास में नहीं के बराबर रही है। उनका विभिन्न

योजनाओं को बनाने में, उनके लागू करने में, उनका आकलन करने में भागीदारी नहीं रही है। उनके लिए सरकार ने जो योजना थोप दी, उन्होंने मान ली, चाहे वह उनके लिए उचित हो या न हो। कारण, उनके पास अपनी बात कहने का विकास की योजनाओं/कार्यों को लागू करने का कोई 'फोरम' नहीं था।

लेकिन अब ऐसा नहीं है। अगर हम पंचायती राज व्यवस्था को देखें तो पाते हैं कि पंचायतों के तीनों स्तरों अर्थात् ग्राम पंचायत, क्षेत्र पंचायत या पंचायत समिति या जनपद पंचायत व जिला पंचायत मे गांव के मतदाता अपने प्रतिनिधियों को पंच, सरपंच, अध्यक्षों को वैसे चुनते हैं जैसे वे अपने विधायक को विधान मंडल या सांसद को संसद के लिए चुनते आए हैं। लेकिन वे स्वयं इन संस्थाओं में प्रत्यक्ष रूप से भागीदार नहीं हो पाए। लेकिन ग्राम सभा वह संस्था है जो गांव के सभी वर्गों को ग्रामीण विकास व सामाजिक न्याय की योजनाएं बनाने व क्रियान्वयन करने में भागीदार बनाकर सहभागिता, जवाबदेही एवं पारदर्शिता लाती है। पंचायतें जनता के लिए कार्य करती हैं। जनता को अधिकार है कि वह अपने सुख-दुःख, विकास, योजना बनाने, आदि के बारे में स्वयं सोचें और उसके समाधान के लिए तरीका भी सुझाएं। यहां ग्राम सभा ग्रामीण जनता है। इस प्रकार जनता का हाथ पंचायतों से ऊपर है। वास्तव में, ग्राम सभा संपूर्ण पंचायती राज व्यवस्था का दिल व दिमाग है। यह वह धुरी है जिसके इर्द-गिर्द संपूर्ण पंचायती राज व्यवस्था घूमती है, क्योंकि यह वह सर्वोच्च संस्था है जिसे बर्खास्त नहीं किया जा सकता तथा पंचायत के तीनों स्तरों के सदस्यों व अधिकतर राज्यों में सरपंचों या प्रधानों को भी यही संस्था चुनती हैं। आइए, देखते हैं कि ग्राम सभा कैसे योजना क्रियान्वयन करने में पारदर्शिता लाती है।

उदाहरणार्थ, विभिन्न ग्रामीण विकास कार्यक्रमों जैसे इंदिरा आवास योजना व स्वर्णजयन्ती रोजगार योजना (जिसका नाम अब राष्ट्रीय ग्रामीण आजीविका मिशन हो गया है) के अंतर्गत गरीब परिवारों के लिए मकान बनाने व अपना स्वयं का कोई धंधा शुरू करने के लिए अनुदान देने का प्रावधान है। इन कार्यक्रमों के अंतर्गत लाभार्थियों का चयन ग्राम सभा अपनी बैठक में सभी सदस्य के सामने करती है। ग्राम पंचायत अपने आप लाभार्थियों का चयन नहीं कर सकती। इसी प्रकार, महात्मा गांधी राष्ट्रीय रोजगार गारन्टी अधिनियम के तहत जो योजना बनानी है अर्थात् क्या-क्या कार्य करना है, श्रम बजट कैसे बनाना है। किए गए कार्यों का मूल्यांकन कैसे करना है। यह सभी ग्राम सभा के द्वारा ही निर्धारित होता है। ग्राम सभा के बारे में यहां यह बता देना उचित है कि कुछ राज्यों में ग्राम सभा को महत्वपूर्ण

अधिकार भी प्रदान किए गये हैं। उदाहरण के लिए मध्य प्रदेश में ग्राम सभा को पंच व सरपंच को उनके पद से वापिस बुलाने का अधिकार दिया गया है। आंध्र प्रदेश, गोवा व उड़ीसा में इस संस्था को अतिरिक्त कर व वित्तीय साधन जुटाने के लिए क्षेत्रों की पहचान और सिफारिश करने का अधिकार दिया गया है। पंचायत प्रावधान (अनुसूचित क्षेत्रों तक विस्तार) अधिनियम 1996 में पांचवी अनुसूची वाले राज्यों (हिमाचल प्रदेश, राजस्थान, गुजरात, महाराष्ट्र, मध्य प्रदेश, झारखंड, छतीसगढ़, उड़ीसा व आंध्र प्रदेश राज्यों के आदिवासी बाहुल्य क्षेत्र) में ग्राम सभाओं को जल, जंगल व जमीन पर पूर्ण अधिकार दिया गया है।

- ग्राम सभा को सामाजिक और आर्थिक विकास के लिए कार्यक्रमों और परियोजनाओं को अनुयोजित करने, गरीबी उन्मूलन कार्यक्रमों के लिए लाभार्थियों की पहचान करने और धनराशि के उपयोग को प्रमाणित करने के अधिकार प्राप्त हैं।
- जनजातीय समुदायों का भूमि, पानी, छोटे वन, उत्पाद, गौण खनिजों, आदि प्राकृतिक व आर्थिक संसाधनों पर नियंत्रण का प्रावधान है।
- किसी विकास परियोजना के लिए भूमि अर्जित करने हेतु परियोजना से प्रभावित व्यक्तियों के पुनर्वास के लिए और गौण खनिजों के विदोहन के लिए ग्राम सभा की पूर्ण सिफारिश अनिवार्य होगी।
- ग्राम बाजारों के प्रबन्ध का अधिकार।
- स्थानीय योजनाओं और ऐसी योजनाओं, जिनमें जनजातीय उपयोजनाएं शामिल हैं, के स्रोतों पर नियंत्रण का अधिकार इसलिए ग्राम सभाओं के महत्व को ध्यान में रखते हुए वर्ष 1999-2000 को 'ग्राम सभा वर्ष' के रूप में मनाने का निर्णय लिया गया था, इस मान्यता के आधार पर कि ग्राम सभा सहभागितापूर्ण, प्रजातंत्र और विकेंद्रीकरण के लिए महत्वपूर्ण और सशक्त संस्था है। ग्राम सभाओं को पुनः महत्व देने के लिये अक्तूबर 2009 से अक्तूबर 2010 तक भी केंद्रीय सरकार ने ग्राम सभा वर्ष घोषित किया था।

## सामाजिक लेखा-परीक्षा व सूचना का अधिकार

ग्राम सभा के कार्य व शक्तियों से स्पष्ट होता है कि इस संस्था का दायित्व है कि वह पंचायत के कार्यों, सरकारी व अपने कर्मचारियों की कार्य-प्रणाली पर निगरानी रखे और देखरेख करे। कुछ राज्य जैसे राजस्थान, बिहार, गोवा, मणिपुर, आदि में तो सतर्कता समितियां बनाने का प्रावधान किया गया है। ग्राम सभा को कमोबेश

यदि 'वॉचडॉग' की संज्ञा दी जाए तो कोई अतिशयोक्ति नहीं होगी। इस संदर्भ में भारत सरकार के पंचायती राज मंत्रालय ने ग्राम सभा द्वारा सामाजिक लेखा-परीक्षा अनिवार्य बना दिया है। तथा कई राज्यों ने ग्राम सभा को सामाजिक लेखा-परीक्षा के कानूनी अधिकार दे दिए हैं। सामाजिक लेखा-परीक्षा से अर्थ है कि ग्राम सभा (जो ग्रामीण समाज के सभी वर्गों से मिलकर बनी है) अपने स्तर पर ग्राम पंचायत द्वारा किए गए कार्यों का आकलन करे।

आइए, इस मुद्दे पर केरल, मध्य प्रदेश व राजस्थान के उदाहरण देते हुए व्याख्या करते हैं। केरल में ग्रामीण विकास के कार्यक्रमों के लागू करने में ग्राम सभा द्वारा पारदर्शिता बनाए रखने का प्रयास किया गया है। राज्य सरकार ने विभिन्न ग्रामीण विकास व गरीबी उन्मूलन कार्यक्रमों के अंतर्गत लाभार्थियों के चयन, आकलन, विभिन्न कार्यों के बिल व वाउचर सभी दस्तावेजों को सार्वजनिक घोषित किया गया है। अतः गांव का कोई भी सदस्य इनको देख सकता है। यही नहीं, राज्य सरकार ने सूचना के प्रसार के लिए सभी ग्राम पंचायतों में फोटो कापिंग मशीन की व्यवस्था भी की है, ताकि नागरिक इच्छानुसार सूचनाओं की कापी ले सकें। आइए, मध्य प्रदेश राज्य के प्रयास पर एक नज़र डालते हैं।

मध्य प्रदेश सरकार के दिशा-निर्देशानुसार यदि ग्राम सभा को जांच-पड़ताल द्वारा मालूम पड़ता है कि ग्राम पंचायत ने विकास कार्यों के क्रियान्वयन में हेरा-फेरी की है, तो वह इसकी विस्तृत रिपोर्ट सब-डिविजनल अधिकारी को भेज सकती है। सब-डिवीजनल अधिकारी इस शिकायत का मामला दर्ज करेगा। सब-डिविजनल अधिकारी इस मामले की जांच के लिए एक समिति गठित करेगा। उस समिति में पंचायतों के प्रतिनिधियों के अतिरिक्त ऐसे प्रतिनिधियों को भी शामिल किया जाएगा, जिनका परियोजना (जिसके बारे में शिकायत भी है) से संबंध नहीं है। इसके अतिरिक्त, समिति में एक तकनीकी अधिकारी और एक किसी निष्पक्ष व्यक्ति को शामिल किये जाने का प्रावधान भी है। यह समिति संपूर्ण मामले की जांच करके रिपोर्ट सब-डिविजनल अधिकारी को प्रस्तुत करेगी। सब-डिविजनल अधिकारी इस रिपोर्ट को किसी अधिकारी के माध्यम से ग्राम सभा के सामने रखेगा। ग्राम सभा मामले के विभिन्न पहलुओं की जांच कर इस निष्कर्ष पर आती है कि वास्तव में भ्रष्टाचार हुआ है, तो सब-डिविजनल अधिकारी को कार्रवाई करनी पड़ेगी।

सामाजिक लेखा-परीक्षा की दृष्टि से मध्य प्रदेश विधानसभा ने 24 अप्रैल 1999 को एक विधेयक पारित कर ग्राम सभाओं को पंच व सरपंच को वापिस बुलाने का अधिकार दिया है। यदि ग्राम सभा पंच या सरपंच के कार्य से संतुष्ट नहीं है

तो इस कानून के अनुसार ग्राम सभा अपने प्रतिनिधियों की वापसी से संबंधित कोई भी कार्रवाई उनके कार्यकाल के दो साल समाप्त होने के बाद कर सकती है। सरपंच के मामले में ग्राम सभा के एक-तिहाई सदस्यों को एक नोटिस पर हस्ताक्षर कर उसे ग्राम पंचायत के प्रखंड विकास अधिकारी को देना होगा। पंच के मामले में वार्ड के कम-से-कम एक तिहाई सदस्यों को इस प्रक्रिया में भागीदारी अनिवार्य है। पंच के मामले में वार्ड के सभी सदस्य मत दे सकते हैं। मतदान गुप्त होगा। जिस सरपंच को वापस बुलाया जा रहा है, वह उस ग्राम सभा की अध्यक्षता नहीं करेगा। यदि ग्राम सभा के आधे से अधिक सदस्य सरपंच के विरुद्ध मतदान करते हैं, तो सरपंच को अपने पद से मुक्त होना पड़ेगा। यदि वार्ड के आधे से अधिक सदस्य पंच के विरुद्ध मतदान करते हैं, तो वह अपने पद से मुक्त हो जाएगा।

निःसन्देह यदि वापिस बुलाने का अधिकार ईमानदारी से लागू किया गया तो देश के ग्रामीण क्षेत्र में विकेंद्रीकृत शासन, योजना व विकास में सुधार लाने की दिशा में एक महत्वपूर्ण कदम है। चुने जाने के बाद जन प्रतिनिधियों पर निरंकुश/नियंत्रण नहीं रहता है। इससे जनता व उसके प्रतिनिधि के बीच का रिश्ता टूट जाता है। मध्य प्रदेश का यह सरकारी कानूनी प्रयास शायद इस रिश्ते को बरकरार रखने मे कामयाब होगा।

हां, इसमें दो राय नहीं है कि सामाजिक लेखा-परीक्षाओं को कानून का आधार देने पर यह प्रक्रिया अधिक प्रभावी होगी। लेकिन यदि जनता जागरुक है व जनता के गैर-राजनैतिक संगठन इस ओर प्रयासरत हैं तो काफी हद तक सामाजिक लेखा आकलन को राजस्थान में मजदूर किसान संगठन नाम के एक जन संगठन ने कई सार्वजनिक कार्यों की ग्राम सभाओं के माध्यम से सफल बनाने की अच्छी पहल की है। राजस्थान में अकाल राहत कार्यक्रमों में न्यूनतम मजदूरी लागू करने की कोशिश में मजदूर किसान शक्ति संगठन ने जब पंचायतों के रिकार्ड देखे तो सामने आया कि 'मस्टर रोल' में अनेक फर्जी नाम दर्ज थे। इस मामले को लेकर 1994 में जब सुनवाई का सिलसिला शुरू किया गया, तो अन्य अनेक तथ्य सामने आए। उदाहरण के लिए, रिकार्ड में स्कूल भवन बन चुका है, जबकि मौके पर मात्र दीवार ही बनी थी। कागजों पर सड़क, तालाब व धर्मशाला बन चुकी थी, जबकि हकीकत में वहां पर एक ईंट भी नहीं पहुंची थी। इस प्रकार, जगह-जगह ग्रामवासियों ने अपने क्षेत्रों में विकास कार्यों का भंडाफोड़ किया और इस प्रकार पंचायतों में फैले भ्रष्टाचार को आम आदमी की रोजी-रोटी व अन्य जरूरतों से जोड़ दिया है।

इसमें दो राय नहीं है कि सूचना के अधिकार का कानून या चुने प्रतिनिधियों को वापस बुलाने का अधिकार का कानून जरूरी है, लेकिन जब तक आम आदमी जागरुक नहीं होगा तब तक वह ग्रामीण समाज के ऊंचे वर्गों के चंगुल से बाहर नहीं निकलेगा और तब तक जातिवाद का अत्याचार बरकरार रहेगा। इस तरह के वातावरण में कानूनी प्रयास वांछित योगदान नहीं दे पाएंगे, क्योंकि हो सकता है कि वापिस बुलाने के अधिकार का प्रयोग भी समाज के कमजोर वर्ग के प्रतिनिधि के विरुद्ध किया जाए, क्योंकि कमजोर वर्ग का व्यक्ति अधिकतर गांव के उच्च वर्ग को फूटी आंखों नहीं सुहाता। इसी प्रकार, सूचना के अधिकार का भी गलत प्रयोग हो सकता है। ग्राम का उच्च वर्ग व नौकरशाही दोनों मिलकर अनेक तरह के हथकंडे अपना कर सूचना के अधिकार को प्रभावहीन कर सकते हैं। उदाहरण के लिए, पिछले दिनों जब किसान मजदूर शक्ति संगठन ने विकास कार्यों से सम्बन्धित जानकारी मांगी तो 10 महीने तक ग्राम सेवक ही संगठन को टरकाता रहा। अंततः लोगों ने ग्राम सभा से ही प्रस्ताव पास करा लिया कि विकास कार्यों से सम्बन्धित जानकारी देने से क्षेत्र में तनाव हो सकता है। इस प्रस्ताव को जिला स्तर की नौकरशाही ने ढाल बना लिया और कुछ भी सूचना देने से इंकार कर दिया। यह तो कुछ ऐसा ही हुआ कि बाड़ ही खेत को खाने लगी। कानूनी प्रावधान जिस वर्ग की सुरक्षा के लिए बनाया गया था, उसी को शिकार करने लगा। इसलिए कानून के साथ-साथ जनता की जागरुकता महत्वपूर्ण है। इस विषय में भारत के प्रथम प्रधानमंत्री श्री जवाहरलाल नेहरु ने ठीक ही कहा था कि भारत तभी प्रगति करेगा, जब गांवों में रहने वाले लोग राजनीतिक दृष्टि से सजग हो जाएं। हमारे देश की प्रगति हमारे गांव की तरक्की से जुड़ी है। यदि हमारे गांव तरक्की करेंगे तो भारत एक मजबूत राष्ट्र बनेगा और कोई भी इसको आगे बढ़ने से रोक नहीं सकता है। यदि पंचायतें अपने संकल्प से डिग गई और आपसी झगड़ों तथा गुटबाज़ी में पड़ गईं तो वे अपने उद्देश्य में सफल नहीं हो सकतीं हैं। ग्राम सभा संपूर्ण पंचायती राज व्यवस्था की नींव है। इसमे कोई दो राय नहीं है। अगर नींव ही कमज़ोर है तो संपूर्ण पंचायती राज रूपी इमारत भी मजबूत नहीं हो पाएगी। 73वें संविधान संशोधन ने ग्राम सभा को कानूनी अधिकार प्रदान किया गया है। पंचायत प्रावधान (अनुसूचित क्षेत्रों तक विस्तार) अधिनियम, 1996 ने ग्राम सभा को पांचवी अनुसूचित क्षेत्रों में मजबूत आधार प्रदान किया है। ग्राम सभा ही एक ऐसी संस्था है, जिसे निलंबित नहीं किया जा सकता है। यही सभा ग्राम स्तर पर पंच व सरपंच, क्षेत्र व जिला पंचायत के सदस्यों का चुनाव करती है। ग्राम सभा ग्रामीण विकास की योजनाओं

के लिए 'प्लानर', 'मोनिटर' व 'सोशल ऑडिटर' है। यह सही है कि ग्राम सभाएं जागरुक नहीं हैं, क्योंकि उनको अपनी शक्ति का पता नहीं है, लेकिन धीरे-धीरे जागरुकता बढ़ती जाएगी, आम आदमी अपने व अपने क्षेत्र के प्रति भी जागरुक होगा और इस प्रकार ग्राम सभा पंचायती राज व्यवस्था की आंखें बनकर पंचायतों के कार्यों पर निगरानी रख सही दिशा दे पाएंगी।

## भूमिका निष्पादन

ग्राम सभा के महत्व को ग्राम नियोजन के संबंध में बताते हुए कुछ उदाहरण दिए गए हैं। ये उदाहरण प्रशिक्षण में लगे स्वयंसेवी संस्थाओं, सरकारी संस्थाओं एवं प्रशिक्षकों के लिए उपयोगी होंगे। ये उदाहरण बॉक्स-2, बॉक्स-3 व बॉक्स-4 में दिए गए हैं।

***बॉक्स-2***

### ग्राम सभा की बैठक में भाग क्यों लें?

*ग्राम सभा की बैठक का ढिंढोरा पीटकर सारे गांव में सूचना दी जाती है कि सरकारी स्कूल प्रांगण मे कल दो बजे बैठक होगी।*

***राधाः*** *कुसुम कहां जा रही हो?*

***कुसुमः*** *चारा लेने खेतों में जा रही हूं।*

***राधाः*** *लेकिन दो बजे से पहले गांव में आ जाना।*

***कुसुमः*** *क्यों?*

***राधाः*** *क्यों? पता नहीं कि आज दो बजे गांव के स्कूल प्रांगण में ग्राम सभा की बैठक होनी है। कल इसके बारे में ढिंढोरा पीटकर सूचना दी गई थी।*

***कुसुमः*** *यह तो ठीक है, लेकिन वहां जाकर क्या करूंगी? हमारी वहां कौन सुनेगा? यह तो मर्द लोगों की बात है वे ही जानें।*

***राधाः*** *क्यों इस बैठक में सभी मतदाताओं को भाग लेने का अधिकार है। तू पिछले सप्ताह ही तो कह रही थी कि मेरे मोहल्ले में पंचायत को नल लगाना चाहिए। बरसात के पानी की निकासी का कोई रास्ता नहीं है। रुके पानी में मच्छर पैदा हो जाते हैं।*

***कुसुमः*** *तुम्हारी गली में दो-तीन महीने पहले जो खड़ंजा पड़ा था वह क्या ग्राम सभा की बैठक में ही यह मुद्दा उठाने से हुआ था।*

***राधाः*** *हां।*

***कुसुमः*** *फिर तो मैं भी आऊंगी, क्योंकि हम तो परेशान हो गए हैं। पीने के पानी के न होने से व बरसात का पानी भरे रहने से। लेकिन राधा एक विनती*

*है कि तुझको मेरे पास ही बैठना होगा। (ग्राम सभा की बैठक आरम्भ होती है। सभी उपस्थितगण अपनी-अपनी समस्याओं के बारे में सवाल उठाते हैं। उन सभी को उपस्थित पंचायत सचिव नोट करता है।)*

***राधाः*** *स्कूल के बच्चों के लिए पेशाबघर नहीं है। बच्चे खुले में पेशाब करते हैं, जो उचित नहीं है। पेशाबघर स्कूल में बनना चाहिए। राधा कुसुम को भी प्रोत्साहित करती है, लेकिन कुसुम कहती है कि बहन तू ही कह दे मेरे मोहल्ले की समस्या भी, क्योंकि मेरा फोह (हिम्मत) नहीं पड़ रही है खड़ी होने की। राधा कहती है, जब पंचायत चुनाव मे वोट डालने गई थी, तब तो नहीं कहा था कि तू ही डाल दे मेरा वोट भी। हिम्मत कर व खड़ी होकर बता अपनी समस्या।*

***कुसुमः*** *(साहस बांधकर मन में सोचती है कि कहां फंसा दिया) कहती है हमारे मोहल्ले में पीने के पानी का नल नहीं है। बरसात के पानी का निकास का रास्ता नहीं है। जब चुनाव हुए थे तो प्रधान ने यह करने का वायदा किया था। यह कहकर कुसुम बैठ जाती है।*

***राधाः*** *शाबाश।*

*बैठक के एक महीने बाद ही प्रधान ब्लॉक के जूनियर इंजीनियर को लेकर कुसुम के मोहल्ले में आता है और नल लगाने व पानी के निकास के लिए मौके का मुयाअना करता है। कुसुम को अब पता चल गया कि ग्राम सभा की बैठक में भाग लेने से क्या लाभ हैं। वह निश्चय कर लेती है कि अब वह अपने आप ही नहीं बल्कि अन्य महिलाओं को  भी ग्राम सभा की बैठक में भाग लेने के लिए प्रोत्साहित करेगी।*

***बॉक्स-3***

## ग्राम सभा की बैठकः एक दृश्य

***प्रधानः*** *ग्राम सचिव बैठक शुरू करते हैं। पिछली बैठक में जो निर्णय हुए थे, उन पर क्या कार्रवाई हुई है, उसके बारे में बताइए।*

***ग्राम सचिवः*** *पिछली बैठक में निर्णय... वह अपनी बात पूरी भी नहीं कर पाता कि उपस्थित गणों में आपस में बातचीत शुरू हो जाती है।*

***प्रधानः*** *रेखा क्या बात है। (रेखा सामाजिक कार्यकर्ता है व ग्राम सभा की सदस्या भी है। वह अभी एक सप्ताह पहले राष्ट्रीय महिला आयोग द्वारा*

*संचालित प्रशिक्षण शिविर में भाग लेकर आई थी, जहां पर उसे ग्राम पंचायत के नियम/कानून के बारे में जानकारी दी गई थी। )*

***रेखाः*** *प्रधान जी यह बैठक तो असवैधानिक है।*

***प्रधानः*** *सचिव की तरफ देखता हुआ क्यों?*

***रेखाः*** *क्योंकि, ग्राम सभा का निर्धारित कोरम पूरा नहीं हैं।*

***प्रधानः*** *क्या मतलब।*

***रेखाः*** *मतलब यह है कि ग्राम सभा की बैठक के लिए कोरम कुल सभा के सदस्यों का एक बटा पांच होना जरूरी है। निर्वाचन सूची में दर्ज सभी वोटर ग्राम सभा के सदस्य होते हैं। हमारी ग्राम सभा के सदस्यों की संख्या 200 हैं इसलिए कम-से-कम 40 सदस्य उपस्थित होने चाहिए। लेकिन यहां तो बैठक में मात्र 30 सदस्य ही उपस्थित हैं इसलिए यह बैठक असंवैधानिक है।*

***प्रधानः*** *क्यों सचिव महोदय, आपका क्या ख्याल है। रेखा क्या ठीक कह रही है।*

***ग्राम सचिवः*** *हां, प्रधान जी रेखा ठीक कह रही है।*

***प्रधानः*** *आपने पहले क्यों नहीं बताया।*

***ग्राम सचिवः*** *मैंने सोचा कि कोरम को बाद में कुछ गांव वालों के हस्ताक्षर कराकर खानापूर्ति कर लेंगे।*

***रेखाः*** *यह सरासर गलत है। गैर-कानूनी है। मींटिग को स्थगित करो।*

***भरतोः*** *रेखा तू बड़ी चंट (होशियार) हो आई है, प्रशिक्षण लेकर। हां उसे तो ज्ञान है, पंचायतों की बातों का। अब की बार चुनाव में इसे ही प्रधान पद के लिए खड़ा करेंगे।*

***बॉक्स-4***

## ग्राम सभा की बैठक के निर्णय

*ग्राम पंचायत वास्तव में ग्राम सभा की क्रियान्वयन संस्था है। ग्राम पंचायत द्वारा ग्राम सभा द्वारा लिए गए सभी निर्णयों को लागू करना है।*

***प्रधानः*** *सेक्रेटरी साहब कार्रवाई शुरू करो। लोगों से पूछो कि उनकी क्या-क्या मांगे हैं ताकि सुनने के बाद प्राथमिकताएं निर्धारित की जा सके।*

***सोनाः*** *प्रधान जी पहले हमको यह जानकारी दो कि 6 महीने पहले ग्राम सभा की बैठक में क्या-क्या प्राथमिकताएं निर्धारित की गई थीं और उसको ध्यान में रखकर अब तक क्या-क्या कार्य किए गए हैं।*

***प्रधानः*** *(थोड़ा परेशान-सा) कहता है वह तो जो भी निर्णय लिए गए थे वे सभी पूरे कर लिए गए हैं।*

***सन्नोः*** *तो ग्राम सभा को बताने में हर्ज ही क्या है। यह जानने का तो हमारा अधिकार है।*

***प्रधानः*** *सेक्रेटरी साहब बताइए कि क्या-क्या निर्णय लिए गए थे, और क्या-क्या कार्य सम्पन्न हुए हैं।*

***सेक्रेटरीः*** *(थोड़ा उलझा-सा) बताना शुरू करता है।*

***सोनाः*** *ऐसा नहीं है। जो कार्य किए गए हैं, वे ये नहीं हैं जिनको आप गिना रहे हो, जिनका कि पिछली बैठक में निर्णय लिया गया था। पिछली बैठक में निर्णय लिया गया था कि गांव में एस.जी.एस. योजना के अंतर्गत सिलाई सेंटर खोला जाए।*

***प्रधानः*** *आपकी बात सही है, यह बताना ध्यान नहीं रहा। वास्तव में, इस परियोजना पर कार्रवाई जारी है। क्षेत्र पंचायत के माध्यम से सभी कागजात जिला स्तर पर गए हैं। जल्दी ही यह परियोजना शुरू होने वाली है।*

***सोनाः*** *आगे भी इन बातों को ध्यान में रखने की जरूरत है, क्योंकि ग्राम सभा ही पूरे पंचायती राज व्यवस्था का दिल व दिमाग है।*

*(बैठक समाप्त होने के बाद प्रधान, सेक्रेटरी व प्रधान की पार्टी के सदस्य आपस में मंत्रणा करते हैं कि आगे सावधानी से कार्य करना है। सभी कार्य योजनानुसार सम्पन्न करने हैं। गांव में पंचायतों के बारे में जागृति बढ़ती जा रही है।)*

## महात्मा गांधी राष्ट्रीय ग्रामीण रोजगार गारंटी अधिनियम, पंचायत, ग्राम सभा एवं पारदर्शिता

महात्मा गांधी राष्ट्रीय ग्रामीण रोजगार गारंटी अधिनियम (एम.जी.एन.आर.जी.ए.) के लागू करने में ग्राम पंचायत और ग्राम सभा की अहम भूमिका है। वास्तव में, इस अधिनियम की जान ही पारदर्शिता और नियोजन है।

## महात्मा गांधी नरेगा में ग्राम पंचायत की भूमिका

सबसे पहले ग्राम पंचायत को पंजीकरण और रोजगार के आवेदनों की प्रकिया पूरी करनी पड़ती है। इसके अंतर्गत रोजगार प्राप्त करने के इच्छुक व्यक्तियों का पंजीकरण करना होता है। उन्हें रोजगार कार्ड जारी करना होता है। काम हेतु उनके आवेदन स्वीकार करना पड़ता है। आवेदनों को कार्यक्रम अधिकारी के समक्ष प्रस्तुत

करना पड़ता हैं, आवेदकों को यह सूचना देनी होती है कि काम कब और कहां उपलब्ध हैं। वैसे तो पंजीकरण और काम दोनों के लिए आवेदन सीधे अधिकारी के पास भी प्रस्तुत किए जा सकते हैं, लेकिन सामान्यतः ग्राम स्तर पर पंचायत को ही आवेदन करना उचित है। इस प्रकार, ग्राम पंचायत भी एक अति महत्वपूर्ण क्रियान्वयन अभिकरण है। इससे आशा की जाती है कि यह ग्राम सभा की अनुशंसाओं के आधार पर विकास की योजना तैयार करे और महात्मा गांधी ग्रामीण रोजगार गारण्टी योजना के अंतर्गत आरंभ की जाने वाली परियोजनाओं की एक श्रृंखला तैयार करे। हाजिरी रजिस्टर सहित संबद्ध दस्तावेजों को ग्राम सभा के समक्ष उपलब्ध करवाने की जिम्मेदारी भी पंचायत की है।

## महात्मा गांधी नरेगा के क्रियान्वयन में ग्राम सभा की भूमिका

ग्राम सभा से आशा की जाती है कि वह ग्राम पंचायत के कार्यों की निगरानी करे और योजना बनाने में हिस्सा ले, संभावित कार्यों पर विचार कर उनकी प्राथमिकता तय करे, ग्राम पंचायत के अंतर्गत होने वाले सभी कार्यों का नियमित सामाजिक मूल्यांकन करे और यह भी जांच करे कि सभी संबद्ध औपचारिकताओं का पालन हो रहा है या नहीं, ग्राम पंचायत और कार्यक्रम अधिकारी द्वारा महात्मा गांधी राष्ट्रीय ग्रामीण रोजगार गांरटी योजना के अंतर्गत ग्राम सभा द्वारा पारित प्रस्तावों को प्रमुखता दी जाएगी।

## महात्मा गांधी नरेगा पारदर्शिता और उत्तरदायित्व

इस अधिनियम में पारदर्शिता और उत्तरदायित्व के विभिन्न प्रावधान हैं। उदाहरण के लिए मजदूरों को रोजगार कार्ड (जॉब कार्ड) जारी करना। मजदूरी का भुगतान, घोषित तिथि को समाज के निष्पक्ष व्यक्ति के सामने सीधे मजदूर को मजदूरी देना। हाजिरी रजिस्टर और अन्य सभी दस्तावेज जनता की जांच हेतु उपलब्ध कराना तथा ग्राम सभा द्वारा रोजगार गारंटी योजना के कार्यों का नियमित सामाजिक मूल्यांकन करना।

महात्मा गांधी राष्ट्रीय ग्रामीण रोजगार गारंटी अधिनियम का 2005 का सूचना अधिकार कानून के साथ तालमेल है। सूचना का अधिकार भ्रष्टाचार से लड़ने का महत्वपूर्ण हथियार है और यह एम.जी.एन. ग्रामीण रोजगार गारंटी अधिनियम की सफलता के लिए अनिवार्य है। क्रियान्वयन हेतु दिशानिर्देश में यह साफ शब्दों में व्यक्त किया गया है कि महात्मा गांधी राष्ट्रीय ग्रामीण रोजगार गारंटी अधिनियम से संबंधित सभी मामलों में सूचना अधिकार अधिनियम का समुचित रूप से पालन होना चाहिए। इस सम्बन्ध में कुछ विशेष प्रावधानों का जिक्र नीचे दिया गया हैः

- पंजीकरण का काम जनता के समक्ष होना चाहिए। लोगों को अपने या अन्य लोगों के तमाम विवरणों को जांचने-परखने की सुविधा मिलनी चाहिए।
- पंजीकृत परिवारों की सूची ग्राम पंचायत कार्यालय में प्रदर्शित होनी चाहिए और प्रत्येक तीन माह पर उसका नवीनीकरण किया जाना चाहिए।
- महात्मा गांधी नरेगा के मजदूरों के मुख्य अधिकार उनके 'जॉबकार्ड' के पीछे छपे होने चाहिए।
- इस योजना के अंतर्गत स्वीकृत हरेक कार्य के लिए एक स्थानीय सतर्कता और निगरानी समिति होनी चाहिए।
- प्रत्येक कार्यस्थल पर कार्य के विवरण इस प्रकार प्रदर्शित हों कि जनता उन्हें आसानी से पढ़-समझ सके।
- मजदूरी का भुगतान किसी सार्वजनिक स्थान पर निर्धारित तिथियों में होना चाहिए।
- योजना के सभी कार्यों का सामाजिक मूल्यांकन ग्राम सभा द्वारा किया जाना चाहिए।
- महात्मा गांधी नरेगा के मामलों में सूचना के अधिकार कानून का अक्षरशः पालन होना चाहिए। किसी भी स्थिति में इस प्रकार की किसी मांग को ठुकराया नहीं जाना चाहिए। इस कानून से संबद्ध तमाम सूचनाएं सार्वजनिक क्षेत्र की संपत्ति है।
- महात्मा गांधी नरेगा से संबद्ध दस्तावेजों की प्रतियों के लिए शुल्क, छायाप्रति के व्यय से अधिक नहीं होना चाहिए।
- महात्मा गांधी नरेगा के मुख्य दस्तावेजों को तत्पराता के साथ जनता के समक्ष रखा जाए। इसके लिए किसी 'आवेदन' की प्रतीक्षा नहीं की जाए।
- अधिनियम से संबद्ध प्रत्येक ग्राम पंचायत के खातों को तत्परता से प्रदर्शित किया जाए और साल में दो बार उनका नवीनीकरण किया जाए।

*बॉक्स-5*

## सूचना अधिकार अधिनियम, महात्मा गांधी नरेगा और पारदर्शिता

*सूचना अधिकार अधिनियम बहुत सशक्त है, और यह पादर्शिता के प्रावधानों को वैधानिक बल (समर्थन) देता है। उदाहरण के लिए सूचना अधिकार अधिनियम के अंतर्गत सार्वजनिक दस्तावेजों को देखने की इच्छा जाहिर करने*

*की प्रतीक्षा किए बिना इनको सार्वजनिक रूप से देखने के लिए सुलभ करवाने की प्रक्रिया देखी जा सकती है। प्रावधान के अनुसार सूचना आपूर्ति में असफल या सूचना की मांग को ठुकराने वाले अधिकारियों को भारी हर्ज़ाना भरना होगा।*

*सूचना अधिकार अधिनियम के अंतर्गत न केवल दस्तावेज प्राप्त किया जा सकता, बल्कि सम्पन्न हुए कार्यों और फाइलों की जांच-पड़ताल भी की जा सकती है। इसमें जानबूझकर विलंब किया गया या सूचना देने से मना कर दिया गया तो संबद्ध सरकारी अधिकारी दोषी समझे जाएंगे और वे शिकायतकर्ता को 'किसी प्रकार की क्षति या अन्य बाधा के लिए हर्जाना देने को विवश होंगे।' इतना ही नहीं, किसी प्रकार के विरोध की दशा में अन्य सभी अधिनियमों के प्रावधानों पर सूचना अधिकार अधिनियम भारी पड़ेगा। इस प्रकार सूचना अधिकार अधिनियम, महात्मा गांधी नरेगा 2005 और इसके क्रियान्वयन हेतु दिशा-निर्देश पारदर्शिता-प्रावधानों के लिए एक सशक्त पूरक अधिनियम है। इसका कुशल उपयोग ग्रामीण रोजगार गारंटी अधिनियम के प्रभावी क्रियान्वयन के लिए एक अनिवार्य उपकरण है।*

## 4. प्राथमिकीकरण

जैसे कि पहले भी चर्चा की गयी है। ग्राम नियोजन के लिए ग्राम सभा की बैठक बुलाई गयी जिसमे ग्रामीणों ने बढ़-चढ़ कर भाग लिया। सरपंच ने उपस्थित लोगों को बताया कि बैठक बुलाने का मुख्य उद्देश्य ग्राम नियोजन के लिए कार्यों की पहचान करना है व उनका उपलब्ध संसाधनों के आधार पर प्राथमिकीकरण (अर्थात् कौन सा कार्य सबसे पहले करना, कौन सा कार्य उसके बाद करना है आदि-आदि) करना है। बैठक आरंभ हुई। लोगों ने अपनी समस्याएं बतानी शुरू कर दीं।

रेखा ने कहा कि हमारे मोहल्ले में पीने के पानी की तंगी रहती है इसलिए हैण्ड पम्प लगाया जाये। सेवाराम ने कहा कि उनके मोहल्ले में आंगनवाडी सेन्टर तो है लेकिन आंगनवाड़ी कार्यकर्ता नहीं है। मनभी ने खड़े होकर कहा उनके मोहल्ले में खड़ंजा बनवाने की जरूरत है क्योंकि बरसात में घर से बाहर निकलना मुश्किल हो जाता है। इतने में रामबीर खड़ा होता है और कहता है कि ये समस्याएं जो आप लोगों ने गिनाई हैं, अपनी जगह ठीक हैं लेकिन मैं जो समस्या आपके सामने उठाने

जा रहा हूं वह सारे गांव की समस्या है। सबसे जरूरी है गांव के उत्तर में बांध बनवाना। आप सभी जानते हैं कि पिछले साल नहीं के बराबर वर्षा हुई थी लेकिन उससे भी सारे गांव को कितनी परेशानी हुई थी। अबकी बार शायद बरसात अधिक हो, क्योंकि एक दिन रेडियो में समाचार में बताया जा रहा था। अगर बांध का इन्तजाम नहीं हुआ तो सारा गांव ही पानी में बह जाएगा।

उपरोक्त उदाहरण में हमे यह पहचान करने में की कौन सी समस्या ज्यादा जरूरी है उसके लिए चार बातों का ध्यान रखना पडेगा।

1. पहले क्या आवश्यक है?
2. किसके लिये आवश्यक है?
3. कितना आवश्यक है?
4. कब आवश्यक है?

उपरोक्त चार मापदंडों के आधार पर समस्याओं को तौल लें और जिधर पलड़ा भारी हो, उसी समस्या को पहले करने के लिए छांट लें।

उपरोक्त ग्राम सभा की बैठक में उठे चार कार्यों को हम इन्हीं मापदंडों के नज़रिए से तौलते हैं।

रेखा की पानी की समस्या है लेकिन वह इतनी जरूरी नहीं है। रेखा पानी दूसरे मोहल्ले के नल से या कूएं से ले सकती है। सेवाराम की आंगनवाड़ी की समस्या है, उसके लिये साधनों की जरूरत नहीं सिर्फ ब्लॉक कार्यालय को पत्र लिखना होगा कि तुरन्त आंगनवाड़ी कार्यकर्ता की पोस्टिंग करें। मनभी की गली में पानी भरे रहने की समस्या है लेकिन वह बाद में भी हो सकती है। लेकिन जो समस्या रामबीर ने बतायी है वह सारे गांव की ही समस्या है और अगर उसका तुरन्त समाधन नहीं किया गया तो गांव में जान-माल की हानि हो सकती है। इसलिए इस समस्या का निबटारा करना आवश्यक है।

समस्याओं व आवश्यकताओं की प्रमुखता देते समय यह भी ध्यान देना जरूरी है कि इसका प्रभाव गांव के किस-किस वर्ग पर कितना पड़ रहा है। क्या वे मजदूर या छोटे किसान हैं या बड़े किसान हैं। गरीब लोग हैं या अमीर लोग हैं। सीधा सरल पैमाना यह है कि समस्या जो ग्राम नियोजन में शामिल हो रही है वह किनकी है।

उपरोक्त ग्राम सभा का उदाहरण लेकर समस्या प्रभाव पहचान चित्र बनाते हैं।

**समस्या प्रभाव पहचान चित्र**

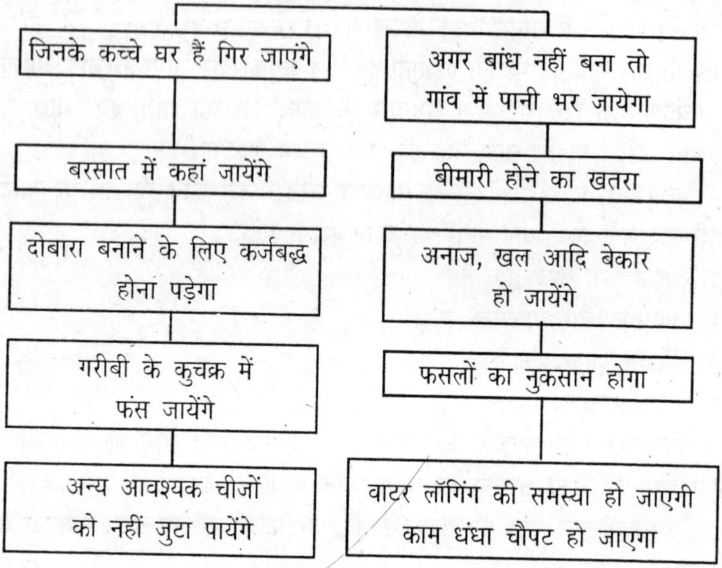


प्राथमिकीकरण के लिए यह भी आवश्यक है कि सुविधा और आवश्यकता को भी समझ लिया जाये। सुविधा अमीर लोगों व साधन-सम्पन्न लोगों के लिए है। आवश्यकता गरीब व मजदूर तबके के लिए है। विकेंद्रीकृत योजना में पहले आवश्यकताओं पर ध्यान देना है न कि सुविधाओं पर। उदाहरण के लिए, बच्चों के पढ़ने का स्कूल जरूरी है न कि पब्लिक स्कूल।

***बॉक्स-6***

## प्राथमिकीकरण

*जैसा कि मालूम है कि गांव की सभी आवश्यकताओं को एक साथ पूरा नहीं किया जा सकता, क्योंकि वित्तीय साधन सीमित हैं और आवश्यकताएं असीमित हैं। हम अपने घर का ही उदाहरण ले सकते हैं। यदि घर में एक अतिरिक्त कमरा बनवाना चाहते हैं, आप अपने बच्चों को साइकिल खरीदकर देना चाहते हैं, या खेती की पैदावार बढ़ाने के लिए इंजन खरीदना चाहते हैं। यह सब हम एक-साथ नहीं कर सकते, क्योंकि इसके लिए इतने वित्तीय साधन हमारे पास नहीं हैं कि ये सभी कार्य एक साथ कर सकें। हमको इन कार्यों में से देखना होगा कि पहले क्या करना है, दूसरे स्थान पर क्या करना*

*है, तीसरे स्थान पर क्या करना है। इसे ही प्राथमिकीकरण कहते हैं। आइए, इसे गांव के सन्दर्भ में देखते हैं। मान लीजिए ग्राम सभा की मीटिंग में गांव के विभिन्न वार्डों से आए व्यक्तियों ने अपनी-अपनी समस्याएं उठाईं। किसी ने कहा कि हमारे वार्ड में खड़ंजा नहीं है। किसी ने कहा कि हमारे यहां बरसात में पानी भर जाता है, उसके निकास का कार्य करना चाहिए। कुछ व्यक्तियों ने कहा कि गांव के प्रत्येक वार्ड में कोई-न-कोई समस्या है लेकिन पूरे गांव की समस्या यह है कि गांव में बच्चों के लिए प्राइमरी स्कूल नहीं है। कुछ ने कहा कि गांव में उपचार, दवा-दारू का कोई साधन नहीं है, और तो और अगर बुखार भी होता है तो गांव से दूर कस्बे में जाना पड़ता है। उपलब्ध वित्तीय साधनों को ध्यान में रखते हुए उठाई गई विभिन्न मांगों की एक सूची तैयार कर ली जाती है और निर्णय किया जाता है कि कौन सा कार्य पहले करना है और कौन सा कार्य बाद में करना है। इस प्रकार के सूचीकरण को ही प्राथमिकीकरण कहते हैं।*

### 5. समयबद्धता

समय-सीमा निर्धारण योजना का महत्वपूर्ण पहलू है। यदि हाथ में लिया गया कार्य समय के भीतर पूरा नहीं होगा तो उस कार्य को करने की लागत बढ़ जाएगी, और अन्य कार्य भी समय के भीतर नहीं हो पाएंगे। समय निर्धारण का संबंध लक्ष्य से भी होता है। कुछ लक्ष्य लम्बी अवधि के होते हैं, कुछ मध्यम अवधि के होते हैं व कुछ लघु अवधि के होते हैं। आइए, इसको एक उदाहरण द्वारा अच्छी तरह समझ लेते हैं। सामान्यतः योजनाओं का समय निर्धारण तीन तरह का होता है।

1. लम्बी अवधि की योजना (15-20 वर्षीय)
2. पंचवर्षीय योजना (5 वर्षीय)
3. तार्षिक योजना (1 वर्षीय)

आइए, फिर प्राइमरी स्कूल का उदाहरण लेकर इसे विस्तृत रूप से समझते हैं।

### 1. लम्बी अवधि की योजना

लम्बी अवधि की योजना 15-20 वर्षों के लिए होती है। यह योजना लम्बे (दीर्घ) उद्देश्यों को लेकर बनाई जाती है। उदाहरण के लिए, अगर वर्तमान में स्कूल में 5 कमरे बनाने की योजना है, संभव है 15-20 वर्षों के बाद गांव की जनसंख्या बढ़ेगी, जिससे अधिक बच्चे स्कूल जाएंगे, उस समय अतिरिक्त जगह की आवश्यकता

होगी। उस समय अतिरिक्त कमरे बनाने के लिए हो सकता है जगह न हो, इसलिए दीर्घकालीन उद्देश्य को ध्यान में रखकर स्कूल बनाते समय पर्याप्त जगह स्कूल के पास होनी चाहिए, ताकि जब 15-20 वर्ष बाद अतिरिक्त कमरे बनाने पड़े, उस समय जगह की समस्या न हो। इसके अतिरिक्त, 15-20 वर्षों के बाद प्राथमिक स्कूल के अतिरिक्त मिडिल स्कूल की जरूरत भी हो सकती है। उसके लिए भी अतिरिक्त जगह की आवश्यकता होगी। दीर्घकालीन योजना बनाने में इन्हीं सब बातों को भविष्य की आवश्यकताओं के विवरण को ध्यान में रखना होता है।

### 2. पंचवर्षीय योजना

पंचवर्षीय योजना में दीर्घ योजना के चलाने को 5 वर्षों के अंतर्गत वितरित कर दिया जाता है। उदाहरण के लिए एक पंचवर्षीय योजना में कितने कमरे बनवाने हैं, कितनी अन्य सुविधाएं जैसे पुस्तकालय/वाचनालय, इत्यादि उपलब्ध करानी है। किस-किस खेलकूद के सामान का प्रबन्ध करना है, आदि-आदि।

### 3. वार्षिक योजना

वार्षिक योजना के अंतर्गत पांच वर्षों के कार्यों को एक-एक वर्ष के लिए वितरित कर दिया जाता है।

उपरोक्त उदाहरण तो केवल प्राइमरी स्कूल का दिया गया है। इसी तरह की योजना संपूर्ण गांव पंचायत की बनानी है, जिसमें चिकित्सा, रोजगार के अवसर बढ़ाने, कृषि विकास, आदि शामिल होंगे। एक विशिष्ट गतिविधि के सन्दर्भ में भी हमें समय का ध्यान रखना होगा। आइए, इसे एक अन्य उदाहरण द्वारा प्रस्तुत करते हैं। अगर ग्राम नियोजन के अंतर्गत चयन की गई गतिविधियां समय से पूरी होती हैं तो उससे न केवल कार्य समय पर होगा बल्कि कार्य भी निर्धारित बजट सीमा के अंतर्गत हो जाएगा। यदि कार्य सीमा के अंतर्गत नहीं होता है तो उससे निर्धारित बजट से अधिक पैसे की जरूरत होगी और अतिरिक्त पैसा मिलना बहुत कठिन होता है जिसके कारण कार्य पूर्ण करने में परेशानी आती है। उदाहरण के लिए, यदि स्कूल का निर्माण या आंगनवाड़ी केंद्र का निर्माण या पंचायत घर का निर्माण निर्धारित समय में नहीं हुआ तो निर्माण कार्य में लग रही विभिन्न सामग्री जैसे लोहा, सीमेन्ट, ईंट यहां तक की मजदूरों की मजदूरी भी बढ़ जाएगी और लागत का पुनः निर्धारण करना होगा। अगर लागत बढ़ती है तो उसके लिए अतिरिक्त पैसे का प्रबन्ध करना है जो आसान काम नहीं है। इसलिए समयबद्धता ग्राम नियोजन का महत्वपूर्ण पहलू है। इसको हम एक अन्य उदाहरण से और अच्छी तरह समझते हैं। माना कि गांव में पानी की समस्या को हल करने के लिए अनेक विकल्प जैसे कुआं

खोदना, हैण्डपंप लगाना और टंकी लगवाना उपलब्ध है। इनमें से आपसी राय से टंकी लगवाना विकल्प का चयन किया गया। इसके लिए अनेक गतिविधियां करनी पड़ेंगी।

उदाहरण के लिए

1. जगह का चयन।
2. मजदूरों की उपलब्धता।
3. ग्राम पंचायत के पास उपलब्ध संसाधनों के अतिरिक्त चन्दा इकट्ठा करना।
4. आवश्यक सामान जैसे सीमेन्ट, ईंट, सरिया, पाईप, आदि की खरीदारी।
5. कार्य का सुपरविजन।
6. सामान की देखरेख।

उपरोक्त गतिविधियों को पूरा करने के लिए ग्राम पंचायत व ग्राम सभा ग्रामीणों से विचार-विमर्श करके एक कार्यसमिति गठित करके उसको यह जिम्मेदारी दे सकती है। इस तरह गठित समिति अपने विभिन्न सदस्यों को अलग-अलग जिम्मेदारी देकर विभिन्न गतिविधियों को समय से पूरा करा सकती है।

टंकी बनाने के कार्य को पूरा करने के लिये यदि राज्य सरकार के सार्वजनिक स्वास्थ्य विभाग से तालमेल करना पड़े तो वह भी किया जा सकता है। कुल मिलाकर इस कार्य को करने वाली समिति इस तरह विभिन्न कार्यों को अपने आपसे करें कि सभी गतिविधियां निर्धारित समयानुसार पूरी हो जाएं ताकि टंकी लगाने में जो राशि निर्धारित की गई है उसी के भीतर कार्य पूरा हो जाए। यह ग्राम नियोजन के अंतर्गत ही संभव है क्योंकि ग्राम नियोजन में कार्य लोगों की सहमति से उनकी आंखों के सामने होता है।

## निष्कर्ष

इस अध्याय में ग्राम नियोजन के विभिन्न पहलुओं पर प्रकाश डाला गया है। ऐसा करते समय ग्राम सभा व ग्राम पंचायत की भूमिका का विशेष जिक्र किया गया है। ग्राम सभा चूंकि संपूर्ण पंचायती राज व्यवस्था और ग्राम नियोजन की रीढ़ की हड्डी है इसलिए इसके बारे में कुछ 'रोल प्ले' के प्रतिदर्श भी दिये गए हैं। महात्मा गांधी राष्ट्रीय ग्रामीण रोजगार गारंटी अधिनियम में ग्राम नियोजन, पारदर्शिता और सूचना के अधिकार का आपस में तालमेल है। इसी को ध्यान में रखकर इस अधिनियम को लागू करने में ग्राम सभा और ग्राम पंचायत की भूमिका पर प्रकाश डाला गया है। योजना के विभिन्न पहलू योजना बनाने में कितने सफल और प्रभावी होंगे यह ग्राम सभा की सक्रियता पर निर्भर करता है। इसलिए ग्राम सभा को सक्रिय करने का अर्थ है, ग्राम नियोजन सहभागितापूर्ण होना, उचित गतिविधियों पर ध्यान देना तथा पारदर्शी रूप से कार्य करना।

*अध्याय-5*

# ग्रामीण विकास की योजनाएं

**प्रस्तावना**

भारत में ग्रामीण गरीबी से छुटकारा पाने के लिए अनेक योजनाएं चलाई जा रही हैं। प्रत्येक योजना की अपनी विशिष्ट प्रविधि है। इन योजनाओं में कुछ कार्यक्रम रोजगार सृजन के हैं। कुछ कार्यक्रम आधारभूत सुविधा प्रदान करने के लिए हैं। कुछ कार्यक्रम सामाजिक सुरक्षा प्रदान करने के लिए हैं तथा कुछ कार्यक्रम मूलभूत सुविधाएं जैसे पेयजल प्रदान करने से संबंधित हैं। कुछ कार्यक्रम अब ऐसे भी हैं जोकि किसी खास स्थानों पर विभिन्न कमियों को पूरा कर उन स्थानों का संपूर्ण विकास करने में सहायक होते हैं। ये सभी योजनाएं ग्रामीण गरीबी उपशमन करने में प्रत्यक्ष व अप्रत्यक्ष रूप से सहयोग देती हैं। ये सभी कार्यक्रम पंचायतों द्वारा लागू किए जाते हैं। इस प्रकार, इन कार्यक्रमों के संचालन में लोगों की भागीदारी सुनिश्चित होती है। ग्रामीण विकास मंत्रालय ने ग्रामीण अंचलों में गरीबी उन्मूलन के लिए महात्मा गांधी राष्ट्रीय ग्रामीण गारंटी अधिनियम, स्वर्णजयंती ग्राम स्वरोजगार योजना (जिसका नाम अब बदलकर राष्ट्रीय ग्रामीण आजीविका मिशन किया जा रहा है), इंदिरा आवास योजना, प्रधानमंत्री ग्राम सड़क योजना, राष्ट्रीय सामाजिक सहायता कार्यक्रम, समेकित वॉटरशेड प्रबंधन कार्यक्रम, पेयजल योजना, संपूर्ण स्वच्छता अभियान और राष्ट्रीय भूमिलेख आधुनिकीकरण योजनाएं चलाई जा रही हैं।

इसी प्रकार, पंचायती राज मंत्रालय द्वारा पिछड़ा क्षेत्र अनुदान निधि कार्यक्रम ग्रामीण विकास के लिए चलाया जा रहा है।

यहां पर इस अध्याय में इन कार्यक्रमों का संक्षेप में वर्णन इस उद्देश्य के साथ किया जा रहा है कि इन सभी योजनाओं को ध्यान में रखकर तथा इनके बारे में एकीकृत दृष्टिकोण अपनाकर ही ग्राम नियोजन किया जा सकता है।

## 1. महात्मा गांधी राष्ट्रीय ग्रामीण रोजगार गारंटी अधिनियम

**प्रस्तावना**

राष्ट्रीय ग्रामीण रोजगार गारंटी अधिनियम 5 सितंबर, 2005 से लागू किया गया है। 31 दिसंबर, 2009 से इस अधिनियम में संशोधन करके इसे महात्मा गांधी राष्ट्रीय ग्रामीण रोजगार गारंटी अधिनियम, 2005 का नाम दिया गया है। अब इसे आम तौर पर महात्मा गांधी नरेगा के रूप में जाना जाता है। प्रथम वर्ष में इसके अंतर्गत 200 जिले शामिल किए गए थे। इसके बाद के वर्ष में इसमें अन्य 130 जिलों को भी शामिल किया गया था। अंततः इस कार्यान्वयन के तीसरे वर्ष अर्थात् 2008-09 में इसे 285 जिलों में लागू किया गया। इसी दौरान पुराने जिलों के विभाजन के फलस्वरूप अनेक नए जिले बने थे। इस प्रकार, वर्तमान में महात्मा गांधी नरेगा के अंतर्गत शामिल जिलों की संख्या 619 है। इस अधिनियम की मुख्य विशेषताएं निम्नलिखित हैं:

**उद्देश्य**

महात्मा गांधी नरेगा के अंतर्गत प्रत्येक ग्रामीण परिवार जिसके वयस्क सदस्य अकुशल शारीरिक कार्य करने के इच्छुक हैं, को एक वित्तीय वर्ष (अर्थात् अप्रैल से मार्च के बीच में ) में 100 दिनों के मजदूरी रोजगार की कानूनी गारंटी का प्रावधान किया गया है। परिवार संबंधित राज्य में महात्मा गांधी नरेगा के लिए अधिसूचित मजदूरी दर के अनुसार मजदूरी प्राप्त करने का आभारी होगा। ये मजदूरी दरें ग्रामीण विकास मंत्रालय, भारत सरकार द्वारा अधिसूचित की गई हैं।

**रोजगार आवेदक**

क्षेत्र में रहने वाले किसी ग्रामीण परिवार के सभी वयस्क सदस्य, जो अकुशल शारीरिक कार्य करने के इच्छुक हैं, रोजगार के लिए आवेदन कर सकते हैं। यदि कोई व्यक्ति किसी कार्य में पहले से ही नियोजित/कार्यरत हो, उसे भी इसके अंतर्गत रोजगार की मांग करने का अधिकार है।

अधिनियम के तहत महिलाओं को प्राथमिकता दी गई है। कम से कम एक तिहाई लाभार्थी महिलाएं होंगी जिन्होंने योजना के अंतर्गत पंजीकरण कराया है और रोजगार के लिए अनुरोध किया है। योजना का लाभ पाने के इच्छुक परिवार को

निर्धारित लिखित फार्म के जरिए अथवा मौखिक रूप से अपने आपको पंजीकरण के लिए आवेदन करना होता है। पंजीकरण फार्म और प्रक्रिया निःशुल्क है। पंजीकरण के लिए आवेदन ग्राम पंचायत या ब्लाक कार्यालय को किया जाएगा।

**पंजीकरण प्रक्रिया में ग्राम पंचायत की भूमिका**

पंजीकरण प्रमाणित करने के लिए पंचायत यह सत्यापित करती है कि आवेदक उस गांव में रहता है और वह वयस्क व्यक्ति है। पंजीकरण की इकाई परिवार है। सत्यापन के पश्चात् ही ग्राम पंचायत परिवार को जॉब कार्ड जारी करेगी।

**जॉब कार्ड का अर्थ**

जॉब कार्ड एक मूल कानूनी दस्तावेज है जो पंजीकृत परिवार को गारंटीयुक्त रोजगार की मांग करने के लिए समर्थ बनाता है। जॉब कार्ड, आवेदन करने की तारीख से 15 दिनों के भीतर जारी किया जाना है और इसकी मान्यता पांच वर्षों के लिए है।

पारिवारिक जॉब कार्ड में प्रत्येक पंजीकृत सदस्य का नाम और फोटो रहेगा। जॉब कार्ड और फोटो आवेदक को निःशुल्क मिलता है।

**रोजगार आवेदन की प्रक्रिया**

रोजगार प्राप्त करने के लिए रोजगार की मांग करने वाले को ग्राम पंचायत अथवा कार्यक्रम अधिकारी (ब्लॉक स्तर पर) के पास लिखित आवेदन करना होता है। 100 दिनों के पारिवारिक हकदारी के भीतर अलग-अलग सदस्य रोजगार के लिए आवेदन कर सकते हैं। रोजगार की मांग कम से कम 14 दिनों के लगातार कार्य के लिए होनी चाहिए। आवेदक रोजगार की रसीद प्राप्त करता है और ग्राम पंचायत को आवेदन के लिए दिनांकित रसीद जारी करता है।

कोई भी परिवार एक वित्त वर्ष में 100 दिनों का रोजगार पाने का हकदार है। 100 दिनों के रोजगार की हकदारी में परिवार के भीतर हिस्सेदारी की जा सकती है। परिवार में एक से अधिक व्यक्ति साथ-साथ अथवा विभिन्न समयों में कार्य में लगाए जा सकते हैं।

ग्राम पंचायत या कार्यक्रम अधिकारी को आवेदक को यह सूचित करते हुए पत्र भेजता है कि उन्हें कहां और कब कार्य के लिए रिपोर्ट करना है। ग्राम पंचायत और कार्यक्रम अधिकारी के ब्लॉक कार्यालय में प्रदर्शित सार्वजनिक सूचना में दिनांक और रोजगार का स्थान और उन व्यक्तियों के नाम, जिन्हें रोजगार दिए जाएं, के संबंध में जानकारी रहती है।

कार्य आवेदक के निवास स्थान से पांच कि.मी. के दायरे में उपलब्ध कराए जाएंगे। यदि रोजगार आवेदक के निवास स्थान से पांच कि.मी. के दायरे से बाहर उपलब्ध कराया जाता है तो परिवहन और जीविका संबंधी व्यय के लिए 10 प्रतिशत अतिरिक्त मजदूरी पाने का हकदार होगा/होगी। वृद्ध और महिलाओं को गांव के पास कार्य देने में वरीयता दी जाएगी।

**बेरोजगारी भत्ता**

यदि रोजगार की मांग करने वालों को आवेदन देने की तारीख से अथवा जिस तारीख से रोजगार की मांग की गई है, जो भी बाद में हो, 15 दिनों के भीतर रोजगार नहीं मिलता है तो अधिनियम के अनुसार दैनिक बेरोजगारी भत्ता देना होता है। यदि आवेदक अधिसूचित होने के 15 दिनों के भीतर कार्य के लिए रिपोर्ट नहीं करता/करती है तो वह बेरोजगारी भत्ता का हकदार नहीं होगा/होगी। तथापि, आवेदक कार्य के लिए पुनः आवेदन कर सकता है।

**कार्यस्थल सुविधाएं**

कार्यस्थल सुविधाओं में स्वच्छ पेयजल, बच्चों के लिए ठहरने का स्थान और विश्राम की अवधि, कार्य से जुड़ी छोटी-छोटी जोखिमों और स्वास्थ्य संबंधी अन्य परेशानियों के आपात उपचार के लिए प्राथमिक चिकित्सा बक्सा शामिल है। यदि छह वर्ष से कम उम्र के पांच से अधिक बच्चे हों तो उक्त बच्चों की देखभाल के लिए एक व्यक्ति को काम पर लगाए जाने का प्रावधान है।

**रोजगार मुहैया कराने के लिए काम का चयन**

स्थायी परिसम्पत्तियों का सृजन और ग्रामीण गरीबों के जीविकोपार्जन संसाधन आधार को सुदृढ़ करना योजना का महत्वपूर्ण उद्देश्य है।

प्राथमिकता के अनुसार स्वीकृत कार्यों की विभिन्न श्रेणियां निम्न प्रकार हैं:

(*i*) जल संरक्षण और जल एकत्रीकरण।

(*ii*) सूखारोधन (वनीकरण और वृक्षारोपण)।

(*iii*) सश्रम और लघु सिंचाई कार्य सहित सिंचाई नहर।

(*iv*) अनुसूचित जातियों एवं अनुसूचित जनजातियों के परिवारों के स्वामित्व वाली जमीन अथवा बीपीएल परिवारों या भूमि सुधार के भू-लाभार्थियों या भारत सरकार की इंदिरा आवास योजना के अंतर्गत लाभार्थियों या कृषि ऋण अधित्याग और ऋण योजना, 2008 में परिभाषित छोटे किसानों या सीमान्त किसानों की जमीन में सिंचाई सुविधाएं, बागवानी, पौधरोपण और भूमि विकास की सुविधाएं मुहैया कराना।

(*v*) तालाबों से गाद निकालने सहित परंपरागत जल निकायों का नवीनीकरण।

(*vi*) भूमि विकास।

(*vii*) जल जमाव वाले क्षेत्रों में जल निकासी सहित बाढ़ नियंत्रण और संरक्षण कार्य।

(*viii*) बारहमासी सड़क संपर्क उपलब्ध कराने के लिए गांवों को सड़कों से जोड़ना।

(*ix*) भारत निर्माण राजीव गांधी सेवा केंद्र का निर्माण।

(*x*) कोई अन्य कार्य जिन्हें राज्य सरकार के परामर्श से केंद्र सरकार द्वारा अधिसूचित किया जाए।

**कार्यों के चयन में मज़दूरी सामग्री अनुपात**

कार्यों के चयन में 60:40 के अनुपात में मजदूरी सामग्री अनुपात का पालन किया जाएगा।

**ठेकेदारों और मशीनों पर प्रतिबंध**

योजना के अंतर्गत व्यापक श्रम वाले कार्य किए जाते हैं। अधिनियम के अंतर्गत ठेकेदारों और मशीनों के प्रयोग की अनुमति नहीं है।

**अधिनियम की नियोजन प्रक्रिया**

योजना के अंतर्गत कार्यों के नियोजन और कार्यान्वयन में ग्राम सभा/ग्राम पंचायतों की अहम भूमिका है:

(*i*) बुलाई गई ग्राम सभा की बैठक में ग्राम पंचायत अगले वित्त वर्ष में उत्पन्न होने वाली श्रम मांग का आकलन करेगी। प्राथमिकताओं के साथ शुरू किए जाने वाले कार्यों की सूची का निर्धारण भी ग्राम सभा की बैठक में किया जाएगा। व्यय के संबंध में कम से कम 50 प्रतिशत कार्यों का कार्यान्वयन ग्राम पंचायत द्वारा किया जाना चाहिए।

(*ii*) ग्राम विकास योजना में कार्यों की सूची को समेकित करने के पश्चात ग्राम पंचायत इसे अनुमोदन के लिए कार्यक्रम अधिकारी के पास भेजेगी।

(*iii*) कार्यक्रम अधिकारी 15 दिनों के भीतर योजना को अनुमोदित करेगा और इसे मध्यस्तरीय पंचायत को भेजेगा। ब्लॉक योजना और ब्लॉक श्रम आकलन जिला कार्यक्रम समन्वयक (डीपीसी) को प्रस्तुत किए जाएंगे।

(*iv*) ग्राम पंचायत और ब्लॉक की प्राथमिकताएं निर्धारित करते समय जिला कार्यक्रम समन्वयक (डीपीसी) 15 दिन के भीतर जिले की वार्षिक कार्य योजना में कार्यों की सूची को समेकित करेगा।

(v) डीपीसी जिला श्रम आकलन/बजट तैयार करेगा और मंत्रालय की ऑनलाइन एम.आई.एस. में इसकी प्रविष्टि सुनिश्चित करेगा। मंत्रालय और राज्य सरकार के बीच विधिवत चर्चा के पश्चात अनुमोदित श्रम बजट के अनुसार निधियों का आबंटन किया जाएगा।

**मजदूरी और उनका भुगतान**

रोजगार प्राप्त व्यक्ति अपने अधिसूचित मजदूरी दर के अनुसार मजदूरी प्राप्त करेगा/करेगी। ये मजदूरी दरें ग्रामीण विकास मंत्रालय, भारत सरकार द्वारा अधिसूचित की गई हैं।

मजदूरी प्रत्येक सप्ताह अथवा किसी भी स्थिति में ऐसे कार्य किए जाने की तारीख से एक पखवाड़े के भीतर दी जाएगी। कामगारों को प्रायः किए गए कार्य और समय अर्थात् एक घंटे की विश्रामावधि सहित सात घंटे के कार्यों के आधार पर भुगतान किया जाता है। दरों की अनुसूची के अनुसार कार्य की गणना की जाती है।

महात्मा गांधी नरेगा मजदूरी का भुगतान बैंकों/डाकघरों के जरिए सीधे मजदूरी मांगने वालों के खातों में किया जाना चाहिए। पुरुष प्रधान परिवारों के मामलों में परिवार के महिला सदस्य के लिए अलग से व्यक्तिगत खाते खोले जाते हैं।

**बीमा कवरेज**

महात्मा गांधी नरेगा कर्मियों को बीमा कवर हेतु जीवन बीमा निगम की जनश्री बीमा योजना की श्रेणी में रखा गया है। महात्मा गांधी नरेगा के कर्मियों को राष्ट्रीय स्वास्थ्य बीमा योजना के लाभ उपलब्धता कराने का भी प्रयास किया जा रहा है।

**तालमेल**

कार्यक्रमों के बीच तालमेल एक ऐसी प्रक्रिया है जिससे मौजूदा योजनाओं तथा संसाधनों को एकजुट रखा जाता है बिना अतिरिक्त व्यय एवं बजट प्रावधान के। वास्तव में तालमेल का मुख्य आधार पंचायती राज संस्थाओं विशेषकर ग्राम सभा तथा ग्राम पंचायतों की मुख्य भूमिका के साथ विकेंद्रीकरण तथा सामुदायिक भागीदारी है। तालमेल प्रक्रिया से संसाधनों तथा क्रियाकलापों में सहयोग के साथ-साथ नियोजन और कार्यान्वयन में प्रभावी गुणवत्ता आती है, जिससे कार्य पुख्ता होता है।

ग्रामीण विकास मंत्रालय ने विभिन्न योजनाओं एवं विशिष्ट कार्यक्रमों तथा भारतीय कृषि अनुसंधान परिषद्, वन एवं पर्यावरण मंत्रालय के राष्ट्रीय वनीकरण

कार्यक्रम और अन्य योजनाओं, जल संसाधन मंत्रालय की योजनाओं, पीएमजीएसवाई (ग्रामीण विकास विभाग), एसजीएसवाई (ग्रामीण विकास विभाग), वाटरशेड विकास कार्यक्रम (भूमि संसाधन विभाग, ग्रामीण विकास विभाग), कृषि एवं मात्स्यिकी मंत्रालय तथा कृषि मंत्रालय की योजनाओं के साथ महात्मा गांधी नरेगा के तालमेल के लिए दिशा-निर्देश बनाए गए हैं और उनका प्रचार-प्रसार किया गया है।

घन और पर्यावरण मंत्रालय, जल संसाधन मंत्रालय और भारतीय कृषि अनुसंधान परिषद (आईसीएआर) द्वारा 23 राज्यों में 150 प्रायोगिक जिलों को निर्धारित किया गया है। इन जिलों में तालमेल संबंधी स्थिति प्रगति की नियमित निगरानी की जाती है।

## योजना के लिए निगरानी व्यवस्था

### I. मंत्रालय स्तर पर निगरानी

ग्रामीण विकास मंत्रालय ने योजना के कार्यान्वयन में राज्यों के वास्तविक और वित्तीय कार्य निष्पादन की कड़ी निगरानी करने के लिए आंतरिक और बाह्य व्यवस्था बनाई है। ये तंत्र प्रक्रिया और प्रक्रियाविधियों की प्रगति और गुणवत्ता का भी मूल्यांकन करते हैं तथा प्राथमिकता के आधार पर निपटाए जाने वाले प्रमुख मुद्दों का निर्धारण भी करते हैं।

- **आंतरिक निगरानी**

(*i*) **प्रबंधन सूचना प्रणालीः** एक वेब आधारित एमआईएस www.nrega.nic.in बनाई गई है। ग्राम स्तरीय पारिवारिक डॉटाबेस से नियामक प्रक्रियाओं की निरंतरता और अनुरूपता सुनिश्चित करने के लिए आंतरिक जांच की जाती है। सभी महत्वपूर्ण मानदंडों (*i*) मजदूरों की हकदारी संबंधी आंकड़े और दस्तावेज अर्थात् पंजीकरण, जॉब कार्ड, मस्टर रोल, (*ii*) अनुमोदित एवं मंजूर किए गए कार्यों की सूची, चल रहे कार्य, मापन, (*iii*) दिए गए रोजगार, और (*iv*) मजदूरी का भुगतान सहित वित्तीय संकेतक, की सार्वजनिक रूप से निगरानी की जाती है।

(*ii*) वास्तविक और वित्तीय निष्पादन के संबंध में जिलों द्वारा मासिक प्रगति रिपोर्टें प्रस्तुत की जाती हैं।

- **बाह्य निगरानी**

**सांविधिक संस्थागत तंत्र**

**केंद्रीय रोजगार गारंटी परिषद (सीईजीसी)ः** अधिनियम की निगरानी एवं

समीक्षा के सांविधिक अधिदेश के साथ राष्ट्र स्तर पर सीईजीसी बनाया गया है। परिषद के सदस्य योजना के कार्यान्वयन की समीक्षा करने के लिए विभिन्न राज्यों का दौरा करते हैं। परिषद के सदस्य समीक्षा, अध्ययन और प्रशिक्षण एवं सामाजिक लेखा-परीक्षा में भी हिस्सा लेते हैं।

- **नियंत्रक एवं महालेखा परीक्षक (सीएजी)**: सीएजी ने योजना की समवर्ती लेखा-परीक्षा कराई है।
- **अन्य तंत्र**

(*iii*) **राष्ट्र स्तरीय निगरानीकर्ता और क्षेत्राधिकारी**–राष्ट्र स्तरीय निगरानीकर्ता, क्षेत्र अधिकारी और ग्रामीण विकास मंत्रालय के अधिकारी नरेगा चरण I, II और III के जिलों का वार्षिक रूप से क्षेत्रीय दौरा करते हैं।

(*iv*) **राज्यों के साथ समीक्षा**–निष्पादन समीक्षा समिति की तिमाही बैठकों और राज्य स्तरीय आवधिक समीक्षाओं के जरिए राज्य सरकारों के साथ कार्यक्रम के कार्यान्वयन संबंधी जानकारी पर चर्चा की जाती है एवं इनका विश्लेषण किया जाता है।

(*v*) **पेशेवर संस्थागत नेटवर्क और अन्य अनुसंधान अध्ययन**–कार्यक्रम की गुणवत्ता को बढ़ाने वाली सतत् एवं स्थायी पहलों के लिए एक पेशेवर संस्थागत नेटवर्क बनाया गया है। ये संस्थागत प्रभाव मूल्यांकन, समवर्ती मूल्यांकन और आकलन, अनुसंधान तथा क्षमता विकास का कार्य करेंगे ताकि उन अच्छे या बुरे कार्यों का निधारण किया जा सके जिनका योजना के इष्टतम कार्य निष्पादन पर सकारात्मक या प्रतिकूल प्रभाव पड़ता है। कार्यक्रम को कार्यान्वित करने और सकारात्मक प्रभाव सृजित करने में राज्यों की क्षमता को बढ़ाने पर विशेष बल दिया जाता है।

II. **राज्य स्तर, जिला और ग्राम पंचायत स्तर**

(*i*) राज्य स्तर पर 2 प्रतिशत, जिला स्तर पर 10 प्रतिशत और ब्लॉक स्तर पर शत-प्रतिशत कार्यों की जांच की जाएगी।

(*ii*) ग्राम सभा योजना के अंतर्गत मंजूर किए गए प्रत्येक कार्य के लिए सतर्कता एवं निगरानी समिति (वीएमसी) के सदस्यों का निर्वाचन करेगी। वीएमसी में उस स्थान या गांव के सदस्य शामिल होंगे जहां यह कार्य किया जा रहा है।

(*iii*) ग्राम पंचायत अन्य कार्यान्वयन एजेंसियों द्वारा किए गए कार्यों, उनके द्वारा कार्य स्थलों पर रखे जा रहे मस्टर रोलों तथा किए गए भुगतानों की निगरानी करेगी।

(*iv*) राज्य, जिला और ब्लॉक भी योजना के सभी पहलुओं की कड़ी निगरानी करेंगे।

(*v*) राज्य रोजगार गारंटी परिषद द्वारा जिला-वार अध्ययन कराया जाना चाहिए। ब्लॉक-वार मूल्यांकन अध्ययन डीपीसी द्वारा कराया जाना चाहिए।

## पारदर्शिता और जवाबदेही संबंधी प्रावधान

(*i*) **ओम्बड्समैन**—चयन समिति की सिफारिशों पर राज्य सरकार ओम्बड्समैन को नियुक्त करेगी। ओम्बड्समैन केंद्र या राज्य सरकार के नियंत्रण से मुक्त स्वतंत्र एजेंसी होगी।

(*ii*) **सामाजिक लेखा-परीक्षा**—ग्रामीण विकास मंत्रालय ने ग्राम पंचायतों द्वारा सामाजिक लेखा-परीक्षा कराने की प्रक्रिया को सर्वोच्च प्राथमिकता दी है और राज्यों को निर्देश दिए हैं कि वे इसे प्रयोजनार्थ आवश्यक व्यवस्था करें। सामाजिक लेखा-परीक्षा कराने संबंधी प्रक्रियाविधियों का प्रावधान करने के लिए इस अधिनियम में संशोधन किया गया था।

(*iii*) **हेल्पलाइन**—ग्रामीण विकास मंत्रालय ने शिकायत प्राप्त करने और अधिनियम के अंतर्गत मजदूरों की हकदारी एवं अधिकारियों के संरक्षण के बारे में मंत्रालय से पूछताछ करने के लिए एक निःशुल्क राष्ट्रीय हेल्पलाइन 1800110707 शुरू किया है। ये शिकायतें कार्रवाई के लिए राज्य सरकारों को भेजी जाती हैं और मंत्रालय इनकी निगरानी करता है। मंत्रालय की हेल्पलाइन के अलावा राज्य और जिला भी शिकायतें प्राप्त करने के लिए हेल्पलाइन बना रहे हैं।

(*iv*) **अपनी ओर से जानकारी देना**—योजना के कार्यान्वयन संबंधी सभी जानकारियां सार्वजनिक रूप से http://nrega.nic.in पर उपलब्ध हैं। मंत्रालय ने ग्राम पंचायतों में कार्यस्थलों पर नागरिक सूचना पट्ट लगाने और जानकारी प्रदर्शन सुनिश्चित करने के लिए कार्यकारी निर्देश भी जारी किए गए हैं।

**2. स्वर्णजयंती ग्राम स्वरोजगार योजना/राष्ट्रीय ग्रामीण आजीविका मिशन**

स्वर्णजयंती ग्राम स्वरोजगार योजना ग्रामीण गरीब परिवारों के स्वरोजगार के लिए चल रहा एक मुख्य कार्यक्रम है। इस योजना के तहत बैंक ऋण और सरकारी सहायता (सब्सिडी) के तालमेल से आयोपार्जक परिसम्पत्तियों को उपलब्ध कराकर सहायता-प्राप्त ग्रामीण परिवारों को गरीबी रेखा से ऊपर उठाने का प्रयास किया जाता है। इस कार्यक्रम की मुख्य विशेषताएं निम्नलिखित हैं:

**स्वर्णजयंती ग्राम स्वरोजगार योजना का उद्देश्य**

स्वर्णजयंती ग्राम स्वरोजगार योजना का उद्देश्य किसी समयावधि में पर्याप्त स्थायी आय स्तर पर सुनिश्चित करके सहायता-प्राप्त गरीब परिवारों (स्वरोजगारियों) को गरीबी रेखा से ऊपर लाना है। इस उद्देश्य को सामाजिक एकजुटता, उनके प्रशिक्षण एवं क्षमता निर्माण तथा आयसर्जक परिसम्पत्तियों की व्यवस्था करके ग्रामीण गरीब परिवारों को स्व-सहायता समूहों में संगठित करके हासिल करना होता है। ऐसी आशा है कि, इस प्रक्रिया से ग्रामीण गरीब सक्षम बनेंगे तथा उनका सामाजिक-आर्थिक रूप से सशक्तिकरण होगा और उनकी सामूहिक मोल-तोल की शक्ति भी बढ़ेगी।

**स्व-सहायता समूह बनने की प्रक्रिया**

इस योजना के अंतर्गत, वैयक्तिक लाभार्थियों और स्व-सहायता के सदस्यों को स्वरोजगारी कहा जाता है।

- आमतौर पर एक स्व-सहायता समूह में 10-20 व्यक्ति होते हैं। तथापि, मरुभूमि, पहाड़ों, निर्जन एवं विरल आबादी वाले क्षेत्रों जैसे दुर्गम क्षेत्रों में और लघु सिंचाई तथा विकलांग व्यक्तियों के मामले में यह संख्या पांच से बीस व्यक्ति हो सकती है।
- बी.पी.एल. जनगणना के माध्यम से निर्धारित बी.पी.एल. परिवारों की सूची जिसे ग्राम सभा द्वारा विधिवत अनुमोदित किया गया हो, परिवारों के निर्धारण का आधार है जिससे स्वयं सहायता समूह (एसएचजी) के सदस्य लिए जाते हैं।
- जिला ग्रामीण विकास एजेंसियां (डी.आर.डी.ए.) सुविधा प्रदाताओं अर्थात् गैर-सरकारी संगठनों, समुदाय आधारित संगठन (सीबीओ), बैंकों, समुदाय समन्वयकों, प्रेरकों और स्व-सहायता समूह को बढ़ावा देने वाली संस्थाओं (एसएचपीआइ) के जरिए एसएचजी के निर्माण, विकास और सुदृढ़ीकरण के लिए सामाजिक जागरण की प्रक्रिया शुरू करती हैं और इसे जारी रखती हैं।

**स्व-सहायता समूह की सदस्यता संबंधित नियम**

सामान्यतः समूह के सभी सदस्य बीपीएल परिवारों से होने चाहिए। तथापि जरूरत पड़ने पर अधिकतम 20 प्रतिशत और अपवादित मामले में जहां नितान्त आवश्यक हो समूह के अधिकतम 30 प्रतिशत सदस्य बीपीएल परिवारों के आसपास रहने वाले गरीबी रेखा से थोड़े ऊपर के परिवारों से भी हो सकते हैं, बशर्ते कि वे समूह के बीपीएल सदस्यों को स्वीकार्य हों।

एक व्यक्ति एक से अधिक स्व-सहायता समूह (एस.एच.जी.) का सदस्य नहीं बन सकता है। तथापि इस योजना के तहत किसी स्व-सहायता समूह को कोई सदस्य समुदाय आधारित अन्य संगठन जैसे उत्पादकों का समूह/सहकारिता, इत्यादि का सदस्य बन सकता है।

**कमजोर वर्गों, अल्पसंख्यकों और विकलांग व्यक्तियों के लिए प्रावधान**

योजना के अंतर्गत अनुसूचित जाति/अनुसूचित जनजाति के लिए 50 प्रतिशत, महिलाओं के लिए 40 प्रतिशत, विकलांगों के लिए 3 प्रतिशत और अल्पसंख्यकों के लिए 15 प्रतिशत लाभ निर्धारित किए गए हैं।

**समूह के लिए आय सृजन करने वाले क्रियाकलाप का निर्धारण**

परामर्श प्रक्रिया के आधार पर ब्लॉक स्तरीय समिति, ब्लॉक में संसाधनों, कौशल की उपलब्धता और पूर्व संपर्क के आधार पर वरीयता क्रम में लगभग आठ से दस क्रियाकलापों का निर्धारण करती है। फिर इस सूची को पंचायत समिति (ब्लॉक पंचायत) की आम सभा में सिफारिश के लिए प्रस्तुत किया जाता है। उसके बाद पंचायत समिति की सिफारिश सहित चुने गए प्रमुख क्रियाकलापों की सूची बीडीओ द्वारा जिला स्तरीय एसजीएसवाई समिति को 'विचार' विमर्श हेतु भेजी जाती है। जिला स्तरीय एसजीएसवाई समिति लाइन विभाग के अधिकारियों सहित संबंधित विशेषज्ञों के परामर्श से अलग-अलग प्रत्येक प्रमुख क्रियाकलाप के लिए प्रस्तावों की जांच करती है।

प्रत्येक प्रमुख क्रियाकलाप के लिए एक परियोजना रिपोर्ट तैयार की जाती है जिसमें विभिन्न घटकों जैसे—प्रशिक्षण, ऋण, प्रौद्योगिकी, आधारभूत सुविधा तथा विपणन का उल्लेख होता है।

**योजना के अंतर्गत बनाए गए एस.एच.जी. को परिक्रमी निधियां रिलीज मानदंड**

एसजीएसवाई दिशा-निर्देशों के अंतर्गत निर्धारित मानदंडों के अनुसार एसएचजी की उपलब्धियों का आकलन करने के लिए एसएचजी को परिपक्वता स्तर तक ग्रेड-I और ग्रेड-II में श्रेणीकृत करने की व्यवस्था की गई है।

ऐसे एस.एच.जी. जो लगभग छः माह से चल रहे हैं और एस.जी.एस.वाई. दिशा-निर्देशों के अंतर्गत निर्धारित मानदंडों के अनुसार ग्रेड-I श्रेणी में आ चुके हैं, डीआरडीए से परिक्रमी निधि प्राप्त करने के लिए पात्र हैं।

**बैंक ऋण और सब्सिडी पाने के पात्रता का मापदंड**

ऐसे एसएचजी जो लगभग छः माह से ग्रेड-I के रूप में काम कर रहे हैं और व्यवहार्य समूहों की क्षमता को प्रदर्शित करते हैं, वे एस.जी.एस.वाई. दिशा-निर्देशों के अंतर्गत निर्धारित मानदंडों के अनुसार ग्रेड-II की श्रेणी में आ जाते हैं। ऐसे समूह बैंक ऋण एवं सब्सिडी के रूप में आर्थिक क्रियाकलापों के लिए सहायता प्राप्त करने के पात्र बन जाते हैं।

**ऋण प्राप्त करने की वित्तीय संस्थाएं**

वित्तीय संस्थाओं, जिनमें वाणिज्य बैंक, कोऑपरेटिव बैंक और क्षेत्रीय ग्रामीण बैंक शामिल हैं, द्वारा ऋण दिए जाते हैं। ऋण की राशि कुल परियोजना लागत के समान होगी जिसमें स्वरोजगारियों के लिए अनुमेय सब्सिडी की राशि शामिल होगी। एस.जी.एस.वाई. ऋणों के लिए ब्याज की दर आरबीआई/नाबार्ड द्वारा समय-समय पर अधिसूचित दरों के अनुसार होगी।

परियोजना के लिए ऋण की मात्रा परियोजना की प्रकृति पर निर्भर करती है। एस.जी.एस.वाई. में परियोजना के लिए निकाली गई इकाई लागत (निवेशगत आवश्यकता) के अलावा निवेश की कोई अधिकतम सीमा नहीं है।

**विभिन्न सब्सिडी मानदंड**

व्यक्तिगत स्वरोजगारियों के लिए इस योजना के अंतर्गत सब्सिडी परियोजना लागत का 30 प्रतिशत तक एक समान होगी जोकि अधिकतम 7500 रुपए होगी। अनुसूचित जाति/अनुसूचित जनजाति तथा विकलांग व्यक्तियों के मामले में ये क्रमशः 50 प्रतिशत और अधिकतम 10,000 रुपए होगी। स्वरोजगारियों के समूहों के लिए सब्सिडी परियोजना लागत का 50 प्रतिशत होगी जोकि अधिकतम प्रति व्यक्ति 10,000 रुपए या 1.25 लाख रुपए की सब्सिडी, इनमें से जो भी कम हो, होगी। सिंचाई परियोजनाओं के लिए सब्सिडी पर कोई मौद्रिक सीमा नहीं होगी।

**स्व-सहायता समूह को प्रशिक्षण का प्रावधान**

योजना को सफल बनाने के लिए अच्छी तरह जरूरतों को ध्यान में रखकर तैयार किए गए प्रशिक्षण पाठ्यक्रमों के माध्यम से कौशल विकास किया जाता है। प्रशिक्षण की अवधि और प्रशिक्षण पाठयक्रम की रूपरेखा जिनमें स्व-सहायता समूह के सदस्यों का प्रदर्शन दौरा शामिल है, निर्धारित क्रियाकलापों की आवश्यकताओं

के आधार पर तय की जाती है। एसएचजी सदस्यों के प्रशिक्षण और प्रशिक्षण कर्मियों के प्रशिक्षण के लिए केंद्रीय आवंटन की 10 प्रतिशत राशि निर्धारित की गई है।

स्व-रोजगार तथा मजदूरी रोजगार के लिए कौशल विकास हेतु संस्थानिक व्यवस्था सुनिश्चित करने के उद्देश्य से ग्रामीण बीपीएल युवाओं के लिए देश के सभी जिलों में समर्पित प्रशिक्षण संस्थान अर्थात् ग्रामींण स्व-रोजगार प्रशिक्षण संस्थान बनाए गए हैं।

**आधारभूत सुविधा विकास**

लघु उद्यम की सफलता के लिए उपयुक्त आधारभूत सुविधा अनिवार्य हैं जिसकी जरूरत उत्पादन, गुणवत्ता परीक्षण, भंडारण, डिजाइन विकास, मूल्य संवर्धन, उत्पादों या विपणन के विविधीकरण के लिए पड़ती है। इसके लिए योजना के अंतर्गत प्रत्येक जिले के लिए एस.जी.एस.वाई. आवंटन की 20 प्रतिशत राशि (पूर्वोत्तर राज्यों के मामले में 25 प्रतिशत) की व्यवस्था की गई है। इस राशि का उपयोग सिर्फ अंतिम उपाय के रूप में तथा लाइन विभागों द्वारा उपलब्ध न कराई गई आधारभूत सुविधा, जो एस.जी.एस.वाई. के समुचित कार्यान्वयन के लिए आवश्यक हैं, से संबंधित भारी कमी को पूरा करने के लिए किया जाना होता है।

**विशेष परियोजनाएं**

एस.जी.एस.वाई. के अंतर्गत 15 प्रतिशत निधियां विशेष परियोजनाओं के लिए निर्धारित की जाती हैं। विशेष परियोजनाओं का उद्देश्य विशेष परियोजनाएं शुरू करके स्व-रोजगार सृजन के माध्यम से गरीबी रेखा से नीचे रहने वाले परिवारों की एक विशिष्ट संख्या को गरीबी रेखा से ऊपर लाने के लिए समयबद्ध कार्यक्रम सुनिश्चित करना है। ये परियोजनाएं व्यापक स्वरूप की मानी जाती हैं तथा वे सामाजिक एकजुटता, संगठन, क्षमता निर्माण, प्रशिक्षण आधारभूत सुविधा का प्रावधान, प्रौद्योगिकी, उत्पादन प्रक्रिया, विपणन, इत्यादि सहित स्व-रोजगार के समस्त पहलुओं का ध्यान रखती हैं। साथ ही इन सभी कार्यनीतियों अथवा कार्यनीति से लाभार्थियों के लिए स्व-रोजगार के स्थायी अवसर सृजित किए जाते हैं जिन्हें सामान्य एस.जी.एस.वाई. के तहत अथवा लोगों द्वारा स्वयं की पहल से दुहराया जा सकता है।

**एस.जी.एस.वाई. के कार्यान्वयन में एन.जी.ओ. की भूमिका**

गैर-सरकारी संगठन एसएचजी के निर्माण में सुविधाप्रदाता की भूमिका निभाते हैं तथा डीआरडीए और स्व-सहायता समूहों द्वारा उपयोग में लाए जाने वाले सुविधाप्रदाताओं के प्रशिक्षण और क्षमता निर्माण में मदद करते हैं।

**एस.जी.एस.वाई. के तहत नई पहलें**

एस.जी.एस.वाई. का राष्ट्रीय ग्रामीण आजीविका मिशन (एनआरएलएम) के रूप में पुनर्गठन किया जा रहा है ताकि इसे लक्ष्य में रखे गए लोगों और समयबद्ध तरीके से परिणाम हासिल करने के लिए मिशन के रूप में कार्यान्वित किया जा सके।

गरीबी बहुआयामी है इसलिए इसे सुलझाने के लिए बहुसूत्रीय दृष्टिकोण अपनाने की आवश्यकता है। गरीबों की क्षमता तथा पोषण संगठनों के माध्यम से गरीबी उन्मूलन के लिए बहुसूत्रीय प्रणाली को अपनाकर 6.5 करोड़–10.0 करोड़ ग्रामीण गरीबों की जरूरतों को पूरा किए जाने का प्रयास है।

**व्यूह रचना**

ग्रामीण विकास मंत्रालय द्वारा आंध्र प्रदेश, केरल तथा तमिलनाडु में बड़े पैमाने पर की गई पहलों का मूल्यांकन किया गया है। इस मूल्यांकन से पता चलता है कि गरीब परिवार, चाहे वे अत्यंत निर्धन परिवार क्यों न हों, 6-8 वर्षों में गरीबी से उभर सकते हैं (*i*) बशर्ते कि वे संगठित हों, (*ii*) उनकी अपनी संस्थाएं हों और (*iii*) उनके पास बेहतर तथा कारगार सहायक प्रणालियां हों, तथा (*iv*) अपनी छोटी-बड़ी जरूरतों को पूरा करने के लिए कई अंशों में कम से कम 1,00,000 रुपए प्राप्त कर सकते हों। जब एक बार ग्रामीण गरीब परिवार संगठित हो जाते हैं और उनकी क्षमताएं बढ़ जाती हैं तो वे सभी सरकारी कार्यक्रमों–महात्मा गांधी नरेगा, सार्वजनिक वितरण प्रणाली (पीडीएस), स्वास्थ्य एवं शिक्षा सेवाएं, इत्यादि प्राप्त कर सकेंगे। गरीबों के लिए चलाए जा रहे सभी सरकारी कार्यक्रमों की दक्षता भी काफी हद तक बढ़ेगी।

यह मिशन इस धारणा पर आधारित है कि गरीब काफी सक्षम हैं, वे गरीबी से छुटकारा पाना चाहते हैं तथा बेहतर जीवन जीना चाहते हैं। उनकी क्षमताओं के आड़े मनोवैज्ञानिक, आर्थिक, सामाजिक, धार्मिक तथा राजनैतिक जैसी अनेक बाधाएं हैं। उनकी आंतरिक क्षमता केवल तभी उभरकर सामने आ सकती है जब वे सही मायनों में अपने-अपने संस्थानों के माध्यम से संगठित हों।

**राष्ट्रीय ग्रामीण आजीविका मिशन की मुख्य विशेषताएं:** उपरोक्त व्यय रचना को ध्यान में रखकर इस मिशन की मुख्य विशेषताएं एवं दृष्टिकोण निम्न हैं:

**एस.एच.जी. के गठन के माध्यम से सार्वभौमिक सामाजिक एकजुटता**

इस पहल से यह सुनिश्चित होगा कि प्रत्येक ग्रामीण बीपीएल परिवार से कम से कम एक सदस्य, विशेषकर परिवार की महिला को स्व-सहायता समूह के दायरे

में लाया जाएगा। ऐसा करते समय अत्यधिक उपेक्षित परिवारों जैसे अनूसूचित जाति/अनुसूचित जनजाति, एकल महिला, अल्पसंख्यकों, अपंग व्यक्तियों, इत्यादि पर विशेष ध्यान दिया जाएगा।

**स्व-सहायता समूहों का परिसंघ**

सुदृढ़ जन-संस्थाओं का गठन करने के लिए, एनआरएलएम ग्राम पंचायत से लेकर जिला स्तरों तक स्व-सहायता समूहों का परिसंघ बनाने पर ध्यान देगा। इसके अतिरिक्त, अन्य निचले स्तर के संगठनों जैसे कि आजीविका समूहों, उत्पादक कंपनियों, इत्यादि को भी प्रोत्साहित करेगा।

**सार्वभौमिक वित्तीय समावेशन**

वित्तीय समावेशन के लिए सभी लाभार्थियों का खाता खोलना ही नही बल्कि बैंकिंग क्षेत्र से ऋण दिलवाना भी है। एसएचजी की क्षमता को बढ़ाने एवं उनका पोषण करने, वित्तीय संस्थाओं से वित्त प्राप्त करने से वे समर्थ हो पाएंगे।

स्वयं सहायता समूहों को वित्त की उपयोगिता निम्न प्रकार सहायता प्रदान करती है:

- **ऊंची लागत वाले ऋण के जाल से निकलना (ऋण जाल)**
- **उनकी खास जरूरतों–भोजन, स्वास्थ्य, शिक्षा, इत्यादि को पूरा करना।**
- **आय सृजन के लिए परिसंपत्तियां अर्जित करना।**

**क्षमता निर्माण तथा प्रशिक्षण**

लाभार्थियों के साथ-साथ सभी अन्य स्टैकहोल्डरों का एस.जी.एस.वाई. के महत्वपूर्ण पहलुओं में से एक है। एनआरएलएम के अंतर्गत यह प्रस्ताव है कि प्रत्येक लाभार्थी को क्षमता निर्माण प्रशिक्षण के लिए 5,000 रुपए के वर्तमान प्रावधान के बजाय 7,500 रुपए दिए जाएं।

**ग्रामीण स्वरोजगार प्रशिक्षण संस्थानों (आरएसईटीआई) की स्थापना**

स्वरोजगार तथा मजदूरी रोजगार के लिए कौशल विकास हेतु संस्थागत व्यवस्था सुनिश्चित करने के लिए ग्रामीण बीपीएल युवाओं के लिए समर्पित प्रशिक्षण संस्थानों की स्थापना की जा रही है जिसका उद्देश्य देश के प्रत्येक जिले में कम से कम एक संस्थान की स्थापना करना है।

**आवर्ती और कैपिटल सब्सिडी का प्रावधान**

लाभार्थियों की खपत जरूरतों की आपूर्ति तथा आमदनी जनक क्रियाकलाप

शुरू करने के लिए बढ़ी दरों पर आवर्ती निधि और कैपिटल सब्सिडी का प्रावधान किया जा रहा है। उदाहरण के लिए, एस.जी.एस.वाई. के अंतर्गत आवर्ती निधि की राशि को प्रति एसएचजी वर्तमान में 10,000 रुपए से बढ़ाकर 15,000 रुपए करने का प्रस्ताव किया गया है तथा सामान्य श्रेणी के वैयक्तिक स्वरोजगारियों को 15,000 रुपए तथा अनुसूचित जाति/अनुसूचित जनजाति और अपंग व्यक्तियों को 20,000 रुपए सब्सिडी देने का प्रस्ताव किया गया है। एसएचजी के लिए सब्सिडी प्रति व्यक्ति 20,000 रुपए, अधिकतम 2.50 लाख रुपए हो, जो भी कम हो। जबकि इसी तुलना में एसजीएसवाई के अंतर्गत एसएचजी के लिए प्रति व्यक्ति सब्सिडी 10,000 रुपए बशर्ते कि यह अधिकतम 1.25 लाख रुपए जो भी कम हो, का प्रावधान था।

ब्याज सब्सिडी शुरू करने का प्रस्ताव है जो सात प्रतिशत और तत्काल अदायगी के आधार पर बैंकों से लिए गए प्रत्येक ऋण के लिए गरीब परिवार को दिए जाने वाले ऋण की मुख्य दर के बीच अंतर के बराबर होगा। प्रति व्यक्ति ऋण की अधिकतम सीमा एक लाख रुपए होगी। उपरोक्त के अलावा एनआरएलएम के अंतर्गत विभिन्न चरणों में राष्ट्रीय से लेकर उप-जिला स्तर के सभी स्तरों पर पेशेवर सहायता उपलब्ध कराने का प्रस्ताव किया गया है।

**बाहरी तथा आंतरिक सहायता**

स्व-सहायता समूहों को बाहरी एवं आंतरिक सहायता के रूपों में सहायता दी जाएगी। बाहरी सहायता संरचना में राज्य, जिला तथा उप-जिला स्तर पर समर्पित पेशेवर संस्थान हैं। आंतरिक सहायता संरचना में ग्राम, ब्लॉक तथा जिला स्तर पर एसएचजी परिसंघ बनाए जाने का प्रावधान है। कुछ समय बाद जैसे-जैसे क्षमता का विकास होता जाएगा आंतरिक सहायता अधिकांश सहायक तथा पोषक कार्यों को अपने हाथ गें ले लेगी।

**विशेष परियोजनाएं**

इस समय विशेष परियोजनाओं के लिए एसजीएसवाई के अंतर्गत 15 प्रतिशत आवंटन का प्रावधान है। एनआरएलएम के अंतर्गत यह आबंटन का 20 प्रतिशत निर्धारित कर दिया गया है। इसे दो उपखंडों में विभाजित करने का प्रस्ताव है। इसमें से 15 प्रतिशत कौशल विकास परियोजनाओं से जुड़े नियोजन पर व्यय होगा तथा 5 प्रतिशत अभिनव परियोजनाओं पर व्यय होगा।

**आजीविका प्रणाली को सुधारने की व्यापक नीति**

मिशन में आर्थिक और गैर-आर्थिक दोनों आयामों को कवर करके गरीबों की आजीविका प्रणाली को सुधारने की व्यापक नीति तैयार की गई है।

ग्रामीण गरीबों की मुख्य आजीविकाएं हैं—मजदूरी, श्रम, कृषि, पशुधन तथा गैर-कृषि (कारीगर, सेवाएं, व्यापार, इत्यादि)। एनआरएलएम गरीबों को स्थायी आजीविका मुहैया कराने का काम करेगा तथा मुख्य आजीविकाओं की समूची लागत को बढ़ाने का प्रयास करेगा।

इस तरह के प्रयास का बढ़िया उदाहरण आंध्र प्रदेश का समुदाय प्रबंधित स्थायी कृषि कार्यक्रम है जोकि पांच वर्षों की अल्पावधि में एसएचजी कम लागत वाली कृषि के अंतर्गत 18 लाख एकड़ भूमि को लाने में सफल रहा है।

**कार्यक्रमों के साथ तालमेल**

आजीविका का दायरा व्यापक है क्योंकि इसमे शिक्षा, स्वास्थ्य, बीमा तथा अन्य पहलुओं को भी शामिल किया जाएगा। अन्य मंत्रालयों/विभागों के कार्यक्रमों के साथ तालमेल करके इस पर काम किया जाएगा। जीवन, स्वास्थ्य तथा परिसंपत्तियों की क्षति होने पर ग्रामीण गरीबी की सार्वभौमिक कवरेज को सुनिश्चित करने के प्रयास किए जाएंगे।

एनआरएलएम निम्नलिखित के साथ भागीदारी करेगाः

**क. नागरिक सामाज संगठन**

**ख. उद्योग**

**ग. शैक्षणिक संस्थान**

**घ. अन्य संसाधन**

**गरीबी उपशमन कार्य योजनाएं**

देश में गरीबी की स्थिति को देखते हुए राज्यों को उनके विकास, उनकी क्षमताएं तथा प्राथमिकताओं और राज्य में उपलब्ध संसाधनों के आधार पर अपनी गरीबी उपशमन कार्य योजनाएं बनाने में और अधिक लचीलापन लाने का प्रस्ताव किया गया है। राज्यों में कार्यान्वयन की गुणवत्ता को बनाए रखने तथा सुचारु रूप से कार्यक्रम को चलाने के लिए एनआरएलएम को अगले सात वर्षों में चरणबद्ध रूप से कार्यान्वित किया जाएगा। ग्रामीण विकास मंत्रालय की भूमिका दिशा-निर्देशों की रूपरेखा तैयार करने तथा कार्यक्रम के कार्यान्वयन के लिए राज्यों को उपयुक्त तकनीकी सहायता देने की होगी।

## 3. इंदिरा आवास योजना

### प्रस्तावना

आवास हमारी मूलभूत आवश्यकताओं में से एक है। यह हमारे जीवन की गुणवत्ता का निर्धारण करने के लिए महत्वपूर्ण है। अपना घर मिलने पर आवास रहित व्यक्तियों को एक अनिवार्य परिसंपत्ति एवं सुरक्षा मिल जाती है। जिसके कारण उसको शारीरिक एवं मानसिक शान्ति मिलती है। इसलिए ग्रामीण आवास की आवश्यकता को पूरा करना और विशेषकर सबसे अधिक गरीब के लिए आवास की कमी की समस्या को हल करना एक महत्वपूर्ण कार्य है जिसे सरकार के गरीबी उन्मूलन के प्रयासों के भाग के रूप में शुरू किया गया है। इंदिरा आवास योजना की निम्नलिखित विशेषताएं हैं:

**योजना का उद्देश्य**

इंदिरा आवास योजना का उद्देश्य मकानों के निर्माण के लिए गरीबी रेखा से नीचे रहने वाले गरीब परिवारों को वित्तीय सहायता मुहैया कराना है। यह योजना भारत निर्माण योजना का भी अंग है।

**इंदिरा आवास योजना के अंतर्गत सहायता की पात्रता**

अनुसूचित जातियां, अनुसूचित जनजातियां, गैर-अनुसूचित जनजातियां तथा गैर-अनुसूचित जनजातियों के बीपीएल ग्रामीण परिवार, युद्ध में मारे गए सेना और अर्धसैनिक बलों के सैनिकों के परिवार, शारीरिक एवं मानसिक रूप से अपंग व्यक्ति, मुक्त बंधुआ मजदूर तथा अल्पसंख्यक इस योजना के अंतर्गत सहायता प्राप्त के पात्र हैं।

**वित्तीय सहायता की राशि**

इंदिरा आवास योजना के अंतर्गत नए निर्माण आवास के लिए मैदानी क्षेत्रों के लिए, प्रति इकाई 45,000/- रुपए तथा पहाड़ी एवं दुर्गम क्षेत्रों के लिए 48,500/- रुपए वित्तीय सहायता दी जाती है। जीर्ण-शीर्ण कच्चे मकानों को पक्का/अर्धपक्का मकान बनाने के लिए 15,000/-रुपए की सहायता दी जाती है। ऋण सब्सिडी योजना के लिए सहायता प्रति इकाई 12,500/- रुपए है। उन्नयन या/तथा ऋण सह-सब्सिडी योजना के लिए इंदिरा आवास योजना के आबंटन के अधिकतम 20 प्रतिशत का उपयोग किया जा सकता है। इसके अलावा, इस योजना के लाभार्थी प्रतिवर्ष चार प्रतिशत ब्याज दर से किसी भी राष्ट्रीयकृत बैंक से ब्याज की विभेदक दर के अंतर्गत 20,000 रुपए तक का टॉप अप ऋण प्राप्त कर सकते हैं। योजना

के अंतर्गत ठेकेदारों को शामिल करने की मनाही है। मकान बनाने की जिम्मेदारी केवल लाभार्थी की ही है।

**विशेष राज्य/जिला/ग्राम पंचायतों में प्रतिवर्ष का आवंटन**

राज्य स्तरीय आबंटन के लिए आवास की कमी को 75 प्रतिशत तथा योजना आयोग द्वारा निर्धारित गरीबी अनुपात को 25 प्रतिशत तरजीह दी जाती है। जिला स्तरीय आबंटन के लिए आवास की कमी को पुनः 75 प्रतिशत तथा संबंधित जिले की अनुसूचित जाति/अनुसूचित जनजाति की आबादी को 25 प्रतिशत तरजीह दी जाती है।

किए गए आबंटन तथा निर्धारित लक्ष्यों के आधार पर जिला पंचायत/जिला ग्रामीण विकास एजेंसियां एक वित्तीय वर्ष के दौरान इस योजना के अंतर्गत पंचायत-वार बनाए/उन्नयन किए जाने वाले मकानों की संख्या निर्धारण करती हैं।

**लाभार्थी चयन की प्रक्रिया**

लाभार्थियों का चयन स्थायी इंदिरा आवास योजना प्रतीक्षा सूची, जहां पर ये बनाई गई हैं या बीपीएल सूची 2002 के आधार पर किया जाता है जिसमें वरीयता का निर्धारण गरीबी के आधार पर किया जाता है।

**इंदिरा आवास योजना के अंतर्गत कमजोर वर्गों, अल्पसंख्यकों तथा अपंग व्यक्तियों के लिए प्रावधान**

योजना का 60 प्रतिशत लाभ अनुसूचित जातियों तथा अनुसूचित जनजातियों के लिए है। इसके अलावा, ग्रामीण बीपीएल परिवारों में से शारीरिक एवं मानसिक रूप से अपंग व्यक्तियों के लिए तीन प्रतिशत मकान आरक्षित हैं। अल्पसंख्यकों को शामिल करने के लिए भी निधियां निर्धारित की जाती हैं।

**इंदिरा आवास योजना के अंतर्गत महिलाओं को लाभ**

आवासीय इकाइयों का आबंटन लाभार्थी परिवार की महिला सदस्य के नाम पर किया जाता है। वैकल्पिक तौर पर इसे पति और पत्नी दोनों के नाम से आबंटित किया जाता है। यदि किसी परिवार में महिला सदस्य नहीं है तो मकान पुरुष सदस्य के नाम पर आबंटित किया जाता है।

**निर्माण प्रौद्योगिकी या कच्ची सामग्री की खरीद की जानकारी**

जिला परिषद/जिला ग्रामीण विकास एजेंसियों को पर्यावरण के अनुकूल/अभिनव/आपदा-रोधी प्रौद्योगिकी के बारे में सूचना का प्रचार-प्रसार करना होता है।

**इंदिरा आवास योजना के तहत मकानों के निर्माण एवं बिजली का कनेक्शन**

इंदिरा आवास योजना में मुख्य रूप से 20 वर्गमीटर क्षेत्र में मकान बनाने की

सहायता दी जाती है। तथापि, इस योजना के लाभार्थियों को बिजली का कनेक्शन देने के लिए राजीव गांधी ग्रामीण विद्युत योजना के साथ समायोजित करने का प्रावधान है।

**स्वच्छता और धुआंरहित चूल्हा**

स्वच्छता और धुआंरहित चूल्हा आवास के लिए अनिवार्य है। इसलिए लाभार्थी आवास के निर्माण के हिस्से के रूप में स्वच्छ शौचालय तथा धुआंरहित चूल्हा बनाते हैं।

**इंदिरा आवास योजना के अंतर्गत मकानों के निर्माण के लिए भू-खण्ड प्राप्त करने में मदद**

इंदिरा आवास योजना के अंतर्गत ग्रामीण बीपीएल परिवारों को आवास भूमि उपलब्ध कराने का प्रावधान है। इस योजना के अंतर्गत ऐसे ग्रामीण बीपीएल परिवारों जिनके पास न तो भूमि और न ही आवास स्थल है, को 100-250 वर्गमीटर का आवास स्थल उपलब्ध कराया जाता है। इस प्रयोजनार्थ जिला ग्रामीण विकास एजेंसियों को प्रति लाभार्थी 10,000 रुपए दिए जाते हैं जिसे केंद्र और राज्यों के बीच 50:50 में वहन किया जाता है।

**इंदिरा आवास योजना के बारे में जानकारी सूत्र**

ग्रामीण विकास मंत्रालय, राज्य सरकार तथा जिला ग्रामीण विकास एजेंसियों/ग्राम पंचायत से जानकारी प्राप्त की जा सकती है। ग्रामीण विकास मंत्रालय की वेबसाइट www.rural.nic.in पर जानकारी उपलब्ध है।

## 4. प्रधानमंत्री ग्राम सड़क योजना

**प्रस्तावना**

प्रधानमंत्री ग्राम सड़क योजना (पी.एम.जी.एस.वाई.) के अंतर्गत बारहमासी सड़कों का निर्माण करके लक्षित बसावटों को सड़क संपर्क से जोड़ा जाता है। यह कार्यक्रम गरीबी उन्मूलन कार्य-नीति के हिस्से के रूप में एक विशेष केंद्रीय पहल है। यद्यपि, ग्रामीण सड़कें राज्य का विषय हैं, तथापि, भारत सरकार नई सड़क बनाने तथा ग्रामीण सड़कों के उन्नयन के लिए शत-प्रतिशत वित्तीय सहायता देती है।

**पी.एम.जी.एस.वाई. का उद्देश्य**

पी.एम.जी.एस.वाई. का उद्देश्य अच्छी बारहमासी सड़कों के माध्यम से ग्रामीण क्षेत्रों में सड़क से न जुड़ी बसावटों को सड़क संपर्क मुहैया कराना है। 1000 तथा इससे अधिक आबादी वाली बसावटें प्रथम चरण के लिए तथा 500-1000 आबादी

वाली बसावटें द्वितीय चरण के लिए पात्र होंगी। पर्वतीय राज्यों, जनजातीय क्षेत्रों में मरुभूमि विकास कार्यक्रम में निर्धारित मरुभूमि क्षेत्रों के मामले में इसका उद्देश्य 250 तथा इससे अधिक आबादी वाली बसावटों को सड़क से जोड़ना है।

**भारत निर्माण का अर्थ**

सरकार ने ग्रामीण भारत कार्यक्रम के पुनर्निर्माण के लिए एक प्रमुख योजना शुरू की है जिसे भारत निर्माण कहा जाता है। यह सिंचाई, सड़क, आवास, जलापूर्ति, विद्युतीकरण तथा दूरसंचार संपर्क के क्षेत्रों में ग्रामीण आधारभूत सुविधा सृजित करने की एक समयबद्ध कार्य योजना है।

भारत निर्माण के ग्रामीण सड़क घटक के अंतर्गत निर्धारित लक्ष्यों को प्रधानमंत्री ग्राम सड़क योजना के अंतर्गत नई सड़कों के निर्माण तथा ग्रामीण सड़कों को उन्नयन के माध्यम से हासिल किया जा रहा है।

**कार्यक्रम का कवरेज**

पी.एम.जी.एस.वाई. के अंतर्गत बारहमासी सड़कों के माध्यम से सड़क से न जुड़ी बसावटों को सड़क संपर्क मुहैया कराना है। इस कार्यक्रम की इकाई बसावट है न कि राजस्व ग्राम अथवा पंचायत। बसावट आबादी का एक ऐसा समूह है जो किसी ऐसे क्षेत्र में रहता है, जिसकी स्थिति काफी दिनों तक नहीं बदलती है। देशम, धानी, टोला, माजरा, बस्ती, इत्यादि का आमतौर पर प्रयोग बसावट को परिभाषित करने के लिए किया जाता है।

पर्वतीय क्षेत्रों के मामले में मार्ग से 1.5 कि.मी. की परिधि के भीतर (अंतर्राष्ट्रीय सीमा से जुड़े ब्लॉकों के मामले में मार्ग से 10 कि.मी. दूर) की बसावटों की आबादी को पात्रता के लिए आबादी का आकार निर्धारित करने के उद्देश्य से एक साथ जोड़ा जा सकता है।

**कवरेज के लिए बसावटों की चयन प्रक्रिया**

सड़क से न जुड़ी बसावटों की सूची प्राथमिकता (आमतौर पर अधिक आबादी वाली बसावट को पहले कवर किया जाएगा) के अनुसार तैयार की जाती है तथा यह राज्य को उपलब्ध कराई जाने वाली निधियों पर निर्भर करता है, पी.एम.जी. एस.वाई. के अंतर्गत शुरू किए जाने वाले सड़क कार्यों की सूची को एक परामर्श प्रक्रिया के माध्यम से जिला पंचायत द्वारा प्रत्येक वर्ष अंतिम रूप दिया जाता है। जिसमें निचले स्तर की पंचायती राज संस्थाओं तथा निर्वाचित प्रतिनिधियों को शामिल किया जाता है।

**संरेखण का चयन**

संरेखण का चयन स्थानीय ग्रामीणों तथा कर्मचारियों की मदद से किया जाता है। सड़क के संरेखण को अंतिम रूप देने के लिए स्थानीय अधिकारियों के साथ-साथ पंचायत प्रधान/वार्ड पंच, स्थानीय राजस्व तथा वन अधिकारियों द्वारा ट्रांजेक्ट वॉक किया जाता है। स्थानीय लोगों के साथ-साथ प्रस्तावित संरेखण से प्रभावित होने वाले लोगों को भी इस प्रयोजनार्थ अपना विचार सामने रखने का मौका दिया जाता है।

**अच्छी बारहमासी सड़क संपर्क का अर्थ**

अच्छी बारहमासी सड़क ऐसी सड़क है जिस पर वर्ष के सभी मौसमों में आवाजाही बनी रहती है।

**अपशिष्ट निकासी की समस्या का प्रावधान**

निर्मित आवासीय क्षेत्रों से होकर गुजरने वाली सड़कों में घरों से निकलने वाले अपशिष्ट जल से क्षति होने की संभावना होती है। कार्यक्रम दिशा-निर्देशों में सीमेंट-कंक्रीट अथवा सीमेंट/पत्थर की टुकड़ियों से खड़ंजा बनाने के साथ-साथ जमीन की स्थिति के अनुसार सड़क के किनारे ढकी अथवा खुली पक्की नाली बनाने की व्यवस्था है। जहां उपयुक्त हो, नदी पथ पर पुल के साथ-साथ पर्याप्त संख्या में आर-पार निकासी व्यवस्था की जाती है।

**नदियों/झरनों पर पुल बनाने के संबंध में प्रावधान**

सड़क के किनारे से होकर गुज़रने वाली नदियों/झरनों पर इस कार्यक्रम के अंतर्गत छोटे पुल बनाए जाते हैं। यदि आरपार निकासी कार्य की चौड़ाई 50 मीटर से अधिक होती है तो 50 मीटर के बाद की चौड़ाई की लागत राज्य सरकार द्वारा मुहैया कराया जाना होता है।

**पी.एम.जी.एस.वाई. के अंतर्गत भूमि अधिग्रहण के बदले मुआवजा का प्रावधान**

ग्रामीण सड़कें राज्य का विषय हैं तथा कार्यक्रम के अंतर्गत सड़कों के निर्माण के लिए भूमि उपलब्ध कराना राज्य सरकार/जिला पंचायत की जिम्मेदारी है। सामूहिक लाभ के मद्देनज़र आमतौर पर पी.एम.जी.एस.वाई. के अंतर्गत सड़कों के निर्माण के लिए भूमि स्वैच्छिक दान के माध्यम से ग्रामीणों/पंचायत द्वारा निःशुल्क उपलब्ध कराई जाती है। तथापि, बहुत कम मामलों में यदि पी.एम.जी.एस.वाई. के अंतर्गत सड़कों के निर्माण के लिए भूमि अधिगृहित की जाती है तो उसका मुआवजा राज्य सरकार द्वारा दिया जाना होता है।

**सड़कों के निर्माण के लिए निष्पादनकर्ताओं की चयन प्रक्रिया**

सड़कों के निर्माण के लिए निष्पादनकर्ताओं का चयन खुली प्रतिस्पर्धी बोली

के माध्यम से किया जाता है जिसके लिए निविदा हेतु निर्धारित प्रक्रिया का राज्य सरकार द्वारा अनुपालन किया जाता है। प्रावधानों के अनुसार, ऐसा बोलीदाता जिसके पास निर्धारित योग्यताएं तथा कार्य निष्पादित करने की क्षमता हो, बोली की प्रक्रिया में हिस्सा ले सकता है।

**सड़क बनाने के पश्चात पाई खामी और उसका निदान**

ठेका के प्रावधानों के अनुसार, यदि सड़क बनने के बाद पांच वर्ष तक कोई खामी मिलती है तो ठेकेदार उस खामी के लिए उत्तरदायी होगा। खामियों के लिए उत्तरदायी बनाने के उद्देश्य से ठेकेदार के बिलों से पर्याप्त मात्रा में सुरक्षा निधि काटी जाती है। उपर्युक्त अवधि में होने वाली खामियों को ठेकेदार को ठीक करना होता है तथा यदि खामियां ठीक नहीं की जाती हैं तो योजना लागू करने वाली इकाई (पीआईयू) को उस खामी को ठीक करना होता है तथा ठेकेदार की जमा सुरक्षा निधि से लागत की भरपाई करनी होती है।

यदि ठेकेदार कार्य निष्पादन में विलम्ब करता है तो वह प्रति सप्ताह एक प्रतिशत की दर से परिनिर्धारित होने वाले नुकसान का भुगतान करेगा जोकि कार्य के मूल्य का अधिकतम 10 प्रतिशत होगा।

**कार्य की गुणवत्ता की जांच और निगरानी का प्रावधान**

प्रत्येक ठेकेदार को सड़क कार्यों के प्रत्येक पैकेज में क्षेत्र प्रयोगशाला बनाना होता है जिसमें उसे निष्पादन एजेंसियों के निरीक्षण में सामग्री तथा कार्य कौशल की गुणवत्ता की जांच करना होता है। निष्पादन एजेंसियों के विभागीय अधिकारियों द्वारा गुणवत्ता जांच किए जाने के अलावा राज्य सरकार को सड़क कार्यों की गुणवत्ता की निगरानी करने के लिए स्वतंत्र निगरानीकर्ताओं को तैनात करना होता है। कार्यों की गुणवत्ता की निगरानी करने के लिए केंद्र सरकार स्वतंत्र राष्ट्रीय गुणवत्ता निगरानीकर्ताओं को तैनात करती है।

**परियोजना स्थलों पर परियोजना से संबंधित जानकारी प्रदर्शित करने का प्रावधान**

प्रत्येक कार्य के संबंध में स्थानीय भाषा में नागरिक सूचना बोर्ड लगाया जाता है जिसमें कार्य से संबंधित निम्नलिखित विस्तृत जानकारी होती है:

- कार्य के प्रत्येक स्तर का विवरण
- कार्य में लगाई गई सामग्री की गुणवत्ता का विवरण
- सड़क कैसे बनाई जाएगी का विवरण

प्रत्येक कार्यस्थल पर सामान्य सूचना बोर्ड भी लगाया जाता है, जिसमें निष्पादन एजेंसी, ठेकेदार, कार्य की अनुमानित लागत तथा कार्य पूरा होने की समयावधि से संबंधित जानकारी होती है।

**शिकायत का प्रावधान**

कोई भी नागरिक पीआईयू के प्रमुख के पास कोई भी शिकायत दर्ज करा सकता है, पीआईयू का पता प्रत्येक कार्यस्थल पर लगाए गए सूचना बोर्ड में उपलब्ध रहता है। नागरिक अपनी शिकायत संबंधित राज्य के राज्य ग्रामीण सड़क विकास एजेंसी के राज्य गुणवत्ता समन्वयक के पास भी दर्ज करा सकते हैं। नागरिक अपनी शिकायत निदेशक, राष्ट्रीय ग्रामीण सड़क एजेंसी, ग्रामीण विकास मंत्रालय, भारत सरकार के पास भी उनके निम्न पते दर्ज करा सकते हैं: **पांचवां तल, 15-एनबीसीसी टॉवर, भीकाजी कामा प्लेस, नई दिल्ली-110066।**

टेलीफोन नं. 011-26716930 तथा ई-मेल nrrda@nic.in साइट के माध्यम से उपलब्ध वेब आधारित ऑनलाइन प्रबंधन, निगरानी तथा लेखाकरण प्रणाली में इसके मीनूबार में 'फीडबैक' माडयूल है। इस माडयूल के माध्यम से कोई भी नागरिक कार्यक्रम के बारे में शिकायत दर्ज करा सकता है।

**कार्यक्रम के कार्यान्वयन की गुणवत्ता की जांच करने में जन-प्रतिनिधियों की भूमिका**

पूर्ण पारदर्शिता रखने तथा जन-प्रतिनिधियों की अति सक्रिय भूमिका सुनिश्चित करने के उद्देश्य से राज्यों को निम्नलिखित तरीके से स्थानीय जन-प्रतिनिधियों के साथ मिलकर सड़क कार्यों की समयबद्ध जांच करवाने की सलाह दी गई है:

- अधीक्षक अभियंता, माननीय संसद सदस्य तथा जिला प्रमुख से छः महीने में एक बार संबंधित क्षेत्रों में सड़क कार्यों का चयन करने का अनुरोध तथा संयुक्त जांच/दौरा आयोजित किया जाएगा।
- कार्यकारी अभियंता, माननीय विधायक तथा मध्यवर्ती पंचायत अध्यक्ष से 3 महीने में संबंधित क्षेत्रों में सड़क कार्यों का चयन करने का अनुरोध करेगा तथा संयुक्त जांच/दौरा आयोजित किया जाएगा।
- सहायक अभियंता सरपंच से 2 महीने में एक बार संबंधित क्षेत्रों में सड़क कार्यों का चयन करने का अनुरोध करेगा तथा संयुक्त जांच/दौरा आयोजित किया जाएगा।

**कार्यक्रम की वेबसाइट**

कार्यक्रम के बारे में जानकारी तथा प्रत्येक कार्य का विस्तृत ब्यौरा कार्यक्रम की वेबसाइट www.pmgsy.nic.in पर उपलब्ध है। कार्यक्रम के तहत प्रभावी प्रबंधन तथा निगरानी करने के लिए ऑनलाइन निगरानी तथा प्रबंधन प्रणाली का उपयोग किया जा रहा है। अपेक्षित आंकड़े इस वेब आधारित पैकेज के तहत क्षेत्रीय स्टाफ तथा राज्य इकाइयों द्वारा डाले जाते हैं।

**सड़कों के रखरखाव का प्रावधान**

निर्माण निविदा के साथ-साथ कार्य के पूरा होने के बाद 5 वर्ष की अवधि के लिए सड़क कार्यों का नियमित रखरखाव भी उसमें शामिल किया जाता है। कार्यक्रम दिशा-निर्देशों में सड़क कार्यों को पंचायती राज संस्थाओं को हस्तांतरित करने की व्यवस्था है।

## 5. राष्ट्रीय सामाजिक सहायता कार्यक्रम

**प्रस्तावना**

भारतीय संविधान के अनुच्छेद 41 में राज्यों को बेरोजगारी, वृद्धावस्था, बीमारी तथा अपंगता के मामले में तथा अपनी-अपनी आर्थिक क्षमता और विकास के दायरे में अवांछित कमी के अन्य मामलों में अपने नागरिकों को जन-सहायता उपलब्ध कराने का निर्देश दिया गया है। इन सिद्धांतों को ध्यान में रखकर भारत सरकार ने राष्ट्रीय सामाजिक सहायता कार्यक्रम लागू किया गया था। इस कार्यक्रम की निम्न विशेषताएं हैं:

**राष्ट्रीय सामजिक सहायता कार्यक्रम में शामिल योजनाएं**

राष्ट्रीय सामाजिक सहायता कार्यक्रम 15 अगस्त, 1995 से लागू किया गया था। इस कार्यक्रम में पांच योजनाएं शामिल हैं जिनके नाम इस प्रकार हैं:

1. इंदिरा गांधी राष्ट्रीय वृद्धावस्था पेंशन योजना, 2. इंदिरा गांधी राष्ट्रीय विधवा पेंशन योजना, 3. इंदिरा गांधी राष्ट्रीय विकलांगता पेंशन योजना, 4. राष्ट्रीय परिवार लाभ योजना, और 5. अन्नपूर्णा योजना।

**1. वृद्धावस्था पेंशन के लिए पात्रता**

इस योजना के तहत:

(*i*) आवेदक (पुरुष अथवा महिला) की आयु 60 वर्ष अथवा उससे अधिक होनी चाहिए।

(*ii*) आवेदक गरीबी रेखा से नीचे रहने वाले परिवार से हो।

**2. विधवा पेंशन के लिए पात्रता**

इस योजना के तहतः

(*i*) आवेदक (विधवा) 40 से 60 वर्ष आयु वर्ग की हो।

(*ii*) आवेदक गरीबी रेखा से नीचे रहने वाले परिवार से हो।

**3. विकलांगता पेंशन के लिए पात्रता**

इस योजना के तहतः

(*i*)

- आवेदक (पुरुष अथवा महिला) 18 से 64 वर्ष आयु वर्ग का हो।
- आवेदक गंभीर अथवा विविध विकलांगता से ग्रसित हो।
- आवेदक गरीबी रेखा से नीचे रहने वाले परिवार से हो।

(*ii*) गंभीर अथवा विविध विकलांगता को परिभाषित करने के लिए निम्न बातों पर विचार वांछित हैः

- विकलांगता अधिनियम, 1995 के अनुसार 'विकलांगता' से तात्पर्य है (*i*) अंधापन, (*ii*) अल्प दृष्टि, (*iii*) कुष्ठ रोग से मुक्त, (*iv*) बधिर, (*v*) पंगुता, (*vi*) मानसिक विक्षिप्तता, तथा (*vii*) मानसिक रोगग्रस्तता।
- विकलांग व्यक्तियों से तात्पर्य है चिकित्सा प्राधिकारी द्वारा प्रमाणित किए गए अनुसार किसी विकलांगता से कम से कम 40 प्रतिशत ग्रसित व्यक्ति।
- गंभीर विकलांगता वाले व्यक्ति से तात्पर्य है एक अथवा अधिक विकलांगता से 80 प्रतिशत ग्रसित व्यक्ति।
- विविध विकलांगता से तात्पर्य है दो अथवा अधिक विकलांगता।

**योजना के अंतर्गत पेंशन की राशि का प्रावधान**

प्रत्येक योजना के लिए केंद्रीय अंशदान प्रति लाभार्थी प्रति माह 200 रुपए है तथा राज्य सरकारें इस राशि के अतिरिक्त और अंशदान कर सकती हैं। इस समय वृद्धावस्था पेंशन के लाभार्थियों को राज्य अंशदान के आधार पर प्रति माह 200 रुपए से 1000 रुपए के बीच पेंशन मिल रही है।

**कार्यक्रम कार्यान्वयन प्राधिकरण**

इस कार्यक्रम को वर्ष 2002-03 से राज्य योजना को अंतरित कर दिया गया था। लाभार्थियों का निर्धारण, पेंशन की स्वीकृति तथा वितरण का काम संबंधित राज्य सरकार द्वारा किया जाता है। ग्रामीण विकास मंत्रालय की सिफारिश पर वित्त मंत्रालय द्वारा अतिरिक्त केंद्रीय सहायता के रूप में राज्यों को निधियां दी जाती हैं।

इन योजनाओं को सामान्य तौर पर राज्यों में सामाजिक कल्याण विभागों द्वारा कार्यान्वित किया जाता है। तथापि, कुछ राज्यों में ग्रामीण विकास विभाग अथवा महिला एवं बाल विकास विभाग भी इन योजनाओं को संचालित कर रहे हैं।

**पेंशन के वितरण की प्रक्रिया**

भारत सरकार के निर्णय के अनुसार पेंशन, जहां व्यवहार्य हो लाभार्थी के बैंक/डाकघर खाते में जमा की जानी होती है। इस समय राज्य, बैंक खाता/डाकघर बचत खाता के माध्यम से अथवा ग्राम सभा में नकद राशि देकर अथवा मनीआर्डर के माध्यम से पेंशन वितरित कर रहे हैं।

जहां तक संभव हो, पेंशन का वितरण मासिक आधार पर किया जाना होता है। तथापि, कुछ राज्य अग्रिम रूप से तिमाही अथवा अर्धवार्षिक आधार पर पेंशन वितरित कर रहे हैं।

पेंशन प्राप्तकर्ता की मृत्यु हो जाने पर पेंशन बंद कर दी जाती है तथा किसी नामिती को पेंशन नहीं दी जाती है।

उपलब्ध मानदंडों के आधार पर पात्र सभी व्यक्ति पेंशन प्राप्त कर सकते हैं। अगर एक परिवार के एक से अधिक पात्र हैं तो सभी हकदार हैं।

**4. राष्ट्रीय परिवार लाभ योजना का अर्थ**

राष्ट्रीय परिवार लाभ योजना राष्ट्रीय सामाजिक सहायता कार्यक्रम का एक घटक है। राष्ट्रीय परिवार लाभ योजना के तहत, गरीबी रेखा से नीचे के परिवारों के मुख्य जीविकोपार्जक की मृत्यु हो जाने पर एक-मुश्त परिवार लाभ के रूप में शोक संतप्त परिवार को 10,000 रुपए की केंद्रीय सहायता दी जाती है।

निम्न शर्तों पर सहायता उपलब्ध है:

- मुख्य जीविकोपार्जक वह सदस्य होगा जिसकी कमाई का सर्वाधिक हिस्सा परिवार की आय में जाता है।
- उस मुख्य जीविकोपार्जक की 18 वर्ष से अधिक तथा 65 वर्ष से कम आयु में मृत्यु हो जाने पर।

**5. अन्नपूर्णा योजना का अर्थ**

अन्नपूर्णा योजना का उद्देश्य उन वरिष्ठ नागरिकों की आवश्यकताओं को पूरा करने के लिए खाद्य सुरक्षा मुहैया कराना है, जो पात्र होते हुए भी वृद्धावस्था पेंशन योजना के तहत कवर नहीं किए गए हैं। अन्नपूर्णा योजना के तहत लाभार्थी को प्रति माह 10 कि.ग्रा. खाद्यान्न मुफ्त दिए जाते हैं।

**योजना का लाभ एवं बीपीएल सूची 2002**

बी.पी.एल. सूची में दर्ज व्यक्ति ही पेंशन के लिए पात्र हैं। इसलिए बी.पी.एल. सूची 2002 में अपना नाम शामिल करवाने के लिए उपयुक्त प्राधिकारी के पास अपील कर सकता है तथा उसके बाद वह पेंशन के लिए आवेदन कर सकता है।

**कार्यक्रम का संपर्क सूत्र**

इन योजनाओं से संबंधित किसी शिकायत के निवारण के लिए राज्य में इस कार्यक्रम का काम देखने वाले नोडल सचिव अथवा संबंधित जिला/ब्लॉक स्तरीय कल्याण अधिकारी से संपर्क किया जा सकता है।

## 6. समेकित वाटरशेड प्रबंधन कार्यक्रम

**प्रस्तावना**

भूमि मानवीय विकास के लिए बहुत महत्वपूर्ण प्राकृतिक संसाधन है क्योंकि सभी कार्यकलाप इसी पर आधारित है। जनसंख्या में सतत् बढ़ोत्तरी के कारण प्रति व्यक्ति भूमि की उपलब्धता में कमी आई है। वर्ष 1951 में भूमि की प्रति व्यक्ति उपलब्धता जो 0.89 हेक्टेयर थी वह 1991 में घटकर 0.37 हेक्टेयर रह गई है। दूसरी ओर, कृषि योग्य प्रति व्यक्ति भूमि जो 1951 में 0.48 हेक्टेयर थी वह वर्ष 1991 में घटकर 0.16 हेक्टेयर रह गयी है। इसलिए उपलब्ध भूमि संसाधनों की पूरी क्षमता व प्रयोग में लाने तथा इसे और अवक्रमित होने से रोकने के लिए वर्षा सिंचित/अवक्रमित क्षेत्र को विकसित करना अत्यंत महत्वपूर्ण है। इसलिए ग्रामीण विकास मंत्रालय ने वाटरशेड कार्यक्रमों के जरिए वर्षासिंचित क्षेत्रों के समग्र एवं सतत् विकास को उच्च प्राथमिकता दी है। इसी को ध्यान में रखकर तीन वाटरशेड कार्यक्रमों नामतः डी.पी.ए.पी., डी.डी.पी एवं आई.डब्ल्यू.डी.पी. को व्यापक कार्यक्रम नामतः समेकित वाटरशेड प्रबंधन कार्यक्रम के रूप में समेकित किया गया है। इस योजना की मुख्य विशेषताएं निम्नलिखित हैं:

**वाटरशेड व वाटरशेड परियोजना के मूल तत्व**

वाटरशेड एक भू-जलीय इकाई या क्षेत्र है जहां पर एक ही स्थान से जल की निकासी होती है। निकासी के आसपास इकाई क्षेत्र लगभग 1000-5000 हेक्टेयर होती है, जहां 5 वर्षों की अवधि में कार्यान्वयन किया जाता है।

**समेकित वाटरशेड प्रबंधन कार्यक्रम (आईडब्ल्यूएमपी) का अर्थ और उद्देश्य**

इस योजना के अंतर्गत लोगों की भागीदारी के जरिए वर्षासिंचित/अवक्रमित

क्षेत्रों के विकास कार्य सुनिश्चित किए जाते हैं। यह समेकन संसाधनों के इष्टतम उपयोग, सतत् परिणामों और एकीकृत आयोजना के लिए है। योजना के निम्न उद्देश्य हैं:

(*i*) मृदा, वनस्पति आच्छादान और जल जैसे अवक्रमित प्राकृतिक संसाधनों का दोहन, संरक्षण और विकास।

(*ii*) पारिस्थितिकीय संतुलन को बहाल करना।

(*iii*) मृदा बहाव को रोकना।

(*iv*) प्राकृतिक वनस्पति का पुनरुद्धार।

(*v*) वर्षा जल संचयन और भू-जल स्तर की पुनः भराई।

(*vi*) बहु-फसली और विविध कृषि-आधारित कार्यकलापों की शुरुआत।

(*vii*) सतत् आजीविका को बढ़ावा।

**योजना की मुख्य विशेषताएं**

(*i*) **जीविका अभिमुखीकरणः** जीविका संदर्श, पशुधन प्रबंधन को एक केंद्रीय कार्यकलाप के रूप में समेकित करना तथा डेरी उद्योग और दुग्ध उत्पादों के विपणन को प्रोत्साहित करना है।

(*ii*) **सामूहिक पद्धतिः** लघु-वाटरशेडों के समूह को शामिल करते हुए परियोजना का औसत आकार कुशल प्रबंधन, आयोजना और कृषि उत्पादन तथा बाजार संपर्कों पर पड़ने वाले प्रत्यक्ष प्रभाव के कारण बढ़ावा दिया गया है।

(*iii*) **वैज्ञानिक आयोजनाः** वाटरशेड कार्यक्रमों के संबंध में राज्य, जिला और गांव स्तरों पर जी.आई.एस. आधारित आंकड़ों का प्रयोग किया जा रहा है। दूर संवेदी विशिष्टियों के उपयोग से विस्तृत परियोजना आयोजना, विस्तृत परियोजना रिपोर्ट (डी.पी.आर.) तैयार करने और निगरानी में सहायता मिलेगी।

(*iv*) **संस्थागत ढांचाः** राष्ट्रीय, राज्य, जिला परियोजना और गांव स्तर पर बहु-विधा विशेषज्ञों के साथ समर्पित संरचनाएं गठित की गई हैं।

(*v*) **क्षमता निर्माणः** नेतृत्व विकास, महिला सशक्तिकरण, जीविका कार्यकलापों और प्राकृतिक संसाधन प्रबंधन के लिए ग्रामीणों को क्षमता निर्माण और प्रशिक्षण प्रदान किये जाने का प्रावधान है।

(*vi*) **नई परियोजनाओं का चयनः** योजना के अंतर्गत नई परियोजनाओं का चयन करते समय राज्य द्वारा निम्नलिखित मानदंड अपनाए जा रहे हैं:

गरीबी सूचकांक (जनसंख्या की तुलना में गरीबों की प्रतिशतता), अनुसूचित जातियों/अनुसूचित जनजातियों की प्रतिशत वास्तविक मजदूरी, छोटे और सीमांत किसानों की प्रतिशतता, भू-जल स्थिति, नमी सूचकांक/डीपीएपी/डीडीपी ब्लॉक, वर्षासिंचित कृषि के अंतर्गत क्षेत्र, पेयजल की कमी की तीक्ष्णता, अवक्रमित भूमि, भूमि की उत्पादन क्षमता, पहले से विकसित किसी अन्य वाटरशेड के साथ निकटता और मैदानी क्षेत्रों में कलस्टर दृष्टिकोण (परियोजना में एक से अधिक सटे हुए माइक्रो-वाटरशेड)।

(*vii*) **परियोजना अवधि**

परियोजना की अवधि को लचीला रखा गया है। सामान्यतः चार से सात वर्ष के बीच हो सकती है।

**वाटरशेड परियोजनाओं के अंतर्गत मुख्य कार्यकलाप**

(*i*) टैरसिंग, बांध बनाने, ट्रैचिंग, वनस्पतिक अवरोधों आदि जैसे मृदा और नमी संरक्षण का उपाय करना।

(*ii*) बहु-प्रयोजनार्थ वृक्षों, झाड़ियों, घास, लेग्यूमसक पौधरोपण और बीजरोपण तथा चरागाह भूमि का विकास।

(*iii*) प्राकृतिक पुनरुद्धार को बढ़ावा देना।

(*iv*) कृषि-वानिकी और बागवानी को बढ़ावा देना।

(*v*) लकड़ी का विकल्प और ईंधन—लकड़ी संरक्षण उपाय।

(*vi*) प्रोद्यौगिकी के प्रचार-प्रसार के लिए आवश्यक उपाय।

(*vii*) प्रशिक्षण, विस्तार तथा प्रतिभागियों के बीच अधिकाधिक जागरुकता सृजन।

(*viii*) जन भागीदारी को प्रोत्साहित करना।

(*ix*) संपत्तिहीन व्यक्तियों के लिए जीविका कार्यकलाप।

(*x*) उत्पादन प्रणाली और लघु-उद्यम।

**परियोजना के लिए उपलब्ध राशियों का प्रावधान**

इस परियोजना के अंतर्गत, मैदानी क्षेत्रों में 12,000/-रुपए प्रति हेक्टेयर और पहाड़ी तथा दुर्गम क्षेत्रों में 15,000/- रुपए प्रति हेक्टेयर की इकाई लागत मुहैया कराई जाती है। इस प्रकार, 600 लाख रुपए के बजट के साथ 5000 हेक्टेयर की वाटरशेड परियोजना मुहैया कराई जाती है। परियोजना अवधि के दौरान निधियां 20 प्रतिशत, 50 प्रतिशत और 30 प्रतिशत की तीन किस्तों में मुहैया कराई जाती हैं।

**वाटरशेड परियोजना को शुरू करने की तारीख**

निधियों का एक राष्ट्रीयकृत बैंक में खोले गए संयुक्त खाते के जरिए संचालित किया जाता है। इस खाते को वाटरशेड परियोजना खाता कहा जाता है और इसे वाटरशेड सचिव और वाटरशेड समिति की ओर से वाटरशेड विकास दल (डब्ल्यू.डी.टी.) द्वारा नामित संयुक्त रूप से संचालित किया जाता है।

**वाटरशेड परियोजनाएं स्वीकृत प्रक्रिया**

आईडब्ल्यूएमपी के अंतर्गत वाटरशेड विकास हेतु लिया जाने वाला परियोजना क्षेत्र, जिला संदर्श योजना का एक हिस्सा होना चाहिए। राज्य संदर्श और कार्यनीतिक योजना (एसपीएसपी), जो 11वीं योजना से 14वीं योजना के अंत तक की अवधि को शामिल करते हुए 18 वर्षों के लिए तैयार की जाती है। तैयार करने के लिए सभी जिलों की जिला संदर्श योजना को राज्य स्तर पर राज्य स्तर नोडल एजेंसी द्वारा संकलित किया जाता है। इस तरह की योजना में आईडब्लूएमपी के अंतर्गत वाटरशेड विकास परियोजनाएं शुरू करते हुए राज्य के सभी वर्षासिंचित/अवक्रमित क्षेत्रों को संतृप्त करने की परिकल्पना की गई है।

नोडल एजेंसी की बैठक में, क्षेत्र में शुरू की जाने वाली परियोजनाओं की प्रारंभिक परियोजना रिपोर्टों (पीपीआर) के बारे में चर्चा की जाती है और उन्हें अनुमोदित किया जाता है। तत्पश्चात् अनुमोदित प्रारंभिक परियोजना रिपोर्टों को इस योजना से संबद्ध संचालन समिति के समक्ष मूल्यांकन एवं स्वीकृति हेतु प्रस्तुत किया जाता है। संचालन समिति की स्वीकृति के उपरांत, नोडल एजेंसी द्वारा परियोजनाएं स्वीकृत की जाती हैं।

**वाटरशेड विकास निधि का अर्थ, प्रस्तावना और उसे जुटाना**

वाटरशेड विकास निधि, परियोजना अवधि के पूरा होने के उपरांत सामुदायिक भूमि पर सृजित परिसंपत्तियों के रखरखाव अथवा सार्वजनिक उपयोग के लिए होती है। वैयक्तिक लाभ हेतु शुरू किए गए सहकार्य, इस निधि के अंतर्गत मरम्मत/रखरखाव के लिए पात्र नहीं हैं।

जिन लाभार्थियों की भूमि पर कार्यों को निष्पादित किया जाता है, उनके अंश के जरिए ये निधियां जुटाई जाती हैं। यह अंशदान प्राकृतिक संसाधन प्रावधान (एनआरएम) कार्यों की लागत का कम से कम 10 प्रतिशत होगा। अनुसूचित जातियों/अनुसूचित जनजातियों तथा बीपीएल समूहों के मामले में न्यूनतम अंशदान एनआरएम कार्यों का पांच प्रतिशत होगा। यह अंशदान नकद अथवा वस्तु रूप में

किया जा सकता है। तथापि, निजी भूमि पर जलीय कृषि, बागवानी, कृषि वानिकी, पशुपालन, आदि जैसे अन्य लागत आधारित कृषि पद्धति कार्यकलापों, जिनमें वैयक्तिक किसानों को सीधे-सीधे लाभ पहुंचाता है, के लिए किसानों का अंशदान सामान्य श्रेणी के लिए 40 प्रतिशत और अनुसूचित जाति एवं अनुसूचित जनजाति के लाभार्थियों तथा कार्यकलापों की शेष लागत का 20 प्रतिशत होगा।

**स्व-सहायता समूह और आईडब्ल्यूएमपी**

गरीबों, छोटे तथा सीमांत किसानों के परिवारों, भूमिहीन सम्पत्तिविहीन कृषि श्रमिकों, महिलाओं, गड़ेरियों और अनुसूचित जाति/अनुसूचित जनजाति के लोगों में से वाटरशेड विकास दल की सहायता से वाटरशेड समिति स्व-सहायता समूहों का गठन करती है। ये समूह एक ही वर्ग के होने चाहिए और इनकी पहचान एवं इनका हित एक ही होना चाहिए, जो अपनी जीविका के लिए वाटरशेड क्षेत्र पर निर्भर होते हैं। प्रत्येक स्व-सहायता समूह को परिक्रमी निधि उपलब्ध कराई जाएगी, जिसकी राशि के संबंध में निर्णय भूमि संसाधन विभाग द्वारा किया जाएगा।

**वाटरशेड से संभावित लाभ**

वाटरशेड परियोजना से क्षेत्र की भूमि, वनस्पति और जल संसाधनों के विकास एवं संरक्षण की संभावना बनती है। इसके अंतर्गत आय सृजन संबंधी कार्यकलाप शुरू करके संपत्तिहीन व्यक्तियों को आजीविका के अवसर उपलब्ध कराने होते हैं और वाटरशेड कार्यकलापों के जरिए रोजगार भी मिलता है।

**वाटरशेड परियोजना संबंधी स्पष्टीकरण मार्गदर्शन और शिकायत मामले**

कोई भी व्यक्ति निम्नलिखित के जरिए अपनी शंकाओं का समाधान कर सकता है:

(*i*) वाटरशेड समिति, ग्राम सभा और ग्राम पंचायत प्रधान/सरपंच।

(*ii*) प्रयोक्ता समूह/स्व-सहायता समूह के सदस्यों एवं उनके ग्रुप-लीडर।

(*iii*) परियोजना क्रियान्वयन एजेंसी, परियोजना अधिकारी, डी.आर.डी.ए. मुख्य कार्यकारी अधिकारी जिला परिषद।

**योजना के अंतर्गत ग्राम पंचायत की भूमिका**

ग्राम पंचायत की भूमिका निम्न प्रकार है:

(*i*) समय-समय पर वाटरशेड समिति का पर्यवेक्षण करना, उसे सहायता और सलाह देना।

(*ii*) वाटरशेड समिति तथा वाटरशेड परियोजना की अन्य संस्थाओं के लेखों/व्यय विवरणों को प्रमाणित करना।

(*iii*) वाटरशेड विकास परियोजना की संस्थाओं के लिए विभिन्न परियोजनाओं/योजनाओं के एकीकरण को सुविधाजनक बनाना।

(*iv*) वाटरशेड विकास परियोजनाओं के अंतर्गत परिसम्पत्ति रजिस्टरों का इन्हें वाटरशेड विकास परियोजना के पूरा होने के बाद भी रखने के उद्देश्य से रख-रखाव करना।

(*v*) वाटरशेड समिति को कार्यालय हेतु स्थान मुहैया कराना तथा अन्य आवश्यकताएं पूरी करना।

(*vi*) पात्र प्रयोक्ता समूहों/स्व-सहायता समूहों को सृजित की गई परिसंपत्तियों के संबंध में भोगाधिकार प्रदान करना।

**कार्यक्रम के अंतर्गत परियोजना कार्यान्वयन एजेंसियां**

परियोजना कार्यान्वयन एजेंसी का चयन तथा अनुमोदन राज्य स्तरीय नोडल एजेंसियों द्वारा किया जाता है। इन परियोजना कार्यान्वयन एजेंसियों में राज्य सरकार के अंतर्गत संगत समनुरूप विभागों, स्वायत्त संगठनों, सरकारी संस्थानों/अनुसंधान निकायों, मध्यवर्ती पंचायतों, स्वयंसेवी संगठनों को शामिल किया जा सकता है:

इन परियोजना कार्यान्वयन एजेंसियों को -

- अधिमानतः वाटरशेड संबंधित पहलुओं या वाटरशेड विकास परियोजनाओं के प्रबंधन में पूर्व अनुभव होना चाहिए।
- इन्हें समर्पित वाटरशेड विकास दलों के गठन के लिए तैयार रहना चाहिए।

**वाटरशेड कार्यक्रम व आम आदमी**

आईडब्ल्यूएमपी के अंतर्गत वाटरशेड परियोजना क्षेत्र में रहने वाले लोगों को परियोजना क्षेत्र में किए जाने वाले परियोजना कार्यकलापों से प्रत्यक्ष या अप्रत्यक्ष रूप से निम्न लाभ प्राप्त होता है:

(*i*) इन कार्यकलापों में परियोजना क्षेत्र के अंतर्गत आने वाले सार्वजनिक सम्पत्ति संसाधनों जैसे गांव के तालाब, गांव के कूएं, पुराने टैंक के निर्माण तथा मरम्मत के कार्यकलाप, चरागाह भूमि, पौधे तथा सार्वजनिक भूमि पर लगाए गए बगीचे शामिल हैं।

(*ii*) सम्पत्तिहीन लोगों के लिए जीविका संबंधी कार्यकलाप आरंभ किये जाते हैं।

(*iii*) भू-स्वामियों के लिए परियोजना क्षेत्र में कृषि उत्पादन तथा लघु उद्यम जैसे कार्यकलापों को आरंभ किया जा सकता है।

(*iv*) आम आदमी भी स्व-सहायता समूह के सदस्य के रूप में आय सृजक कार्यकलापों के संबंध में प्रशिक्षण प्राप्त कर सकता है और अपनी क्षमता निर्माण कर सकता है।

(*v*) वाटरशेड परियोजना में रोक बांधों और जल एकत्रण संरचनाओं के निर्माण, मृदा तथा नमी संरक्षण उपायों जैसे खेतों में मेड़ बनाना, समोच्च बांध बनाना, वनीकरण तथा बागवानी विकास, चारे, ईंधन, इमारती लकड़ी और बागवानी की प्रजातियों के लिए नर्सरी तैयार करना, चरागाह विकास, मधुमक्खी पालन, कुक्कुट पालन, बकरी पालन, मत्स्य पालन, आदि जैसे कार्यों में रोजगार के अवसर उपलब्ध होते हैं।

## 7. राष्ट्रीय भूमि अभिलेख आधुनिकीकरण

### प्रस्तावना

भूमि अभिलेखों का प्रबंधन मूलतः राजस्व विभाग द्वारा किया जा रहा है और सम्पत्ति का पंजीकरण, पंजीकरण विभाग द्वारा किया जा रहा है। राष्ट्रीय भूमि अभिलेख आधुनिकीकरण (एन.एल.आर.एम.पी) में उप-पंजीयक के कार्यालयों और भूमि अभिलेख अनुरक्षण प्रणालियों के समेकन का प्रस्ताव किया गया है। इस प्रकार पंजीकरण के पश्चात् स्वतः नामांतरण होने से भूमि अभिलेख अद्यतन रहेंगे।

**एन.एल.आर.एम.पी कार्यक्रम के मुख्य संघटक**

**1. भूमि अभिलेखों का कंप्यूटरीकरण**

(क) आंकड़ों की प्रविष्टि/पुनः-प्रविष्टि/नामांतरण अभिलेखों तथा भूमि से संबंधित अन्य आंकड़ों सहित सभी लिखित अभिलेखों के आंकड़ों का रूपांतरण।

(ख) भू-कर नक्शों का अंकीकरण

(ग) लिखित तथा स्थानीय आंकड़ों का समेकन

(घ) तहसील, अनुमंडल/जिला कंप्यूटर केंद्र

(ङ) राज्य स्तरीय आंकड़ा केंद्र

(च) राजस्व कार्यालयों के बीच अन्तः सम्बद्धता

**2. सर्वेक्षण/पुनर्सर्वेक्षण तथा सर्वेक्षण एवं बंदोबस्त अभिलेख**

निम्नलिखित आधुनिक प्रौद्योगिकी विकल्पों का प्रयोग (ग्राउन्ड कंट्रोल नेटवर्क और ग्राउन्ड ट्रूथिंग सहित)

(क) टोटल स्टेशन (टीएससी) तथा विविध ग्लोबल पोजिशनिंग सिस्टम (डीजीपीएस) का प्रयोग करके पूर्णतः ग्राउन्ड पद्धति।

(ख) हवाई फोटोग्राफी का प्रयोग करके उन्नत पद्धति तथा टीएस और डीजीपीएस के द्वारा ग्राउन्ड ट्रूथिंग।

(ग) हाई रिजोल्यूशन सैटेलाइट इमेजरी (एचआरएसआई) तथा टीएस और डीजीपीएस के द्वारा ग्राउन्ड ट्रूथिंग।

**3. पंजीकरण का कंप्यूटरीकरण**

(क) उप-पंजीयक के कार्यालयों (एसआरओ) का कंप्यूटरीकरण

(ख) कीमत के ब्यौरों की डाटा ऐंट्री

(ग) पैतृक भार संबंधी आंकड़ों का डाटा ऐंट्री

(घ) पुराने दस्तावेजों की स्कैनिंग तथा अनुरक्षण

(ङ) राजस्व कार्यालयों के साथ उप-पंजीयक के कार्यालयों का सम्पर्क

**4. प्रशिक्षण और क्षमता निर्माण**

**राज्यों और संघ राज्य क्षेत्रों में कार्यक्रम का कार्यान्वयन**

राज्यों/संघ राज्य क्षेत्रों में अपने विभागाध्यक्षों या इस प्रयोजन के लिए सृजित विशिष्ठ संगठनों के जरिए राजस्व विभाग इस कार्यक्रम को कार्यान्वित कर रहा है।

**अतिरिक्त जिले/जिलों को कार्यक्रम के अंतर्गत शामिल करना**

एनएलआरएमपी एक मांग आधारित कार्यक्रम है। अलग-अलग वर्षों में विभिन्न जिलों को शामिल करने के लिए राज्य/संघ राज्य क्षेत्र द्वारा संदर्शी योजना तैयार की जाती है। वर्ष विशेष में किन्हीं खास जिलों को शामिल करने के लिए राज्य/संघ राज्य क्षेत्र द्वारा भूमि संसाधन विभाग को प्रस्तुत की गई वार्षिक कार्य योजना के अनुसार निधियां जारी की जाती हैं।

**कार्यक्रम के कार्यान्वयन में पंचायती राज संस्थाओं की भूमिका**

पंचायती राज संस्थाओं की भूमिका राज्य/संघ राज्य क्षेत्र के राजस्व कानूनों/नियमों/विनियमों तथा मैनुअल में किए गए उपबंधों के अनुसार होगी।

**कार्यक्रम के कार्यान्वयन में गैर-सरकारी संगठनों का योगदान**

कार्यक्रम के कार्यान्वयन को सुचारू बनाने तथा प्रस्तावित समय-सीमा के भीतर लक्ष्यों को प्राप्त करने के उद्देश्य से कार्यक्रम के अंतर्गत कुछेक कार्यकलापों के संबंध में राज्य/संघ राज्य क्षेत्र सार्वजनिक निजी भागीदारी (पीपीपी) अपना सकते हैं। इन कार्यों को संविदा आधार पर करवा सकते हैं। कार्यक्रम के बारे में जागरुकता सृजित करने में जिला प्रशासन गैर-सरकारी संगठनों से सहायता ले सकते हैं।

**इस कार्यक्रम से नागरिकों को लाभ**

एनएलआरएमपी से नागरिकों को निम्नलिखित में से एक या अधिक तरीकों से लाभ प्राप्त होंगेः

(*i*) नागरिकों को वास्तविक–समय भूमि स्वामित्व अभिलेखों की उपलब्धता।

(*ii*) संपत्ति स्वामी, सूचना की गोपनीयता के संबंध में बिना कोई समझौता किए अपने अभिलेखों को निःशुल्क प्राप्त कर सकेंगे।

(*iii*) अभिलेखों की निःशुल्क प्राप्ति से नागरिकों और सरकारी कर्मचारियों के बीच सम्पर्क कम होगा, परिणामस्वरूप घूसखोरी और परेशानी में कमी आएगी।

(*iv*) सेवा सुपुर्दगी की सार्वजनिक-निजी भागीदारी (पीपीपी) पद्धति, सुविधाजनक साबित होते हुए नागरिकों के सरकारी तंत्र के साथ संपर्क को और कम करेगी।

(*v*) स्टॉम्प पेपरों के समाप्त होने तथा स्टॉम्प शुल्क और पंजीकरण शुल्क की अदाएगी बैंकों, आदि के जरिए किए जाने से पंजीकरण तंत्र के साथ संपर्क में भी कमी आएगी।

(*vi*) आई.टी इंटर-लिंकेज के उपयोग द्वारा अधिकारों के अभिलेखों (आर.ओ. आर.) को प्राप्त करने में लगने वाले समय में भी काफी कमी आएगी।

(*vii*) सिंगल-विंडो सर्विस अथवा वेब-आधारित 'कभी भी-कहीं भी' प्राप्ति से नागरिकों को अधिकारों के अभिलेखों, आदि को प्राप्त करने में लगने वाले समय और श्रम की बचत होगी।

(*viii*) स्वतः और स्वचालित नामांतरणों से संपत्ति के लेन-देन में की जाने वाली धोखाधड़ी की संभावना में पर्याप्त रूप से कमी आएगी।

(*ix*) निश्चायक स्वामित्वाधिकार से भी मुकदमेबाजी में पर्याप्त रूप से कमी आएगी।

(*x*) इन अभिलेखों में किसी प्रकार की गड़बड़ी नहीं की जा सकेगी।

(*xi*) इस पद्धति से ऋण-सुविधाएं प्राप्त करने के लिए ई-लिंकेजिज उपलब्ध होगा।

(*xii*) नागरिकों के लिए वेबसाइट पर बाजार मूल्य संबंधी जानकारी उपलब्ध होगी।

(*xiii*) नागरिकों को भूमि आंकड़ों पर आधारित प्रमाण पत्र (उदाहरणतः अधिवास, जाति, आय, आदि) कंप्यूटरों के जरिए उपलब्ध होंगे।

(*xiv*) सरकारी कार्यक्रमों के लिए पात्रता संबंधी आंकड़ों पर आधारित सूचना उपलब्ध होगी।

(*xv*) संगत सूचना के साथ भूमि पासबुक जारी करना सुविधाजनक होगा।

## 8. राष्ट्रीय ग्रामीण पेयजल कार्यक्रम

**प्रस्तावना**

स्वच्छ पेयजल सभी के लिए एक बुनियादी जरूरत है। स्वच्छ पेयजल को पंचायतों के संविधान की 11वीं अनुसूची में रखा गया है। पेयजल समस्याग्रस्त गांवों को कवर करने की गति तेज करने के लिए यह कार्यक्रम शुरू किया गया है। इस कार्यक्रम की मुख्य विशेषताएं निम्नलिखित हैं:

**आंशिक रूप से कवर बसावटों से अभिप्राय**

यदि बसावट में किसी परिवार को कम से कम 40 लीटर प्रति व्यक्ति प्रतिदिन के आधार पर स्वच्छ पेयजल उपलब्ध न हो तो उस बसावट को आंशिक रूप से कवर की गई बसावट कहा जाता है।

**स्वच्छ पेयजल के मानदंड**

स्वच्छ पेयजल का बुनियादी न्यूनतम स्तर है:

(*i*) मनुष्यों के लिए 40 लीटर प्रति व्यक्ति प्रतिदिन स्वच्छ पेयजल।

(*ii*) बसावट में/परिवार से 500 मीटर की दूरी पर जल स्रोत अथवा पानी लाने के लिए 30 मिनट का समय।

तथापि, जल उपलब्धता, मांग, पूंजी, लागत, किफायत, इत्यादि के आधार पर राज्य सरकारें इन मानदंडों में सुधार करके अपने खुद के मानदंड निर्धारित कर सकती हैं।

**कार्यक्रम का उद्देश्य**

इस कार्यक्रम का उद्देश्य प्रत्येक ग्रामीण व्यक्ति को पीने, खाना बनाने तथा अन्य बुनियादी घरेलू आवश्यकताओं के लिए स्थायी आधार पर पर्याप्त स्वच्छ जल उपलब्ध कराना है।

**स्वच्छ पेयजल से अभिप्राय**

स्वच्छ पेयजल में निम्नलिखित लक्षण होने चाहिए: (क) रंगहीन, (ख) गंधहीन, (ग) रोगाणु संदूषण से मुक्त, तथा (घ) रासायनिक संदूषण से मुक्त।

**गुणवत्ता प्रभावित बसावटों से अभिप्राय**

वे बसावटें जहां पेयजल का स्रोत रासायनिक संदूषण (अधिक फ्लोराइड,

खारापन, लौह, आर्सेनिक, नाइट्रेट, इत्यादि) से प्रभावित है उन्हें गुणवत्ता प्रभावित बसावट कहा जाता है।

**पेयजल कार्यक्रम के घटक**

इस कार्यक्रम के घटक निम्नलिखित हैं:

(*i*) आपूर्ति विहीन, आंशिक रूप से आपूर्ति वाली तथा पुरानी स्थिति में लौट चुकी बसावटों को स्वच्छ एवं पर्याप्त पेयजल आपूर्ति कराना,

(*ii*) स्थानीय स्तर पर पेयजल सुरक्षा का लक्ष्य प्राप्त करने के लिए राज्यों को प्रोत्साहित करने में निरंतरता लाना,

(*iii*) गुणवत्ता प्रभावित बसावटों को स्वच्छ पेयजल उपलब्ध कराना,

(*iv*) कम वर्षा तथा खराब जल उपलब्धता जैसी विपरीत परिस्थितियों से निपटने के लिए मरुभूमि विकास कार्यक्रम चलाना,

(*v*) प्राकृतिक आपदाओं के कारण ग्रामीण क्षेत्रों में आई पेयजल समस्याओं को कम करना,

(*vi*) पेयजल आपूर्ति परियोजनाओं के प्रचालन, मरम्मत तथा प्रतिस्थापन पर व्यय के लिए प्रचालन और अनुरक्षण, और

(*vii*) सहायता गतिविधियां।

**पेयजल कार्यक्रम के अंतर्गत निधियों का विभिन्न घटकों में संवितरण**

भारत सरकार द्वारा निधियों का संवितरण तथा वित्तपोषण में केंद्र तथा राज्य का अंशदान निम्नानुसार है:

**(क) केंद्र स्तर पर**

(*i*) कार्यक्रम निधियों का 30 प्रतिशत कवरेज के लिए आबंटित किया जाता है।

(*ii*) वार्षिक कार्यक्रम निधि का 20 प्रतिशत जल गुणवत्ता समस्याओं को हल करने के लिए आबंटित किया जाएगा ताकि ग्रामीण समुदायों को स्वच्छ पेयजल मिल सके।

(*iii*) कार्यक्रम की 10 प्रतिशत निधियां ग्रामीण पेयजल आपूर्ति योजना के प्रचालन एवं अनुरक्षण के लिए आबंटित की जाती हैं।

(*iv*) स्वजलधारा निधियों का 20 प्रतिशत पेयजल स्रोतों तथा प्रणालियों को स्थायित्व का उपाय करने के लिए राज्यों/संघ राज्य क्षेत्रों द्वारा उपयोग किए जाने के लिए शत-प्रतिशत केंद्रीय अंश के आधार पर इस घटक के लिए निर्धारित की जाती हैं।

(*v*) राज्यों से यह अपेक्षित है कि वे जिला-वार पेयजल सुरक्षा योजनाए बनाएं तथा स्थायित्व घटक का उपयोग इस योजना की कमी को पूरा करने के लिए करें।

(*vi*) वार्षिक निधियों के 10 प्रतिशत हिस्से को डीडीपी ब्लॉक/जिले वाले राज्यों को आबंटित किया जाता है। इसका वित्तपोषण शत-प्रतिशत केंद्रीय अंश के आधार पर किया जाता है।

(*vii*) कार्यक्रम निधियों का पांच प्रतिशत पेयजल आपूर्ति विभाग द्वारा रखा जाता है तथा इसका उपयोग प्राकृतिक आपदाओं की स्थिति से प्रभावित ग्रामीण क्षेत्रों में पेयजल की आपूर्ति सुनिश्चित करने के लिए राज्यों/संघ राज्य क्षेत्रों को सहायता देने के लिए किया जाता है।

(*viii*) **एनआरडीडब्ल्यूपी (सहायता):** एनआरडीडब्लयूपी निधियों का पांच प्रतिशत हिस्सा शत-प्रतिशत केंद्रीय अंश के आधार पर राज्यों को सहायक क्रियाकलापों के लिए आबंटित किया जाता है। इन क्रियाकलापों के माध्यम से जागरुकता बढ़ाना तथा क्षमता निर्माण कार्यक्रम, जल गुणवत्ता जांच, एमआईएस और कंप्यूटरीकरण, अनुसंधान और विकास (आर एंड डी) क्रियाकलाप, इत्यादि शामिल हो सकते हैं।

**(ख) राज्य स्तर पर अलग-अलग घटक के लिए उपलब्ध कार्यक्रम निधियां** ये निम्न प्रकार हैं:

(*i*) 50:50 के अनुपात में लागत हिस्सेदारी के आधार पर कवरेज के लिए 45 प्रतिशत तथा जल गुणवत्ता के लिए 20 प्रतिशत।

(*ii*) केंद्र तथा राज्य के बीच 50:50 के अनुपात में लागत में हिस्सेदारी के आधार पर प्रचालन एवं अनुरक्षण के लिए 10 प्रतिशत।

(*iii*) 100 प्रतिशत केंद्रीय अंश के आधार पर सहायक क्रियाकलापों के लिए पांच प्रतिशत।

(*iv*) पूर्वोत्तर राज्यों तथा जम्मू और कश्मीर के लिए कवरेज, गुणवत्ता तथा प्रचालन एवं रखरखाव घटक के लिए केंद्र तथा राज्य के बीच क्रमशः 90:10 अनुपात में अंशदान।

**पूर्वोत्तर राज्यों को निधियों के आबंटन के लिए प्रावधान**

कार्यक्रम के अंतर्गत कुल केंद्रीय परिव्यय का 10 प्रतिशत पूर्वोत्तर राज्यों के लिए निर्धारित है। कवरेज, गुणवत्ता तथा प्रचालन एवं रखरखाव के घटक के लिए पूर्वोत्तर राज्यों तथा जम्मू और कश्मीर के लिए वित्तपोषण पद्धति केंद्र तथा राज्य

के बीच क्रमशः 90:10 के अनुपात में है जबकि अन्य राज्यों के मामले में यह अनुपात क्रमशः 50:50 है।

**कार्यक्रम के अंतर्गत निधियों के राज्य-वार आबंटन का मानदंड**

कार्यक्रम राज्यों को निम्नलिखित मानदंड के आधार पर आबंटित की जाती हैं:

| मानदंड | तरजीह का प्रतिशत |
|---|---|
| 2001 की जनगणना के अनुसार कुल ग्रामीण आबादी | 40 |
| 2001 की जनगणना के अनुसार ग्रामीण अनु. जाति तथा अनु. जनजाति की आबादी | 10 |
| पेयजल आपूर्ति योजनाएं संचालित करने वाली ग्रामीण आबादी | 10 |
| ग्रामीण क्षेत्रों के संबंध में डीडीपी, डीपीएपी, एचएडीपी तथा विशेष श्रेणी वाले पर्वतीय राज्य | 40 |

**निधियों के प्रवाह की प्रक्रिया**

वित्त वर्ष के प्रारंभ में राज्य को कार्यक्रम के अंतर्गत आबंटन का 50 प्रतिशत 'रिलीज' होता है। शेष 50 प्रतिशत आबंटित निधियों की 'रिलीज' राज्यों को राज्य सरकारों से उपलब्ध निधियों का कम से कम 60 प्रतिशत खर्च करने के पश्चात विशिष्ट प्रस्तावों की प्राप्ति के आधार पर की जाती है। पूर्वोत्तर राज्यों तथा जम्मू और कश्मीर को छोड़कर सभी राज्यों के लिए 50 प्रतिशत मैचिंग राज्य अंश उपलब्ध कराना अनिवार्य है। पूर्वोत्तर राज्यों तथा जम्मू और कश्मीर को केंद्रीय 'रिलीज' का 10 प्रतिशत मैचिंग राज्य अंश उपलब्ध कराना होता है। राज्य जल और स्वच्छता अभियान विभिन्न जिलों के लोक स्वास्थ्य अभियांत्रिकी कार्यालयों को अपने-अपने जिले में पेयजल योजनाओं के व्यय की पूर्ति के निधियों की रिलीज करता है।

**पेयजल योजनाएं और गांवों के चयन**

जल राज्य का विषय है, इसलिए पेयजल योजनाओं के लिए निष्पादन एजेंसियां राज्य हैं। सामान्यतया, राज्य निम्नलिखित प्राथमिकताओं के आधार पर गांवों का चयन करते हैं:

(*i*) वे बसावटें जिनके पास स्वच्छ पेयजल का कोई इंतजाम नहीं है अथवा जहां सभी व्यक्तियों के पास पेयजल का इंतजाम नहीं है।

(*ii*) वे बसावटें जहां पेयजल स्रोत संदूषित हैं। गुणवत्ता प्रभावित बसावटों में वे बसावटें जो आर्सेनिक तथा फ्लोराइड से स्रोत के रासायनिक संदूषण से प्रभावित हैं उन्हें उच्चतम प्राथमिकता दी जाती है तत्पश्चात अधिक लौह, लवणता, नाइट्रेट, इत्यादि से प्रभावित बसावटों को प्राथमिकता दी जाती है।

**ग्रामीणों द्वारा पेयजल स्रोत का परीक्षण**

ग्रामीण लोग ग्राम पंचायत के पास उपलब्ध फील्ड परीक्षण किटों का प्रयोग करके अपने पेयजल स्रोतों का परीक्षण कर सकते हैं। किसी संदूषण का पता चलने पर वे ग्राम पंचायत के पास रिपोर्ट कर सकते हैं जो राज्य कर्मियों की सहायता से पुष्टिकरण के लिए जल गुणवत्ता प्रयोगशालाओं में परीक्षण का प्रबंध करेंगी।

**कार्यक्रम के अंतर्गत लाभ प्राप्ति का तरीका**

कार्यक्रम के अंतर्गत कवरेज के लाभ प्राप्त करने के लिए ग्रामीणों को ग्राम पंचायत, ब्लॉक पंचायत अथवा जिला पंचायत अथवा जिला या ब्लॉक स्तर पर लोक स्वास्थ्य अभियांत्रिकी विभाग (पीएचइडी) से संपर्क कर सकते हैं।

**कार्यक्रम के संबंध में स्पष्टीकरण का निवारण**

जरूरत पड़ने पर ग्राम पंचायत अथवा ब्लॉक पंचायत अथवा ब्लॉक स्तरीय पीएचईडी अभियंताओं द्वारा दिशा-निर्देश/स्पष्टीकरण दिए जाते हैं। इसके अतिरिक्त कार्यक्रम की कमियों से संबंधित मुद्दों को ग्राम सभा बैठकों/पानी समिति की बैठकों में उठाया जा सकता है अथवा इसकी सूचना ब्लॉक/जिला पंचायत अथवा जिला जल और स्वास्थ्य मिशन को दी जा सकती है।

## 9. संपूर्ण स्वच्छता अभियान

**प्रस्तावना**

जल, स्वच्छता और स्वास्थ्य के बीच सीधा संबंध है। अशुद्ध पेयजल का सेवन, मलमूत्र का खुले में निपटान, खुद की तथा अपने भोजन की सही तरीके से सफाई न होने का शिशु की उच्च मृत्यु दर से सीधा संबंध है और ये सिस्टो सोमियासिस पेचिस, जापानी इन्सेफलाइटिस, मलेरिया, डेंगू बुखार तथा ट्रेकोमा जैसे रोगों के प्रमुख कारण भी हैं। बार-बार इन बीमारियों के होने की वजह से कार्य दिवसों की अप्रत्यक्ष रूप से हानि होती है। हमें यदि अपने देश को विश्व के विकसित देशों के बीच में अपना स्थान बनाना है तो गांवों में स्वच्छता कवरेज को बेहतर बनाना होगा। गांवों में संपूर्ण स्वच्छता लाने के लिए भारत सरकार ने संपूर्ण स्वच्छता कार्यक्रम (टी. एस.सी.) शुरू किया है।

**संपूर्ण स्वच्छता अभियान से अभिप्राय**

संपूर्ण स्वच्छता अभियान (टी.एस.सी) को 1999 में शुरू किया गया था, जिसमें अधिक सब्सिडी के स्थान पर कम सब्सिडी, परिवारों की अधिक सहभागिता, मांग पर ध्यान देना तथा क्षमता संवर्धन को प्रोत्साहित करने हेतु शौचालय संबंधी अधिक विकल्प उपलब्ध कराने संबंधी दृष्टिकोण अपनाया गया था। इसमें सूचना, शिक्षा एवं संचार (आई.ई.सी) तथा ग्रामीण सेनिट्री मार्ट (आर.एस.एम) एवं उत्पादन केंद्रों (पी.सी) के माध्यम से सुपुर्दगी प्रणाली स्थापित करने और विद्यालय स्वच्छता पर विशेष बल दिया गया है। टी.एस.सी. को अभियान तर्ज में कार्यान्वित किया जाता है जिसमें जिले को एक इकाई माना जाता है, ताकि परिवार, आंगनवाड़ी और विद्यालय शौचालयों के संदर्भ में शत-प्रतिशत स्वच्छता कवरेज प्राप्त किया जा सके, जिसमें स्वास्थ्य संबंधी महत्वपूर्ण लाभ प्राप्त होंगे।

**टी.एस.सी. के उद्देश्य**

टी.एस.सी. के मुख्य उद्देश्य निम्न हैं:

(*i*) ग्रामीण क्षेत्रों में जीवन की सामान्य गुणवत्ता में सुधार लाना।

(*ii*) ग्रामीण क्षेत्रों में स्वच्छता कवरेज में तेजी लाना।

(*iii*) जागरुकता सृजन और स्वच्छता संबंधी शिक्षा के माध्यम से स्वच्छता सुविधाओं की मांग पैदा करना।

(*iv*) ग्रामीण क्षेत्रों में विद्यालयों/आंगनवाड़ियों को स्वच्छता सुविधाएं मुहैया कराना तथा छात्रों और शिक्षकों के बीच स्वच्छता संबंधी आदतों को बढ़ावा देना।

(*v*) स्वच्छता संबंधी किफायती और उचित प्रौद्योगिकी और उनके अनुप्रयोग को बढ़ावा देना।

(*vi*) जल और स्वच्छता संबंधी बीमारियों में कमी लाना।

(*vii*) शुष्क शौचालयों को प्योर फ्लश शौचालयों में बदलना तथा ग्रामीण क्षेत्रों में जहां-कहीं भी मनुष्यों द्वारा मैला ढोने की प्रथा है, उसे समाप्त करना।

**टी.एस.सी. के सिद्धांत**

टी.एस.सी. का समग्र रूप से प्रयास, इस कार्यक्रम को **समुदाय आधारित** और **जन आधारित** बनाना है, जिसमें आवासों, विद्यालयों तथा आंगनवाड़ियों में स्वच्छता सुविधाओं की मांग करने के प्रति जागरुकता उत्पन्न करने पर विशेष बल दिया गया है। सामुदायिक आवश्यकताओं की पूर्ति के लिए वैकल्पिक सुपुर्दगी तंत्र अपनाए जाने का प्रावधान है। टी.एस.सी. के मुख्य सिद्धांत इस प्रकार हैं:

**1. शून्य सब्सिडी तक** स्वच्छता, जीवन का आधार है और इसे लोगों द्वारा अपनाया और अमल में लाया जाना चाहिए। हाल के अध्ययनों से पता चला है कि स्वच्छता सुविधाएं अपनाने के लिए सब्सिडी प्रोत्साहन घटक जरूरी नहीं है। यदि जागरुकता उत्पन्न की जाए तो लोग इन सुविधाओं को प्राप्त करने के लिए कुछ राशि का भुगतान करने हेतु तैयार हैं।

**2. जागरुकता उत्पन्न करने पर बल देना**–सूचनाबद्ध और ग्राह्य प्रयासों से स्वच्छता सुविधाओं की स्वीकार्यता सुनिश्चित की जा सकती है। सामुदायिक एकजुटता और स्वच्छता के प्रति जागरुकता उत्पन्न करने के लिए सूचना, शिक्षा व संचार (आईईसी) के व्यापक उपयोग को मुख्य आधार माना गया है।

**3. समुदाय केंद्रित दृष्टिकोण**–स्वीकार्यता तथा सामुदायिक भागीदारी के बीच सीधा संबंध है। कार्यक्रम को अधिक स्वीकार्य बनाने के लिए टी.एस.सी. के अंतर्गत सामुदायिक भागीदारी पर अधिक बल दिया जाता है। इसमें आयोजना, प्रबंधन और रख-रखाव के सभी स्तरों पर सामुदायिक भागीदारी को सुनिश्चित किया जाता है।

**4. मांग आधारित दृष्टिकोण**–टी.एस.सी. लक्ष्य आधारित अथवा आपूर्ति आधारित कार्यक्रम नहीं है और इसमें आवासों तथा विद्यालयों में स्वच्छता सुविधाओं के लिए सामाजिक एकजुटता के माध्यम से मांग उत्पन्न करने पर जोर दिया जाता है।

**5. आपूर्ति प्रणाली**–टी.एस.सी. के तहत सामुदायिक आवश्यकताओं को पूरा करने के लिए वैकल्पिक सुपुर्दगी तंत्र विकसित है, जिसके अंतर्गत ग्रामीण सेनिट्री मार्ट और उत्पादन केंद्रों के माध्यम से प्रशिक्षित राजमिस्त्री और निर्माण सामग्री की उपलब्धता की व्यवस्था की जाती है।

**6. विद्यालय स्वच्छता तथा स्वच्छता संबंधी शिक्षा**–ग्रामीण विद्यालयों में स्वच्छता की, ग्रामीण लोगों द्वारा स्वच्छता को व्यापक रूप से स्वीकार करने के लिए शुरुआती पहल के रूप में कल्पना की गई है, जिसके अंतर्गत विद्यालयों/आंगनवाड़ियों में जल और स्वच्छता सुविधाएं प्रदान की जाती हैं और परिवारों तथा समुदाय को स्वच्छता के बारे में शिक्षित करके उनकी आदतों में वांछित बदलाव को प्रोत्साहित किया जाता है।

**7. पंचायती राज संस्थाओं तथा गैर-सरकारी संगठनों की सहभागिता**–संपूर्ण स्वच्छता अभियान के कार्यान्वयन में पंचायतों की महत्वपूर्ण भूमिका है और शौचालयों के निर्माण एवं अपशिष्ट पदार्थों के सुरक्षित निपटान के माध्यम से वातावरण स्वच्छ रखने के संबंध में एकजुटता सुनिश्चित करने के लिए स्वैच्छिक

संगठनों/गैर-सरकारी संगठनों का सहयोग लिया जा सकता है। सृजित साझा सुविधाओं के प्रचालन तथा रख-रखाव की जिम्मेदारी, मुख्य रूप से इन्हीं की है। विद्यालयों में स्वच्छता के लिए पंचायतें भी स्वयं के संसाधनों से अंशदान कर सकती हैं। पंचायतें तथा गैर-सरकारी संगठन उत्पादन केंद्र/ग्रामीण सैनिट्री मार्ट शुरू और परिचालित कर सकते हैं। आईईसी कार्यकलापों तथा अन्य कार्यकलापों जैसे शौचालयों के निर्माण में गैर-सरकारी संगठनों को भी सक्रिय रुप से सहयोजित किया जाता है।

**टी.एस.सी. के घटकों का संक्षेप में वर्णन**

संपूर्ण स्वच्छता अभियान में मुख्य रूप से निम्न घटक निहित हैं:

(*i*) **प्रारंभिक (स्टार्ट-अप) कार्यकलाप**–इसमें प्रारंभिक प्रचार प्रोत्साहन अभियान, भारत सरकार की सहायता प्राप्त करने हेतु जिला टी.एस.सी. परियोजना प्रस्ताव तैयार करने के लिए मांग का आकलन करने हेतु प्रारंभिक सर्वेक्षण किया जाता है। आधारभूत सर्वेक्षण करना तथा परियोजना कार्यान्वयन प्रस्ताव तैयार करना, प्रारंभिक कार्यकलापों का हिस्सा है।

(*ii*) **आईईसी क्रियाकलाप**–सूचना, शिक्षा तथा संचार कार्यक्रम के मुख्य घटक हैं जिनके माध्यम से ग्रामीण क्षेत्रों में लोगों में स्वच्छता सुविधाओं की मांग सृजित करना शामिल है। आईईसी में स्वास्थ्य तथा स्वच्छता प्रक्रियाओं एवं पर्यावरणीय स्वच्छता जैसे पहलुओं पर भी ध्यान दिया जाता है।

(*iii*) **ग्रामीण सैनिट्री मार्ट (आरएसएम) तथा उत्पादन केंद्र**–ग्रामीण सैनिट्री मार्ट, ऐसा स्थान है, जहां न केवल स्वच्छ शौचालयों बल्कि ग्रामीण क्षेत्रों में व्यक्तियों, परिवारों तथा विद्यालयों के लिए आवश्यक सामान उपलब्ध होता है। आरएसएम का मुख्य उद्देश्य, ग्रामीण क्षेत्रों के लिए तकनीकी एवं वित्तीय दृष्टि से उपयुक्त विभिन्न प्रकार के शौचालयों तथा अन्य स्वच्छता सुविधाओं के निर्माण हेतु आवश्यक सामग्री एवं मार्गदर्शन प्रदान करना है। उत्पादन केंद्र किफायती एवं वहनीय सैनिट्री सामग्री के उत्पादन में सुधार लाने हेतु एक साधन है। आरएसएम तथा उत्पादन केंद्रों के संचालन के लिए पंचायती राज संस्थाओं, गैर-सरकारी संगठनों तथा स्व-सहायता समूहों को जिला, ब्लॉक एवं ग्राम पंचायत स्तर पर सहयोजित किया जा सकता है।

(*iv*) **वैयक्तिक पारिवारिक शौचालय**–टी.एस.सी. का उद्देश्य बी.पी.एल. तथा

ए.पी.एल. दोनों प्रकार के परिवारों को कवर करना है। परंतु, बी.पी.एल. परिवार सब्सिडी (प्रोत्साहन) के पात्र हैं, जो कम लागत वाली मूल इकाई के लिए उपलब्ध कराई जाती हैं और इसमें भारत सरकार, राज्य सरकारों तथा लाभार्थियों की हिस्सेदारी होती है।

(*v*) **सामुदायिक स्वच्छता परिसर**–सामुदायिक स्वच्छता परिसर, टी.एस.सी. का महत्वपूर्ण घटक है। इन परिसरों को गांव में सभी को स्वीकार्य और उनकी पहुंच वाले स्थान पर स्थापित किया जा सकता है, ताकि कवर न की गई जनसंख्या को कवर किया जा सके।

(*vi*) **विद्यालयों में स्वच्छता**–बच्चे नई बातें जल्दी सीखते हैं और खुले में शौच के स्थान पर शौचालय के उपयोग के बारे में प्रोत्साहन और जानकारी के माध्यम से बच्चों की आदतों और उनके व्यवहार में बदलाव लाने के लिए विद्यालय उपयुक्त संस्थान है। इसलिए, विद्यालयों में स्वच्छता सुनिश्चित करना व स्वच्छता के बारे में जानकारी प्रदान करना, प्रत्येक टी.एस.सी. परियोजना का अभिन्न अंग है। सभी सरकारी विद्यालयों अर्थात् प्राथमिक, माध्यमिक तथा उच्च माध्यमिक और आंगनवाड़ियों में शौचालयों के निर्माण की योजना है। लड़कियों के लिए अलग शौचालयों की व्यवस्था की जाती है।

(*vii*) **प्रशासनिक प्रभार**–प्रशासनिक प्रभारों में परियोजना अवधि में नियुक्त अस्थायी स्टॉफ के प्रशिक्षण और वेतन, सहायक सेवाओं, ईंधन प्रभारों, किराए पर लिए गए वाहनों, स्टेशनरी, टी.एस.सी. परियोजना की निगरानी और उसके मूल्यांकन आदि पर किया गया खर्च शामिल होता है।

(*viii*) **ठोस और तरल अपशिष्ट पदार्थों का प्रबंधन**–कुल परिव्यय का 10 प्रतिशत, ठोस और तरल अपशिष्ट पदार्थों के प्रबंधन हेतु रखा जाता है।

**टी.एस.सी. की कार्यान्वयन अवधि**

परियोजना जिलों में टी.एस.सी. परियोजना के कार्यान्वयन में लगभग चार से पांच वर्ष का समय लगता है जो कि कल्पित उद्देश्यों पर निर्भर करता है। तथापि परियोजना को तभी पूरा माना जाता है, जब सभी परियोजना उद्देश्य प्राप्त कर लिए जाएं चाहे उसमें कितना ही समय लगे।

**जिला स्तर पर टी.एस.सी. का कार्यान्वयन एजेंसी**

राज्यों/संघ राज्य क्षेत्रों के जिलों में टी.एस.सी. का कार्यान्वयन, भारत सरकार

तथा संबंधित राज्य/संघ राज्य क्षेत्र के सहयोग से किया जाता है। राज्य/संघ राज्य क्षेत्र द्वारा चयनित जिलों के लिए टी.एस.सी. परियोजना तैयार की जाती है। जिलों का चयन राज्य/संघ राज्य क्षेत्र सरकार द्वारा किया जाता है। जिला स्तर पर परियोजना का कार्यान्वयन जिला पंचायत करती है। यदि जिला पंचायत कार्यशील स्थिति में न हो तो जिला जल और स्वच्छता मिशन द्वारा टी.एस.सी. को कार्यान्वित किया जा सकता है। इसी प्रकार ब्लॉक तथा पंचायत स्तरों पर टी.एस.सी. के कार्यान्वयन में पंचायत समिति तथा संबंधित ग्राम पंचायतें शामिल होती हैं।

**टी.एस.सी. कार्यान्वयन में पंचायती राज संस्थाओं की भूमिका**

73वें संविधान संशोधन अधिनियम 1992 के अनुसार, स्वच्छता को 11वीं अनुसूची में शामिल किया गया है और इसके कार्यान्वयन का दायित्व पंचायतों को सौंपा गया है। जिला स्तर पर जिला पंचायत परियोजना को कार्यान्वित करती है। इसी प्रकार ब्लॉक तथा ग्राम पंचायत स्तर पर पंचायत समिति तथा सम्बन्धित ग्राम पंचायतों को टी.एस.सी. के कार्यान्वयन में सहयोजित किया जाता है। स्वैच्छिक संगठनों/गैर-सरकारी संस्थाओं के सहयोग से शौचालयों के निर्माण और अपशिष्ट पदार्थों के सुरक्षित निपटान द्वारा स्वच्छ वातावरण के सृजन द्वारा टी.एस.सी. के कार्यान्वयन में ग्राम पंचायतों की महत्वपूर्ण भूमिका है। निर्मित साझा सुविधाओं के प्रचालन तथा रख-रखाव में उनकी प्रमुख जिम्मेदारी है। पंचायतें, विद्यालयों और आगनवाड़ियों में स्वच्छता के लिए अपने स्वयं के संसाधनों से भी अंशदान कर सकती हैं। पंचायतें स्वयं भी उत्पादन केंद्र/ग्रामीण सैनिट्री मार्ट आरंभ और परिचालित कर सकती हैं।

**टी.एस.सी. के कार्यान्वयन में गैर-सरकारी संगठनों की भूमिका**

ग्रामीण क्षेत्रों में टी.एस.सी. के कार्यान्वयन में गैर-सरकारी संगठनों (एनजीओ) की महत्वपूर्ण भूमिका है। उन्हें आईईसी कार्यकलापों तथा उत्पादन केंद्रों/आरएसएम की स्थापना संबंधी कार्यों में सहयोजित किया जा सकता है। उनकी सेवाओं का न केवल ग्रामीण लोगों में स्वच्छता की आवश्यकता के प्रति जागरुकता पैदा करना है बल्कि यह सुनिश्चित करने में भी उपयोग किया जा सकता है कि वे स्वच्छ शौचालयों का प्रयोग भी करें। एनजीओ उत्पादन केंद्र तथा ग्रामीण सैनिट्री मार्ट स्थापित और परिचालित भी कर सकते हैं। तथापि, टी.एस.सी. के कार्यान्वयन में समर्पित और प्रोत्साहक एनजीओ को ही सहयोजित किया जाना चाहिए।

**टी.एस.सी. में वैयक्तिक पारिवारिक शौचालय के प्रावधान**

सामुदायिक भागीदारी के लिए आवश्यक होने पर योजना के अंतर्गत उपलब्ध

प्रोत्साहन, गरीबी रेखा से नीचे जीवनयापन करने वालों (बीपीएल) को प्रदान किए जा सकते हैं। पारिवारिक शौचालय का निर्माण बीपीएल परिवारों द्वारा स्वयं किया जाएगा तथा उनके पूर्ण होने और बीपीएल परिवारों द्वारा उनका उपयोग करने पर उक्त उपलब्धि के लिए बीपीएल परिवारों को नकद प्रोत्साहन राशि दी जा सकती है। वैयक्तिक पारिवारिक शौचालयों के निर्माण के लिए बीपीएल परिवारों को दी जाने वाली प्रोत्साहन राशि सहित संबंधित वित्तपोषण स्वरूप निम्नानुसार हैः

| आधारभूत निम्न इकाई लागत (रु.) | | | | | | |
|---|---|---|---|---|---|---|
| | **भारत सरकार** | | **राज्य सरकार** | | **लाभार्थी** | |
| | **बीपीएल** | **एपीएल** | **बीपीएल** | **एपीएल** | **बीपीएल** | **एपीएल** |
| 2500 रुपए | 60% | शून्य | 28% | शून्य | 12% | 100% |

पहाड़ी इलाकों तथा दुर्गम क्षेत्रों के मामले में, भारत सरकार द्वारा प्रति शौचालय 500 रुपए की अतिरिक्त राशि दी जाती है। लाभार्थी 'सुपर स्ट्रक्चर' के निर्माण के लिए अतिरिक्त धन राशि खर्च कर सकते हैं।

**वैयक्तिक पारिवारिक शौचालय कार्यक्रम के लाभार्थी**

टी.एस.सी. का उद्देश्य सभी के लिए स्वच्छता सुनिश्चित करना है, ताकि बीपीएल और एपीएल दोनों प्रकार के परिवारों को कवर किया जा सके। बीपीएल परिवार स्वच्छता सुविधाओं के सृजन और उपयोग के लिए प्रोत्साहन के पात्र हैं। एपीएल परिवारों के लिए प्रत्यक्षतः कोई प्रोत्साहन नहीं है, तथापि, वे परिक्रामी निधि से ऋण ले सकते हैं। ऋण का भुगतान 12-18 किस्तों में किया जा सकता है।

**टी.एस.सी. व विद्यालयों में शौचालय सुविधा**

विद्यालयों में स्वच्छता और साफ सफाई के बारे में जानकारी देना, टी.एस. सी. का एक महत्वपूर्ण घटक है। टी.एस.सी. परियोजना के तहत विद्यालयों में स्वच्छता का वित्तपोषण, केंद्र सरकार द्वारा तथा राज्य सरकार द्वारा 70:30 के अनुपात में किया जाता है। 20,000 रुपए की इकाई लागत के मामले में केंद्रीय प्रोत्साहन अधिकतम 14,000 रुपए दिया जा सकता है। तथापि, राज्य/संघ राज्य क्षेत्र, ग्राम पंचायत, अभिभावक-शिक्षक संघ अपने स्वयं के संसाधनों से उक्त निर्धारित सीमा से अधिक अंशदान कर सकते हैं।

**टी.एस.सी. और सामुदायिक परिसर प्रावधान**

समुदायिक स्वच्छता परिसर, टीएससी का एक महत्वपूर्ण घटक है। मुख्य रूप से इन परिसरों का केवल तभी निर्माण किया जाना चाहिए, जब संबंधित गांव में पारिवारिक शौचालयों के निर्माण के लिए स्थान कम हों और समुदाय द्वारा उनके प्रचालन और रख-रखाव की जिम्मेवारी ली जाए। अंततः इस कार्यक्रम का उद्देश्य अधिकतम वैयक्तिक पारिवारिक शौचालयों का निर्माण करना है और सामुदायिक परिसर केवल तभी निर्मित किए जाएंगे, जब वैयक्तिक पारिवारिक शौचालयों का निर्माण न किया जा सके। इन परिसरों को गांव में ऐसे स्थान पर निर्मित किया जाएगा जो महिलाओं/पुरुषों/भूमिहीन परिवारों को स्वीकार्य हों तथा उनकी पहुंच में हो। एक सामुदायिक परिसर के लिए इकाई लागत के रूप में अधिकतम 2 लाख रुपए निर्धारित किए गए हैं। इसके डिजाइन को राष्ट्रीय योजना स्वीकृति समिति द्वारा अनुमोदित किया जाना अपेक्षित है। इसका वित्तपोषण, भारत सरकार, राज्य सरकार तथा लाभार्थियों द्वारा 60:30:10 के अनुपात में किया जाता है। लाभार्थी संबंधी अंशदान पंचायत द्वारा किया जा सकता है।

**आंगनवाड़ी शौचालयों के निर्माण की इकाई लागत**

टी.एस.सी. परियोजना के तहत आंगनवाड़ी शौचालयों के लिए वित्तपोषण, केंद्र सरकार तथा राज्य सरकार द्वारा 70:30 के अनुपात में किया जाता है। 5000 रुपए की इकाई लागत के मामले में प्रति यूनिट केंद्रीय प्रोत्साहन की अधिकतम सीमा 3500 रुपए है।

## 10. पिछड़ा क्षेत्र अनुदान निधि कार्यक्रम

**प्रस्तावना**

पिछड़ा क्षेत्र अनुदान निधि कार्यक्रम (बी.आर.जी.एफ.) कार्यक्रम विकास में सतत् क्षेत्रीय असंतुलनों का समाधान करने के लिए चलाया गया है। यह कार्यक्रम पंचायती राज मंत्रालय द्वारा लागू किया गया है। यह कार्यक्रम संपूर्ण रूप में पंचायतों द्वारा चलाया जाता है। इस कार्यक्रम कि विशेषता यह है कि यह कार्यक्रम अपने विभिन्न प्रावधानों को अमल में लाकर ग्रामीण संरचना के निर्माण करने के साथ-साथ पंचायती राज व्यवस्था को भी मजबूत करता है। बी.आर.जी.एफ. कार्यक्रम वर्तमान 27 राज्यों कें 250 जिलों में लागू है। इन जिलों की सूची अनुबंध-2 में दी गई है। इस कार्यक्रम के मुख्य प्रावधान निम्नलिखित हैंः

**बी.आर.जी.एफ. की मुख्य विशेषताएं**

(*i*) स्थानीय आधारभूत ढांचे और विकास संबंधी अन्य आवश्यकताओं की ऐसी नाजुक कड़ियों को जोड़ना जोकि मौजूदा व्यवस्था के अंतर्गत ठीक नहीं हो पा रही हैं।

(*ii*) पंचायत और नगरपालिका स्तर की शासन व्यवस्था को क्षमता सृजन के माध्यम से पर्याप्त सुदृढ़ कराना ताकि स्थानीय आवश्यकता को पूरा करने के लिए सहभागिता नियोजन, निर्णय करने, क्रियान्वयन और निगरानी में पेशेवर सहायता उपलब्ध कराना।

(*iii*) स्थानीय निकायों को नियोजन, क्रियान्वयन और योजनाओं की निगरानी में पेशेवर सहायता उपलब्ध कराना।

(*iv*) पंचायतों को सौंपे गए महत्वपूर्ण कार्यों के निष्पादन में सुधार करना तथा अपर्याप्त स्थानीय क्षमता तथा सबको इनका फायदा दिलाने में विद्यमान कमियों को दूर करना है।

**कार्यक्रम की व्यूह रचना**

इस योजना में संबंधित जिले में चल रहे विभिन्न कार्यक्रमों का समन्वय किया जाता है और इस तरह जिले को प्राप्त होने वाले अनेक संसाधन जुटाकर पिछड़ेपन की समस्या से निपटने का प्रयास किया जाता है। निधि के अंतर्गत क्रियान्वयन के लिए जिन कार्यक्रमों की पहचान की जाएगी उनका चयन जनता की भागीदारी से किया जाएगा। यह कार्य ग्रामीण इलाकों में ग्राम सभाओं और वार्ड सभाओं तथा शहरी इलाकों में क्षेत्र सभा और वार्ड कमेटियों के जरिए किया जाएगा। प्रत्येक पंचायत और नगरपालिका में जानकारी सहभागिता से योजनाएं बनायी जाती हैं। इन योजनाओं में पंचायत के उस क्षेत्र में खर्च किए जा रहे तमाम संसाधनों का हिसाब रखा जाता है। इस प्रक्रिया में क्रमशः निम्न कार्य का समन्वय तो अवश्य किया जाता है:

(*i*) राज्य योजना के क्षेत्रीय और जिला खंड।

(*ii*) केंद्र द्वारा प्रायोजित योजनाएं, खासतौर पर उसके प्रमुख कार्यक्रम जैसे महात्मा गांधी राष्ट्रीय ग्रामीण रोजगार गारंटी कार्यक्रम, सर्वशिक्षा अभियान, मध्याह्न भोजन कार्यक्रम, पेयजल मिशन, संपूर्ण स्वच्छता अभियान, राष्ट्रीय ग्रामीण स्वास्थ्य मिशन, समन्वित बाल विकास सेवाएं और राष्ट्रीय शहरी नवीनीकरण मिशन।

(*iii*) केंद्रीय और राज्य वित्त आयोग से संबद्ध और असंबद्ध अनुदान।

(*iv*) भारत निर्माण कार्यक्रम के तहत दी जाने वाली धनराशि।

प्रत्येक पंचायत और नगरपालिका द्वारा सहभागिता से तैयार की गई योजना को जिला नियोजन समिति अपनी जिला योजना में समन्वित करेगी। जिले को उपलब्ध सभी वित्तीय संसाधनों को इसमें प्रदर्शित किया जाता है और यह सुनिश्चित करते हुए कि उनके इस्तेमाल में किसी तरह की देरी, बरबादी और दोहरापन न हो तथा दूसरे कार्यों में उनका उपयोग न हो, उनका सर्वाधिक उपयुक्त उपयोग सुनिश्चित हो।

**पिछड़ा क्षेत्र अनुदान निधि में वित्तपोषण**

इस कार्यक्रम के वित्तपोषण के दो भाग हैं जो निम्न हैं:

(*i*) **250 करोड़ रुपए वार्षिक की क्षमता निर्माण निधि**

इस धनराशि का उपयोग स्थानीय संस्थाओं की मूलतः नियोजन, क्रियान्वयन, निगरानी, लेखांकन और जवाबदेही तथा पारदर्शिता में सुधार की क्षमता जुटाने में किया जाता है।

(*ii*) **3500 करोड़ रुपए का असंबद्ध अनुदान**

पंचायतों और शहरी स्थानीय निकायों द्वारा इन राशियों का आबंटन पारदर्शी मानदंडों के अनुसार होता है और वे इसका उपयोग समन्वित विकास की टूटी हुई महत्वपूर्ण कड़ियों को जोड़ने में होता है जिनकी पहचान इन दिशा-निर्देशों में बतायी गयी सहभागिता नियोजन प्रक्रिया के जरिए किया जाता है।

**जिलों को धनराशि के वितरण के मानदंड**

लगभग पूरी तरह असंबद्ध अनुदानों को संबंधित जिलों में इस प्रकार वितरित किया जाएगाः

(क) प्रत्येक जिले को 10 करोड़ रुपये वार्षिक की एक न्यूनतम निश्चित धनराशि,

(ख) योजना के अंतर्गत बाकी बची 50 प्रतिशत राशि सभी पिछड़े जिलों की कुल आबादी में उस जिले की जनसंख्या के हिस्से के आधार पर, और

(ग) शेष 50 प्रतिशत राशि पिछड़े जिलों के कुल क्षेत्रफल में उस जिले के हिस्से के आधार पर किया जाता है।

**जिले के भीतर पंचायतों/शहरी स्थानीय निकायों को पिछड़ा क्षेत्र का अनुदान निधि से धनराशि के आंतरिक आबंटन का फार्मूला**

प्रत्येक राज्य को पंचायतों और शहरी स्थानीय निकायों (इसमें राजधानी वाले शहर और 10 लाख की आबादी वाले शहर शामिल नहीं हैं) को पिछड़ा क्षेत्र विकास निधि से धन के आबंटन के लिए अपनाए जाने वाले मानदंडों के फार्मूले का उल्लेख करना होगा। मानदंडों संबंधी फार्मूले में इन बातों का ध्यान रखना वांछित है:

(*i*) जिले के अंदर प्रत्येक स्थानीय स्वशासन संस्था (पंचायतों और नगर पालिकाओं) का हिस्सा।

(*ii*) प्रत्येक श्रेणी के लिए किए गए कुल आबंटन में से प्रत्येक पंचायत या नगर-पालिका के आपसी हिस्से के बारे में मानदंड।

**फार्मूले में शामिल संभावित बातें**

(क) राज्य के भीतर तैयार किया गया और अपनाया गया कोई भी सूचकांक जिससे पिछड़ेपन या विकास के स्तर का पता चलता हो।

(ख) जिला परिकल्पना तैयार करते समय निर्धारित की गयी जिलावार विशिष्ट प्राथमिकताओं की ओर ध्यान देना।

(ग) किसी निश्चित मानदंड के आधार पर आबंटित धनराशि का एक निश्चित प्रतिशत कार्य निष्पादन प्रोत्साहन देने के लिए अलग से रखना।

**संभावित परिणाम**

अनुमान लगाया गया है कि पिछड़ा क्षेत्र अनुदान निधि योजना की पहल से क्षेत्रीय असंतुलन दूर होंगे, पिछड़े हुए जिलों में गरीबी दूर करने में मदद मिलेगी और जवाबदेह तथा संवेदनशील पंचायतों तथा नगरपालिकाओं को बढ़ावा मिलेगा।

**निष्कर्ष**

इस अध्याय में मुख्यतः ग्रामीण विकास मंत्रालय की योजनाएं और पंचायती राज मंत्रालय की एक योजना पर चर्चा की गई है। इन योजनाओं में पंचायतों की भागीदारी अन्य केंद्र प्राप्त योजनाओं से अधिक है। पिछड़ा क्षेत्र अनुदान योजना के अंतर्गत तो साधनों का हस्तांतरण तभी होगा यदि पंचायतें व नगरपालिका अपने स्तर पर योजनाएं बना रही हैं तथा दोनों क्षेत्रों की योजनाओं को मिलाकर जिला योजना का प्रारूप जिला योजना समिति द्वारा बनाया जा रहा हो। इसी प्रकार, अन्य केंद्र शासित योजनाएं जैसे शिक्षा, स्वास्थ्य, कृषि, आदि से सम्बन्धित हैं। इन सभी योजनाओं का समायोजन ग्राम योजना, ब्लॉक योजना, जिला परिषद योजना और अंतर जिला योजना बनाते समय करना है। इसकी प्रक्रिया कैसे होगी, इस पर चर्चा पुस्तक के अगले अध्यायों में की गई है।

*अध्याय-6*

# सफलता की मिसालें

## प्रस्तावना

पंचायतों ने अपने स्तर पर ग्राम विकास से संबंधित विभिन्न कार्य किए हैं। इन कार्यों में कुछ गतिविधि कार्य जल प्रबंधन से, कुछ गतिविधि योजना बनाने, कुछ गतिविधि पारदर्शिता, लोगों की भागीदारी व समन्वय से संबंधित है। वास्तव में देखा जाए तो अगर गांवों में पानी का प्रबंधन उचित प्रकार से हो जाए तो गांव की गरीबी बहुत हद तक दूर हो सकती है। यहां पर विभिन्न पंचायतों द्वारा महात्मा गांधी नरेगा के अंतर्गत विभिन्न नवीनतम कार्य किए गए हैं इन्हीं का जिक्र पुस्तक के इस अध याय में किया गया है ताकि ये उदाहरण लोगों के प्रेरणा के स्रोत बन सकें।

## 1. हिमाचल प्रदेश में समन्वय की मिसाल

हिमाचल प्रदेश का सोलन जिला महात्मा गांधी नरेगा के अंतर्गत चुने गए अनेक समन्वय जिलों में से एक है। इस जिले के नौयनी ग्राम पंचायत का उदाहरण उल्लेखनीय है जो कि यहां के सरपंच श्री बलदेव सिंह की सूझबूझ व लीडरशिप गुणों का परिचय देता है।

यहां पर महात्मा गांधी नरेगा के तहत सीमेन्ट की सड़क बनाई गई और उसके नीचे नाली बना दी गई जिसके द्वारा रसोई आदि का गंदा पानी बहकर गांव से बाहर निकल सके। यह गांव अपनी स्वच्छता की मिसाल के कारण राज्य सरकार और केंद्र सरकार से इनाम भी ले चुका है। पंचायत को इनाम की राशि 15 लाख रुपए

मिली थी। इस राशि को भी सरपंच ने गांव के विकास के लिए समन्वय गतिविधियों में लगा दिया। ग्रामीणों का बीमा कवर भी पंचायत के द्वारा कराया गया। ग्राम पंचायत ने महात्मा गांधी नरेगा के साथ कृषि, बागवानी व वन विभागों के साथ समन्वय करके 'रेन वाटर हार्वेस्टिंग' के लिए बड़ा टैंक बनवाया, फलदार पौधे लगवाए। इस प्रकार, इकट्ठा किया गया पानी ग्राम पंचायत के लिए आमदनी का स्रोत भी बन गया। यह सफलता ग्राम पंचायत को इसलिए मिल सकी कि सरपंच ने पंचायत का कार्य योजनाबद्ध तरीके से किया।

## 2. गुजरात में सामुदायिक एकजुटता की मिसाल

गुजरात में अवनिया गांव भावनगर जिले में स्थित है। इस गांव में लगभग 500 परिवार रहते हैं। समुद्र तटीय गांव होने के कारण और अन्य भौगोलिक कारणों से यहां का जल पीने योग्य नहीं था। पेयजल भी असुरक्षित था। गर्मियों के मौसम में तो स्थानीय स्रोत भी सूख जाते थे।

पानी की समस्या को दूर करने के लिए यहां का ग्रामीण समुदाय सक्रिय है। ग्रामीणों ने स्वयं तालाब बनाए, पानी रोकने के लिए बांध बनाए, कुओं का सर्वेक्षण किया और 50 घरों और एक स्कूल की छत पर वर्षा जल एकत्रीकरण ढांचों का निर्माण किया। गांव की इस सामाजिक एकजुटता से निम्न लाभ समाज को हुए:

- पेयजल समस्या का समाधान।
- जल तालिका में सुधार व जल गुणवत्ता में सुधार।
- तीन चौथाई से अधिक परिवारों में पेय जल कनेक्शन।
- सौ प्रतिशत जल शुल्क एकत्र।
- जल गुणवत्ता की निगरानी।

## 3. नागालैण्ड में वर्षा जल एकत्रीकरण की मिसाल

नागालैण्ड राज्य के फिरो गांव में महात्मा गांधी नरेगा के अंतर्गत जल एकत्रीकरण टैंक से ग्रामीणों को क्षेत्र में पानी की कमी की समस्या को दूर करने में मदद मिली।

नागालैण्ड पूर्वोत्तर भारत के पर्वतीय क्षेत्र में है। फिरो गांव ब्लॉक बोझुरो रालन, जिला लोखा में सर्वाधिक ऊंचाई पर स्थित गांवों में से एक है जहां पानी की कमी एक मुख्य समस्या है। फिरो गांव की आबादी लगभग 2500 है। इस गांव में महात्मा गांधी नरेगा के तहत सहायता प्राप्त कर जल एकत्रीकरण टैंक से ग्रामीणों ने क्षेत्र में पानी की कमी की समस्या दूर की। ग्रामीणों को एक से दो कि.मी. की

दूरी तय करके निचले इलाकों से पानी एकत्र करना पड़ता था और पर्याप्त पानी भी उपलब्ध नहीं होता था। यह गांव समुद्रतल से 1850 मीटर की ऊंचाई पर स्थित है। इस समस्या को हल करने के लिए ग्रामीण क्षेत्र का सर्वेक्षण और अध्ययन कर यह निर्णय लिया गया कि प्रत्येक परिवार में एक विशेष प्रकार का वर्षा जल एकत्रीकरण टैंक बनाया जाय ताकि वर्षा के पानी को एकत्र किया जाए।

इस वर्षा जल एकत्रीकरण टैंक का आयतन 5'5'6 की दर से 4.29 घन मीटर है। टैंक की लागत कम करने के लिए जापान के वनस्पति इस्पात की नवीनतम प्रौद्योगिकी का प्रयोग किया गया। चूंकि इनमें दबाव को झेलने की क्षमता अधिक होती है अतः ये भूकंप के झटकों को भी झेल सकते हैं।

परियोजना की लागत 64.83 लाख रुपए थी और परियोजना को पूरा करने के लिए 25.02 लाख रुपए का वास्तविक व्यय किया गया।

यह परियोजना दूसरी परियोजनाओं से भिन्न रही क्योंकि इसके अंतर्गत ग्रामीण विकास विभाग द्वारा सर्वाधिक टैंक बनाए गए। यह परियोजना ग्रामीणों के सहयोग से सफलतापूर्वक कार्यान्वित की गई और इससे ग्रामीणों को आर्थिक राहत भी मिली।

## 4. मध्य प्रदेश में प्रभावी वनीकरण की मिसाल

देवपुर कोटमी गांव की आदिवासी आबादी ने 45 हेक्टेयर वन भूमि का विकास फलों और सब्जियों के पेड़ लगाकर किया है। वनीकरण का काम चार स्वयंसेवा समूहों के 40 सदस्यों ने हाथ में लिया था। पानी के तालाब और खेती की अन्य प्रणाली भी तैयार की गई है ताकि पर्याप्त जलापूर्ति सुनिश्चित की जा सके। प्रत्येक सदस्य ने करीब एक हेक्टेयर भूमि का प्रबंध किया और उसके उत्पाद को वे स्थानीय बाजार में बेचने में कामयाब रहे।

गांव वाले 30,000 रुपए मूल्य की सब्जियां स्थानीय बाजार गें बेचने में कामयाब रहे हैं और मिड डे मील स्कीम के तहत स्थानीय सरकारी स्कूलों से भी गठजोड़ किया गया है। इसके अलावा, इन समूहों को खेती की नई तकनीकी का भी प्रशिक्षण दिया गया है और ये फूल तथा सिल्क की झाड़ियों की खेती करना भी सीख गए हैं।

बैतूल के लोगों ने न सिर्फ अपने गांव में काम ढूंढ़ लिया है बल्कि अपने लिए निरंतर चलने वाला आय का एक स्रोत भी पक्का कर लिया है।

## 5. उत्तर प्रदेश में महात्मा गांधी नरेगा के अंतर्गत समन्वय की मिसाल

प्राकृतिक आपदा के रूप में सूखा एक बहुत ही जटिल समस्या है। पिछले कई वर्षों से जालौन व बुंदेलखंड क्षेत्र के अन्य जिले भी गंभीर सूखे के शिकार हुए हैं। यहां की अर्थव्यवस्था पूरी तरह कृषि आधारित है। ऐसे में सूखे का सीधा असर यहां के लोगों की आजीविका और अंततः अर्थव्यवस्था पर पड़ता है। औसत से कम बारिश होने तथा तेजी से कम होते भूजल स्तर के कारण पेयजल की आपूर्ति भी एक चुनौतीपूर्ण समस्या बन गई है। ऐसे में महात्मा गांधी नरेगा सूखा पीड़ितों के लिए एक ईश्वर प्रदत्त वरदान साबित हुआ।

आमतौर पर यहां औसत वर्षा 900 मि.मी. होती है पर पिछले पांच वर्षों के दौरान वर्षा का औसत करीब 380 मि.मी. था। सूखे की वजह से पानी की कमी के कारण रबी और खरीफ की फसल के लिए 3,00,000 हेक्टेयर कृषि भूमि बगैर सिंचाई के छोड़ दी गई थी। बेतवा नहर का पानी न सिर्फ जिले की खेती की आवश्कताओं की पूर्ति करता है बल्कि भूमिगत जल के पुनर्संभरण का भी महत्वपूर्ण स्रोत है। 2006-07 के दौरान जिले के सभी 9 ब्लॉक में पानी का स्तर औसतन 25 फीट तक कम हो गया था। जालौन में पेयजल की आपूर्ति के लिए युद्ध स्तर पर काम करने की आवश्यकता पड़ी और मौजूद हैंडपंपों को दोबारा बोर करना पड़ा। इसके अलावा, टैंकरों से पानी की आपूर्ति की गई और नई पाइपलाइनों का विस्तार किया गया। नए और गहरे टैंक बनाए गए। जालौन के परेशान किसानों और गरीबों को शीघ्र रोजगार के वैकल्पिक मौकों की आवश्यकता है और साथ ही तेजी से सूखते भूमिगत जल की भरपाई करने के लिए शीघ्र उपाय किए जाने की जरूरत है।

गांव में किसानों द्वारा किए जाने वाले जलसंग्रहण के कामों की बढ़ती मांग के मद्देनज़र मई 2007 में वर्षा जलसंग्रहण पर कार्यशाला में सोख्ता गड्ढों के निर्माण पर खास जोर दिया गया ताकि गांवों में लगे जल निगम, इंडिया मार्क टू हैंडपंप से पानी की बर्बादी को रोका जा सके।

जल निगम के नियमों के मुताबिक अनुमान है कि एक हैंडपंप से एक दिन में 250 लोगों के लिए 40 लीटर पानी निकलता है। अनुमान है कि इसमें से करीब 15 प्रतिशत पानी बाल्टी और दूसरे बर्तन में भरने की प्रक्रिया के दौरान ही नष्ट हो जाता है।

जून 2007 से अप्रैल 2008 तक की अवधि में 3,000 से ज्यादा पूरी तरह नए सोख्ता गड्ढे बनाए गए और यह जल निगम के इतने ही मार्क टू हैंडपंप के

साथ-साथ बनाया गया। उत्तर प्रदेश राज्य में एक तरह का रिकॉर्ड होने के अलावा इससे जिले के कई हिस्सों में गांवों के भूमिगत जल स्तर को बहाल करने में सहायता मिली। इस प्रयास से सोख्ता गड्ढों से लगभग 45 लाख लीटर पानी की बचत करने में सहायता मिलेगी। सोख्ता गड्ढों के निर्माण से भूमिगत जल स्तर पर आए सकारात्मक प्रभाव के कारण उत्तर प्रदेश सरकार ने इस मॉडल को बुंदेलखण्ड के दूसरे सूखा प्रभावित जिलों में भी लागू करने का प्रस्ताव किया है।

## 6. उत्तराखंड में वनीकरण से चारा उत्पादन की मिसाल

चमोली जिले के दशोली ब्लॉक में ग्रामीणों ने तय किया है कि महात्मा गांधी नरेगा के तहत वे चारा उगाएंगे और सार्वजनिक व निजी भूमि पर पौधे लगाएंगे। खेती और वनीकरण का यह मिला-जुला काम सर रतन टाटा ट्रस्ट के साथ मिलकर हाथ में लिया गया है। ट्रस्ट का उद्देश्य मुनाफा कमाना नहीं है। महात्मा गांधी नरेगा के संसाधनों से स्थानीय स्तर पर इस तरह के नए काम किए जा सकते हैं जिससे योजना के लाभ को अधिकतम करने में सहायता मिलेगी।

दशोली में रहने और काम करने वाली पुष्पा देवी और राजेश्वरी देवी के लिए इस योजना से न सिर्फ गरीब किसानों के लिए आय के नए स्रोत बने हैं बल्कि इसने बंजर भूमि का उपयोग चारे और पशुधन के उत्पादन में वृद्धि के लिए किया है। अभी तक जिले में 75 हेक्टेयर सामुदायिक भूमि और 15 हेक्टेयर निजी भूमि का उपयोग किया गया है।

## 7. आंध्र प्रदेश में तालाबों को पुनर्जीवित करने की मिसाल

आंध्र प्रदेश के सूखा प्रभावित हिस्से में 14वीं और 16वीं सदी में बनवाए गए तालाबों के नेटवर्क को अब महात्मा गांधी नरेगा के तहत साफ और पुनर्जीवित किया जा रहा है। विरासत को पुनर्जीवित करने में सहायता करने के साथ-साथ इस योजना से 238 परिवारों को अपनी आजीविका का मौका मिला है। हर दिन काम करने के बदले मजदूरों को कम से कम 80 रुपए की मजदूरी मिलती है।

तालाबों को जिन नहरों से पानी मिलता है उनकी सफाई और उनमें जमी मिट्टी और गंदगी आदि को निकालने के बाद ये तालाब अब पूरी तरह से भरे हुए हैं। भूमिगत जलस्तर को बेहतर करने के साथ-साथ स्थानीय पर्यावरण पर इसके दूसरे सकारात्मक लाभ हैं। पानी का उपयोग करने वालों की एक समिति तय करती है कि तालाब के पानी का कैसे उपयोग किया जाए।

इस तरह के प्रयोग से यहां के लोग पानी के दर्शन कर सके है। इस सफलता से खुश होकर टी. रजैया कहते हैं कि पिछले कई वर्षों से हम लोगों ने इतना पानी नहीं देखा था। फिर हैंडपंपों से पानी आ गया। अब यहां के लोग अपने खेतों में सिंचाई कर सकते हैं अपने पशुओं को पर्याप्त पानी दे सकते हैं। अब यहां के लोग खुश हैं कि वे अपने खेतों में चमरघेंच (स्टाक) देख रहे हैं।

## 8. अरुणाचल प्रदेश में विकास की योजना की मिसाल

छंगलियांग गांव लोहित मिशमी पहाड़ियों की तलहटी में समुद्र तल से 210 मीटर की ऊंचाई पर है। यह एक ऐसा जिला है जो अक्सर बाढ़ और भू-स्खलन का शिकार होता रहता है। नदी के रास्ते में नियमित रूप से होने वाले बदलाव के कारण जिले की संचार व्यवस्था, सड़क, बिजली, आवश्यक सामान, गैर और अन्य राशन की आपूर्ति अक्सर बाधित हो जाती है। पानी जमा रहने और मिट्टी के क्षरण के कारण यहां जल जनित बीमारियां होती रहती हैं। स्थानीय स्तर पर खेती भी प्रभावित होती है तथा बाढ़ के कारण खेतों में मिट्टी और रेत भर जाने से कृषि भूमि का बड़ा हिस्सा बेकार हो जाता है।

महात्मा गांधी नरेगा ने इससे प्रभावित होने वाले लोगों को अपने गांव के विकास की योजना बनाने में सहायता दी है। गांव वालों ने दर्रा नहर पर एक बांध बनाने का फैसला किया ताकि बाढ़ न आए और पानी इकट्ठा हो सके।

इस योजना द्वारा गांव वालों को यह निर्णय करने का मौका मिला कि गांव के लिए विकास की प्राथमिकताएं क्या होनी चाहिए और कौन सा काम हाथ में लिया जाना चाहिए। गांव के 116 परिवारों में से 94 ने रोजगार की मांग की है और उन्हें 100 दिन का काम दिया गया। लोगों को आजीविका के मौके मुहैया कराने के साथ-साथ इसने लोगों को पैसे भी दिए हैं जिससे खेती में काम आने वाले सामान खरीदे गए हैं। जब से तटबंध बनाने का काम पूरा हुआ है तबसे छंगलियांग गांव में बाढ़ नहीं आई है। ग्रामीणों के घर और फसल दोनों बच गई है। महात्मा गांधी नरेगा के तहत गांव वालों ने अब एक सड़क बनाना शुरू किया है। यह सड़क उनके गांव को खेतों से जोड़ेगी।

## 9. छत्तीसगढ़ राज्य में जल संसाधनों के पुनरुद्धार की मिसाल

डोंगरगांव ब्लॉक के जंतर गांव में जंतर टैंक स्थित है। यह छत्तीसगढ़ के राजनांदगांव जिला मुख्यालय से करीब 40 किलोमीटर दूरी पर स्थित है। जंतर टैंक स्कीम की

अवधारणा 1965-66 में बनाई गई थी जब इस इलाके में पानी की कमी थी। वैसे तो टैंक से सिंचाई की अच्छी संभावना है पर यह क्षतिग्रस्त हो गया है। इस टैंक का एक अच्छा केचमेंट क्षेत्र भी था।

महात्मा गांधी नरेगा के तहत इस टैंक के पुनरुद्धार और उन्नयन का काम हाथ में लिया गया था। इसके तहत इसे सुधारा और बेहतर बनाया गया। जिसके कारण इस टैंक से 50 हेक्टेयर कृषि भूमि की सिंचाई हो सकी। गांव के लोग टैंक के पानी का उपयोग खरीफ की फसल के लिए भी कर सकते हैं। इस टैंक से इलाके के लोगों की सामाजार्थिक स्थिति बेहतर हुई है।

राजनांदगांव जिले के ही टप्पा गांव के पास स्थित पानी के टैंक का भी सुधार किया गया है। ठीक से रख-रखाव न होने के कारण इसमें तलछट जम गया था और घासफूस भी उग गया था। इससे इस टैंक की क्षमता कम हो गई थी। टैंक से तलछट और घासफूस साफ करने तथा नहर की मरम्मत के लिए महात्मा गांधी नरेगा के तहत 29.93 लाख रुपए मंजूर किए गए। स्तर में सुधार और दुरुस्त करने का काम पूरा होने के बाद इस टैंक की क्षमता बढ़ गई है। अब इसका रख-रखाव होता है और नहर की मरम्मत कर दी गई है। अब इस टैंक की 150 हेक्टेयर अतिरिक्त सिंचाई की क्षमता बढ़ गई है। अच्छी सिंचाई होने से किसानों की सामाजार्थिक स्थिति बेहतर हो गई है।

## 10. झारखंड राज्य में प्रोजेक्ट साइफन की मिसाल

पंचायती राज सही अर्थों में अपने उद्देश्य पूरे करता लग रहा है क्योंकि लोकतंत्र को यह गांव के स्तर पर ले जा रहा है और इसके लिए यह अच्छी खासी शक्ति जनता के संगठनों को विकेंद्रित करता जा रहा है। पंचायती राज संस्थाओं पर ज्यादा ध्यान दिए जाने और गांवों के विकास की दिशा में अच्छी खासी प्रगति का कारण महात्मा गांधी नरेगा है।

पाकुड़ जिले में चल रही महात्मा गांधी नरेगा ने जिले में पानी की कमी की समस्या दूर कर दी है। महात्मा गांधी नरेगा के प्रयासों से चला प्रोजेक्ट साइफन आज जिले के गांवों को पानी की निर्बाध आपूर्ति देता है। पाकुड़, दुमका और साहेबगंज जिले राजमहल के अपर कुंडवाला खंड में आते हैं। ये जिले 2000 लाख साल पहले आए भूकंप के परिणाम हैं इसलिए इसकी भूगर्भीय स्थितियां ऐसी नहीं हैं कि भूमिगत जल और जल स्रोतों का उपयोग किया जा सके। ऐसे में साइफन प्रोजेक्ट कृत्रिम बोरिंग है और यह पानी की समस्या को खत्म करने में सहयोग दे रहा है।

यह योजना बेहद लाभप्रद साबित हुई है क्योंकि इससे रोजगार के अवसरों में इजाफा हुआ है। मजदूरों का पलायन रुक गया है। योजना से संबंधित जागरुकता के कारण कोई भी बच्चा काम करता नहीं पाया गया है और बाल मजदूरी काफी हद तक कम हुई है। यह प्रयास पंचायत की पहल से संभव हो सका है।

## 11. कर्नाटक राज्य में परंपरागत जल भंडार के पुनरुद्धार की मिसाल

खेती के लिए भूमिगत जल के अत्यधिक दोहन तथा बहुत कम बारिश होने से गांव में पानी का जल स्तर काफी नीचे चला गया था जिसके कारण गांव में पानी का गंभीर संकट खड़ा हो गया था। आपदा राहत कोश से गांव में खोदे गए बोरवेल से हर साल बहुत कम पानी आता था। प्रशासन के लिए भी यह गांव हमेशा मुश्किल वाला रहा था। पानी की कमी के कारण जनवरी से जून तक टैंकों के जरिए पानी का बंदोबस्त करना पड़ता था। टैंकर से गांव में पानी पहुंचाने का खर्च प्रति वर्ष औसतन एक लाख 20 हजार रुपए आता था। इसके अलावा करीब डेढ़ लाख रुपए का खर्च बोरवेल बनाने के लिए किया जाता था ताकि पानी की समस्या का स्थायी हल हो सके। इस तरह गांव को पिछले कम से कम तीन वर्षों से पानी पर पहले की तुलना में कम खर्च करना पड़ रहा है। पानी की उनकी समस्या को दूर करने की स्कीम की पेशकश को वे जल्दी ही समझ गए। योजना के लिए योजना बनाने के उद्देश्य से हुई ग्रामीणों की बैठक में गांव वालों ने यह सुझाव दिया कि गांव में मौजूद पानी के टैंक के तलछट को साफ करके उसका पुनरुद्धार किया जाए। इसमें टैंक से तलछट हटाना और उसे ज्यादा गहरा करना तथा तीन कि.मी. लंबा नाला बनाना शामिल है। इसके जरिए बरसात में बारिश का पानी तालाब में आएगा।

दिसंबर महीने में बिना समय के बारिश हुई और इससे टैंक भर गया। इससे गांव में भूमिगत जल पुनर्संभरण हो गया। गांव की पीने के पानी की आवश्यकता पूरी करने वाले बोर कुएं भर गए और ठीक से काम कर रहे हैं। अब गांव में टैंकर से जलापूर्ति करने की कोई मांग नहीं है।

## 12. केरल राज्य में गांव योजना और समन्वय की अनूठी मिसाल

वर्षों पहले चिम्परा गांव में कांजीरपुजा सिंचाई परियोजना के निर्माण का कारण अनुसूचित जाति के परिवारों के एक समूह का पुनर्वास के लिए किया गया था। शुरू में इन्हें जमीन, घर, कूएं, शौचालय आदि मुहैया कराए गए थे और यह सब समझौते का भाग था। आय के स्रोत के रूप में मछुआरों की एक सहकारी समिति

बनाई गई थी। यह सोसाइटी न नफा, न नुकसान के आधार पर लंबे समय तक चली और इसका काम था खासतौर से बनाए गए तालाब में मछली पालना। मछुआरों को प्रतिस्पर्धी कीमत नहीं मिल रही थी और इसलिए यह उपक्रम कमजोर हो गया था। इससे समस्याएं बढ़ गईं और वे गरीबी के शिकार हो गए थे।

चिम्परा ग्राम पंचायत ने ब्लॉक कार्यक्रम अधिकारी मन्नरक्कड़ के जरिए इस स्थिति की जानकारी जिला महात्मा गांधी नरेगा टीम को दी। इन लोगों ने मत्स्य विभाग, ग्राम पंचायत और ब्लॉक पंचायत के सदस्यों, मछुआरों की सोसाइटी के सदस्यों और अन्य स्वयंसेवी संगठनों से बात की और तय किया कि महात्मा गांधी नरेगा के अंतर्गत प्राप्त संसाधनों का उपयोग ग्रामीण अनुसूचित जाति के लाभ और उनकी स्थिति सुधारने के लिए किया जाए।

योजना को सफल बनाने के लिए निम्नलिखित गतिविधियां चलाई गईः

- ग्राम पंचायत ने एक परियोजना का प्रस्ताव किया और इसे मंजूर करा लिया।
- जो तालाब गंदगी, कीचड़ और झाड़ियों आदि से भरे थे तथा जिनमें प्रवेश करना बहुत मुश्किल था उन्हें साफ करवाकर उनका पुनरुद्धार किया गया।
- इनमें भिन्न-भिन्न किस्म की मछली की पैदावार होने लगी।
- 91,936 रुपए की राशि खर्च की गई।
- सोसाइटी के जरिए मत्स्य विभाग ने मछुआरों को मछली के पांच लाख अंडे मुहैया कराए और उन लोगों ने इन्हें तालाबों में डाल दिये।
- इससे तीन लाख फिश स्पॉन और एक लाख फिंगरलिंग्स तैयार हुई।
- चार से पांच महीने बाद इन छोटी मछलियों को आगे के विकास के लिए कनहीं रापुजा डैम में डाल दिया गया।
- एक साल की अवधि में ये मछलियां पूरी तरह बड़ी और परिपक्व हो जाएंगी।
- मछुआरों को यह अधिकार है कि वे सिंचाई बांध से इन मछलियों को पकड़कर बेचें और उनसे पैसे कमाएं।
- खुले बाजार में ये मछलियां आसानी से बिक सकती हैं और उम्मीद की जाती है कि एक किलो मछली 30 से 50 रुपए में बिकेगी। यह अनुमान है कि इस उपक्रम से कम से कम 30 लाख रुपए की राशि की कमाई की जा सकती है। यह प्रयास लोगों की भागीदारी और महात्मा गांधी नरेगा के सहयोग से सफल हो सका।

## 13. मध्य प्रदेश में महिला सरपंच की मिसाल

रूपकंवर जाट को 2005 में मध्य प्रदेश के धार जिले के जबधा गांव का सरपंच चुना गया था। नेतृत्व की उनकी गुणवत्ता और योग्यता का यह असर हुआ कि जल्दी ही उनके गांव में महात्मा गांधी नरेगा को सफलतापूर्वक लागू कर दिया गया। सरपंच ने कहा, "एमजीनरेगा जब यहां आया तो मुझे इससे शक्ति मिली। मैं अन्य सरपंचों में शामिल थी और एक बार हमें प्रशिक्षण के लिए ब्लॉक ऑफिस पर आमंत्रित किया गया। यहां हमें महात्मा गांधी नरेगा के प्रावधानों के बारे में जानकारी दी गई। अब गांव के सभी गरीब परिवारों के पास उनका जॉब कार्ड है। पहले साल में 275 परिवारों ने 100 दिन काम करना पूरा कर लिया था।" गांव वालों ने सड़कों का निर्माण सर्वोच्च प्राथमिकता के रूप में की है। इस योजना के तहत पांच नई सड़कों का निर्माण पूरा हो चुका है और अब जबधा रतलाम के पड़ोसी गांवों के साथ-साथ अन्य गांवों से अच्छी तरह जुड़ गया है।

काम के लिए राजस्थान जाने वाले एक ग्रामीण, भगवान ने कहा महात्मा गांधी नरेगा के जरिए मेरी जमीन पर पानी का एक तालाब बनाया गया है। अब मैं अपनी फसल की सिंचाई कर सकता हूं। पहले मैं अपने पड़ोसियों से पानी खरीदता था। इस साल मैं उन्हें पानी देने में सक्षम था और मैं ज्यादा सब्जियां उगा पाया जिसे मैंने अच्छी कीमत पर बेचा।

सरपंच के रूप में चुने जाने के बाद रूपकंवर वापस स्कूल गईं और कक्षा 12 की परीक्षा पास कर ली।

## 14. राजस्थान में ग्राम पंचायत की मिसाल

सलोना गांव ग्राम पंचायत मकड़ादेव के पंचायत समिति झरोल में स्थित है। यह उदयपुर शहर से 40 किलोमीटर दूर है। यह इलाका पहाड़ी है और यहां के लोगों की आजीविका का मुख्य स्रोत खेती है। इस क्षेत्र में ज्यादातर कृषि भूमि नहरों के आस-पास है।

महात्मा गांधी नरेगा के तहत नहरों को नए सिरे से मजबूत करने और जल संरक्षण संरचना के लिए एक परियोजना मार्च 2006 में मंजूर की गई थी। परियोजना के लिए स्वीकृत कुल राशि 11 लाख रुपए थी। परियोजना पर कार्य दो मई 2006 को शुरू हुआ था। ऊपर एक लूज स्टोन चेक डैम का निर्माण किया जाना प्रस्तावित है। इससे नीचे बहने वाले पानी की रफ्तार  कम होगी। टैंक के रूप में दो जल संरक्षण संरचना बनायी जाएंगी।

इसका नतीजा यह होगा कि 15 एकड़ भूमि सिंचाई की सुविधा के तहत आ जाएगी, जिससे 37 परिवारों को लाभ होगा। उम्मीद की जाती है कि फसल का उत्पादन भी 15 प्रतिशत बढ़ जाएगा। तालाब का कुल आयतन 5400 घन मीटर होगा। इससे नहर के आस-पास स्थित आठ कुओं को पुरर्संचरण करने में सहायता मिलेगी। नहर की मजबूत दीवार मिट्टी का क्षरण रोकेगी।

## 15. पश्चिम बंगाल में भागीदारी की मिसाल

अस्तपारा गांव पश्चिम मेदनीपुर जिला के जम्बैनी ब्लॉक में स्थित है। इस गांव में पानी की गंभीर समस्या का सामना करना पड़ता है। इससे यहां की खेती प्रभावित होती है। महात्मा गांधी नरेगा योजना से लाभ पाने के लिए गांव वालों ने संसाधनों के उपयोग का एक भागीदार वाला मॉडल तैयार किया। गांव का एक नक्शा जमीन पर पेंट कर दिया गया है ताकि गांव वालों को यह तय करने में सहायता मिले कि उनकी राय में प्राथमिकता वाली चीज क्या है। यहां पर सहभागी ग्रामीण मूल्यांकन तकनीक का सहारा लिया गया है। स्थानीय पारिस्थितिकी का विश्लेषण करने के बाद पता चला है कि पानी की उनकी समस्या हल हो जाएगी अगर गंदगी से भरे गांव के एक रायबंध बांध की नए सिरे से खुदाई करके उसे पुनर्जीवित कर दिया जाए। इसके बाद एक बैठक जिलाधिकारी के साथ हुई। इसमें अस्तपारा गांव के लोगों ने पहली बार अपनी विकास योजना प्रस्तुत की और यह तय कर पाए कि किस विकास योजना को हाथ में लिया जाना है।

जिलाधिकारी ने इस परियोजना को मंजूरी दे दी और इसके लिए महात्मा गांधी नरेगा के तहत नौ लाख से ज्यादा रुपए मिले। परियोजना से खोद कर निकाली गई मिट्टी उच्च गुणवत्ता वाली थी और इसका उपयोग गांव की सड़क को बेहतर बनाने के लिए किया गया। इस पर कोई अतिरिक्त खर्च नहीं आया। इस काम में गांव की उन्नयन समिति के साथ-साथ ग्राम पंचायत की सक्रिय भागीदारी भी रही। मजदूरों के लिए अतिरिक्त सुविधा की व्यवस्था की गई। इसमें प्रत्येक कार्यस्थल पर स्वास्थ्य शिविर शामिल हैं। इस योजना के तहत किए गए काम की बेहतर पारदर्शिता और उत्तरदायित्व सुनिश्चित करने के लिए नियमित निगरानी भी की गई।

उक्त गांव में इस कार्यक्रम की शुरुआत से पहले कोई भी निर्णय हमेशा दबाव डालने वाले समूह द्वारा लिया जाता था और इससे गांव को फायदा नहीं होता था।

भागीदारी वाली इस प्रक्रिया से लोगों को निर्णय लेने में तथा अपनी बात रखने में सहायता मिली है और इससे उन्हें अधिकार मिला है।

**निष्कर्ष**

चुनिंदा राज्यों के उपरोक्त उदाहरणों से स्पष्ट है कि पंचायतें, ग्रामीण समाज और सरकार के सहयोग से ग्राम विकास के लिए विभिन्न कार्य हो पाए हैं। ये प्रयास पानी संरक्षण, भूमि संरक्षण, विभिन्न कार्यक्रमों में तालमेल और नियोजन से संबंधित हैं। ये उदाहरण बताते हैं कि पंचायतें अपने स्तर पर नियोजन करते समय पानी और मृदा संसाधनों का रखरखाव अच्छी तरह कर सकें तो वे सतत् रूप से बेरोजगारी व गरीबी की बीमारी से निजात पा सकते हैं। इस तरह के उदाहरण अन्य राज्यों के विभिन्न क्षेत्रों में भी हुए होंगे। स्वयंसेवी संस्थाओं और प्रशिक्षण संस्थानों के लिए ये सफलता की मिसालें लाभप्रद होंगी।

*अध्याय-7*

# वित्तीय संसाधन

## प्रस्तावना

वित्तीय संसाधन नियोजन के लिए उतने ही आवश्यक हैं जितना की जीवित रहने के लिए ऑक्सीजन। वित्तीय संसाधन ही योजना का आधार व साईज निर्धारित करते हैं। संविधान की धारा 243छः पंचायतों की शक्तियां और उत्तरदायित्वों को देने के साथ इन्हें आर्थिक विकास और सामाजिक न्याय की योजना बनाने व उनको लागू करने की शक्ति प्रदान करती है। 73वें संविधान संशोधन में पंचायतों के वित्त संबंधी प्रावधान दिए गए हैं जो इस प्रकार हैं। अनुच्छेद 243 के अनुसार राज्य विधान मंडल विधि द्वारा निर्धारित प्रक्रिया व सीमाओं के भीतर शुल्क, पथ कर और शुल्क लगाने का अधिकार दे सकती है। कुछ विशेष सीमाओं और नियगों के अंदर राज्य सरकार इन्हें चुंगी शुल्क, महसूल ऊगाही का अधिकार भी दे सकती है। राज्य सरकार भी अपनी किसी समेकित निधि से पंचायतों को अनुदान प्रदान कर सकती है। सरकार विभिन्न मदों की उधारी या साख के लिए धन लेने वसूलने के लिए पंचायत के माध्यम से जमा करने व निकालने का भी अधिकार दे सकती है। पंचायतों की आर्थिक स्थिति सुदृढ़ करने के लिए राज्य वित्त आयोग भी गठित किए जाते हैं। विभिन्न केंद्रीय पोषित योजनाओं के अतिरिक्त केंद्रीय वित्त आयोग द्वारा भी पंचायतों को वित्तीय संसाधन हस्तांतरित किए जाते हैं।

इस अध्याय में ग्राम नियोजन के लिए वित्तीय संसाधनों की क्या स्थिति है उदाहरण देकर बताने का प्रयास किया गया है। जहां-जहां जिस राज्य में इस संबंध में अनूठा कार्य हुआ है उसका भी जिक्र किया गया है।

## 1. बजट और योजना में संबंध

वित्तीय संसाधनों के स्रोतों की जानकारी लेने से पहले बजट के बारे में तथा बजट व योजना में क्या संबंध है इसके बारे में जानकारी ले ली जाए। बजट सामान्य रूप से प्राप्तियों और खर्च का दस्तावेज है। बजट से यह पता चलता है कि जिसका बजट बनाया जा रहा है उसकी आर्थिक स्थिति कैसी है। संस्था के अपने स्वयं के कितने स्रोत हैं और कितना यह संस्था अपने खर्चों के लिए दूसरों पर आधारित है। बजट से यह भी पता चलता है कि आय व व्यय का क्या अनुमान है। संस्था अपनी आर्थिक हालत सुधारने के लिए क्या प्रयास कर रही है। योजना और बजट में गहरा संबंध है। योजना बन जाने के बाद ही बजट का काम पूरा होता है। बजट वास्तव में योजना का ही हिस्सा है। योजना में हम अपने संकल्प व परिकल्पना को रखते हैं जबकि बजट में हम उनको पूरा करने के लिए कितने संसाधनों की आवश्यकता है और इन संसाधनों के क्या स्रोत हैं। इन बातों का मानचित्रण करते हैं। इसमें केंद्र सरकार से यह निर्देश नहीं होता है कि इस राशि को अमुक-अमुक तरह से ही खर्च करना है।

## 2. वित्तीय संसाधन मानचित्र

अगर सरकार के दृष्टिकोण से पंचायतों के संबंध में देखें तो कोई भी नियोजन तब तक पूरा नहीं हो सकता है जब तक कि प्रत्येक नियोजन इकाई अर्थात् ग्राम पंचायत, समिति और जिला पंचायत को उस बजट के बारे में जो उस इकाई को वित्तीय वर्ष के दौरान मिलेगा उसकी जानकारी न हो। इस तरह के प्रावधान से तीन लाभ हैं। प्रथम, उपलब्ध कार्यों की सूची में से प्राथमिकता के आधार पर उन क्रियाकलापों को चुनना जिनका वित्तपोषण करना है। दूसरे, योजना इकाई को यह भी पता चल जाता है कि दूसरे संबंधित विभाग या पंचायत के संदर्भ में देखें तो पंचायती राज व्यवस्था के अंतर्गत तीन स्तरीय प्रणाली में एक स्तर से ऊपर का स्तर क्या खर्च करने जा रहा है। ऐसा करने से दोहरेपन से बचा जा सकता है क्योंकि जिन मदों

का वित्तपोषण अन्य विभाग से हो रहा है उनके लिए दोबारा वित्तपोषण न किया जाए। तीसरे, यह जानना भी जरूरी है कि प्रस्तावित क्रियाकलापों के लिए कितना वित्तपोषण नहीं किया जा सकता है। अगर ऐसा है तो योजना इकाई वित्तपोषण के लिए जिले के अंदर अन्य सरकारी स्रोतों से वित्त के बारे में सोचेंगी। योजनानुसार बजट बनाने के लिए पंचायतों के पास वित्तीय संसाधनों के पांच स्रोत हैं या यों कहें कि पांच तरह के वित्त, पंचायतों के तीनों स्तरों पर हो सकते हैं। आइए, इन पांचों स्रोतों पर चर्चा करते हैं।

### 1. केंद्र सरकार की निधियां

केंद्र स्तर पर तीन तरह से राशियां हस्तांतरित की जाती है जिनका जिक्र नीचे किया गया है:

#### 1.1 केंद्र सरकार निधि

केंद्र सरकार से जिला पंचायत, पंचायत समिति, ग्राम पंचायत, उप-पंचायत समूह व संबंधित विभागों को पैसा जाता है। केंद्रीय पोषित योजनाओं के तहत जैसे महात्मा गांधी रोजगार गारंटी अधिनियम, ग्राम स्वरोजगार योजना, इंदिरा आवास योजना, आदि इस तरह की योजनाएं हैं। इस तरह की योजनाओं में केंद्र सरकार व राज्य सरकार दोनों की हिस्सेदारी होती है। उदाहरण के लिए, इंदिरा आवास योजना के तहत कुल राशि का 75 प्रतिशत केंद्र सरकार का और 25 प्रतिशत राज्य सरकार का हिस्सा होता है। पूर्वोत्तर राज्यों के लिए यह प्रतिशत 90 और 10 होता है।

#### 1.2 केंद्रीय वित्त आयोग

केंद्र स्तर पर हर पांचवें वर्ष वित्त आयोग का गठन होता है जो पंचायतों व अन्य के लिए विभिन्न राशियों की सिफारिश करता है। 73वें संविधान संशोधन होने के बाद दसवें वित्त आयोग से लेकर अब तक गठित आयोगों द्वारा पंचायतों को विभिन्न राशियां हस्तांतरित की गई हैं। यह राशि अनटाईड फंड के रूप में होती है। अनटाईड फंड का अर्थ है कि पंचायतें इस राशि से अपने विवेक के अनुसार प्राथमिकता के आधार पर व्यय कर सकती हैं।

बारहवां वित्त आयोग की अवधि 2005 से 2010 तक थी। इस आयोग द्वारा राज्य सरकार को पंचायतों के अनुदान के रूप में 20,000 करोड़ रुपए की राशि

उपलब्ध कराने की सिफारिश की गई थी। पंचायतों को ये निधियां प्रतिवर्ष 4000 करोड़ रुपए की किस्तों में जारी की गई थीं। 13वें वित्त आयोग 2010-2015 ने 63,053 करोड़ रुपए की राशि राज्य सरकारों से पंचायतों को उपलब्ध करने की सिफारिश की है। इसके अतिरिक्त, 1357 करोड़ रुपए की राशि की सिफारिश विशेष क्षेत्र बुनियादी अनुदान और विशेष क्षेत्र निष्पादन अनुदान संयुक्त रूप से पंचायतों और नगर पंचायतों के लिए दी गई है।

**1.3 केंद्रीय सहायता**

उपरोक्त के अतिरिक्त केंद्रीय सहायता जिसके तहत केंद्र सरकार जरुरत समझने पर पंचायतों व अन्य संस्थाओं को राशि हस्तांतरित कर सकती है।

**2. राज्य सरकार की निधियां**

राज्य सरकार से भी पंचायतों को तीन तरह से वित्तीय संसाधन हस्तांतरित किए जाते हैं। (*i*) केंद्र पोषित योजनाओं के तहत राज्य सरकार के लिए निश्चित की गई राशि। (*ii*) राज्य सरकार की अपनी स्वयं की स्कीमें होती हैं जिसके माध्यम से पंचायतों को वित्तीय संसाधन। (*iii*) जैसे केंद्र स्तर पर प्रत्येक पांच वर्ष के बाद वित्त आयोग का गठन होता है, वैसे ही राज्य स्तर पर भी राज्य सरकार द्वारा राज्य वित्त आयोग का गठन होता है। ये आयोग भी पंचायतों व नगरपालिकाओं को वित्तीय साधन  हस्तांतरण करने की सिफारिश करते हैं।

**3. पंचायतों का स्वयं का राजस्व**

पंचायतों को संविधान के द्वारा स्वायत्त शासन की संस्थाओं का दर्जा दिया गया है। महात्मा गांधी ने भी पंचायतों को ग्राम स्वशासन की संज्ञा दी थी। पंचायतों को जैसा कि उपर जिक्र किया गया है केंद्र व राज्य सरकारों से वित्तीय संसाधनों का हस्तांतरण होगा। लेकिन ग्राम नियोजन के लिए पंचायतों को स्वयं भी अपने वित्तीय संसाधन कर व गैर-कर तरीके से मुहैया कराने होंगे। ऐसा करने से ही पंचायतें अपनी मर्जी से ग्रामीण विकास के कार्यों की योजना बना सकती हैं और तब उन्हें लागू कर सकती हैं। लगभग सभी राज्यों में पंचायतों को कर लगाने की शक्ति दी गयी है लेकिन मुश्किल से ही पंचायतें इन शक्तियों का प्रयोग करती हैं। पाठकों की जानकारी के लिए तालिका में राजस्थान के पंचायती राज अधिनियम के अनुसार पंचायतों के राजस्व प्राप्ति के स्रोत दिए गए हैं:

**तालिका-1**

**राजस्थान के पंचायती राज अधिनियम के अनुसार पंचायतों के राजस्व प्राप्ति के स्रोत**

| क्रम सं. | ग्राम पंचायत | पंचायत समिति | जिला परिषद |
|---|---|---|---|
| 1. | भवनों पर कर | 1. कृषि भूमि के प्रयोग के लिए देय किराए पर कर लेबी, नियम में 50 पैसा दर | 1. मेला के लाइसेंस शुल्क |
| 2. | चुंगी | 2. व्यापार और उद्योगो पर कर | 2. ग्रामीण क्षेत्र में संपत्ति की बिक्री पर स्टाम्प ड्यूटी पर पांच प्रतिशत अधिभार और बाजार शुल्क आधा प्रतिशत तक |
| 3. | वाहन कर | 3. प्राथमिक शिक्षा उप-कर | 3. जल दर, जिला परिषद आधार पर |
| 4. | तीर्थ कर | 4. पंचायत समिति मेलों पर कर | |
| 5. | वाणिज्यिक फसलों पर कर | | |
| 6. | सामुदायिक कार्यों के लिए विशेष कर | | |
| 7. | जल कर | | |

गुजरात राज्य में ग्राम स्तर पर दो प्रकार के कर लगाए जाते हैं। कुछ संग्रहीत कर पंचायतों द्वारा अपनी आय के बतौर रख लिए जाते हैं और कुछ करों का संग्रहण राज्य सरकार की ओर से ग्राम पंचायतों द्वारा किया जाता है। यह राशि राज्य सरकार को अंतरित कर दी जाती है जो पुनः उसे पिछले तीन वर्षों के औसत संग्रहण के आधार पर पंचायतों को वितरित कर दी जाती है। ग्राम पंचायतें जिन करों का संग्रहण करती हैं उनमें शामिल हैं गृह कर, सड़क, बिजली कर, जल कर, सफाई कर, ड्रेनेज कर, वाहन, नाव व पशु कर, चारागृहों का कर, स्थानीय निधि उप-कर। तालुक पंचायतें स्टाम्प शुल्क, निविदा कर लगा सकती हैं। पंचायत अधिनियम, 1993 की धारा 208 के तहत, जिला पंचायतें ऐसा कोई भी कर और शुल्क लगा

सकती हैं जो ग्राम पंचायत द्वारा लगाए जाना वाला हो बशर्ते कि जिला पंचायत द्वारा लगाए कर या शुल्क की दर हर प्रकार से गांव की सीमा के अंदर हो, ग्राम पंचायत द्वारा वास्तव में लगाए गए कर या शुल्क की दर के 10 प्रतिशत से अधिक न हो।

सभी राज्यों में पंचायतों के तीनों स्तरों पर राज्य स्तर से अनुदान देने का प्रावधान है। लेकिन कर्नाटक और महाराष्ट्र का उदाहरण अनूठा है। कर्नाटक में प्रत्येक ग्राम पंचायत को राज्य सरकार से प्रतिवर्ष दो लाख रुपए पाने का प्रावधान है। महाराष्ट्र में जिला स्तर के कुल अनुदान का 50 प्रतिशत भाग जिला पंचायत को देने का अधिकार है।

गुजरात, राजस्थान, हिमाचल प्रदेश, मध्य प्रदेश, झारखण्ड, छत्तीसगढ़, उड़ीसा, आंध्र प्रदेश व महाराष्ट्र जो पांचवीं अनुसूची क्षेत्र में आते हैं वहां पर जल, जंगल और जमीन पंचायतों के अधिकार क्षेत्र में है। यहां पर पंचायतों को निम्न अधिकार व शक्तियां दी गई हैं:

- लघु खनिजों पर स्वामित्व,
- मानक दरों के विक्रय और उपभोग को वियनित करने का अधिकार,
- गौण वन उपज का स्वामित्व, और
- पंचायतों से ग्राम बाजारों का प्रबंधन करने की शक्ति भी दी गई है जिनका उपयोग करके पंचायतें अपने वित्तीय संसाधन मुहैया करा सकती हैं।

गौण वन उत्पाद अनुसूचित क्षेत्रों में रोजगार के मुख्य साधन हैं। अतः इन पर ग्राम सभा और पंचायतों का स्वामित्व हो इसके लिए श्री टी. हक की अध्यक्षता में पंचायती राज मंत्रालय ने एक समिति गठित की है। इस रिपोर्ट की सिफारिशों के आधार पर आशा है कि पंचायतों द्वारा स्थानीय लघु खनिजों पर स्वामित्व और बढ़ेगा।

कुछ राज्यों में तो पंचायतों के पास अपनी शामलात जमीन भी है जिससे उन्हें बहुतायत में राजस्व प्राप्त होता है। हरियाणा में कुछ ग्राम पंचायतों ऐसी भी हैं जिनकी वार्षिक आय शामलात जमीन से एक करोड़ रुपए के आस-पास है। ये वित्तीय संसाधन पंचायतों के अपने साधन होते हैं जिनका, किन मदों पर व्यय करना है स्वयं पंचायतों को अधिकार होता है। मोहकमपुरा ग्राम पंचायत द्वारा बनी ग्राम योजना का वर्णन हमने अध्याय-8 में किया है और उसका एक विस्तृत रूप अनुबंध-5 में दिया गया है। इस ग्राम पंचायत में वैसे अपने स्वयं के साधनों की स्थिति अच्छी नहीं है, फिर भी यहां पर सप्ताह में हाट लगने से प्रति वर्ष 6000 रुपए की राजस्व की प्राप्ति होती है। यहां पर पेयजल गांव के 40 परिवारों को दिया जाता है जिससे वर्ष में 4800 रुपए की राजस्व की प्राप्ति होती है। इस प्रकार पंचायत को वर्ष में 10,800 रुपए की वार्षिक राजस्व की प्राप्ति होती है।

पंचायती राज संस्थाएं अपने वित्तीय संसाधनों के साथ-साथ केंद्र सरकार व राज्य सरकारों द्वारा चलाए गए विभिन्न कार्यक्रमों के साथ तालमेल करके वित संसाधन मुहैया करा सकते हैं। इस तरह ग्राम स्तरीय योजना को और प्रभावी ढंग से लागू किया जा सकता है। पंचायती राज संस्थाओं से उम्मीद है कि वे अपने स्तर पर इस तरह के प्रयास करेंगे ताकि केंद्र सरकार, राज्य सरकार व अन्य संस्थाओं से प्राप्त धन के साथ-साथ तालमेल को ग्राम योजना का अंग बनाकर ग्रामीणों की आकांक्षाओं को पूरा कर पाएंगे।

**4. बैंक ऋण**

पंचायतें अपने स्तर पर कार्य करने के लिए बैंक से भी ऋण ले सकती हैं। राज्य पंचायत अधिनियमों में इस तरह के प्रावधान हैं लेकिन शायद ही पंचायतों ने इस प्रकार का प्रयास किया हो कि बैंक से ऋण लेकर कोई कार्य रोजगार सृजन के लिए किया हो। लेकिन यह प्रावधान पंचायतों के पास उपलब्ध है। यह प्रावधान अधिकतर जिला पंचायत स्तर पर है। इसका प्रयोग पंचायतों को करना चाहिए।

**5. निजी क्षेत्र की राशि**

तेजी से हो रहे विकास का लाभ समाज के सभी वर्गों खासतौर पर कमजोर वर्गों तक पहुंचना चाहिए। पंचायतें निजी क्षेत्र के सहयोग से भी अपने स्तर पर अनेक कार्य कर सकती हैं। निजी क्षेत्र से सहयोग ग्रामीण क्षेत्र में सहभागिता के सिद्धांत पर किया जा सकता है। इसका एक उदाहरण ग्रामीण व्यापार केंद्र है जो अंग्रेजी में चार पी अर्थात पब्लिक-प्राइवेट-पंचायत-पार्टनरशिप से मिलाकर किया गया है। इसके तहत निजी क्षेत्र पंचायतों के सहयोग से विभिन्न कार्य जैसे जैविक ईंधन के लिए वृक्षारोपण विशेषकर जटरोफा व पोंकामिया कर सकती हैं। उर्जा के क्षेत्र में स्थानीय पवन उर्जा, मिनी हाईड्रोपावर, बायोमास व सौर उर्जा, आदि गतिविधियां कर सकती हैं।

ग्रामीण क्षेत्रों में शहरी सुविधाओं का प्रावधान अर्थात् पूरे योजना का उद्देश्य ग्रामीण-शहरी अंतर को दूर करने तथा जीवन गुणवत्ता में सुधार के लिए ग्रामीण क्षेत्रों में आजीविका अवसर तथा शहरी सुविधाएं उपलब्ध कराना है। यह योजना ग्राम पंचायतों तथा निजी क्षेत्र के भागीदारों के बीच सार्वजनिक निजी भागीदारी (पीपीपी) के फ्रेमवर्क के अंतर्गत कार्यान्वित की जाएगी।

पंचायतें प्राप्त होने वाली राशियों के अनुमान की जानकारी विभिन्न स्कीमों के प्रावधानों, राज्य बजट दस्तावेज, केंद्र सरकार के दस्तावेज व जिला मिशनों के बजट और योजना दस्तावेज से ले सकते हैं। यहां पर एक तथ्य यह बताना भी उचित प्रतीत होता है कि पंचायतों को उनके कार्य क्षेत्रों में कार्यरत अन्य एजेंसियों के साथ समन्वय और मानिटरिंग करने की जरुरत है। कभी-कभी ये एजेंसियां कुछ

कार्य स्वतंत्र रूप से करती हैं जो उचित नहीं है क्योंकि संवैधानिक दृष्टि से वे कार्य पंचायतों के अधिकार क्षेत्र में है। अतः इस तरह के कार्यों के संसाधन भी पंचायतों की योजना का हिस्सा होना चाहिए।

पंचायत के तीनों स्तरों के लिए वित्तीय संसाधनों का सार, वित्तीय साधनों की मध्यवर्ती पंचायत पर उपलब्धता, ग्राम पंचायत स्तर पर वित्तीय आवंटन और ग्राम स्तर प्राथमिकताओं का प्रस्तुतिकरण और अतिरिक्त संसाधनों का ब्यौरा से संबंधित फारमेट अनुबंध-3 में दिए गए हैं। इन फारमेट में स्कीमों के अनुसार जिला स्तर पर उपलब्ध वित्तीय संसाधनों का सार, ब्लाक-वार उपलब्धता कार्यक्रमानुसार तथा गतिविधि अनुसार ग्राम पंचायत मानचित्र संबंधी मैट्रिक्स और क्षेत्र-वार वित्तीय आवंटन आदि दिया गया है। ऐसे फारमेट ग्राम नियोजन के लिए उपलब्ध संसाधनों के हिसाब-किताब रखने के लिए लाभदायक होंगे।

## 3. सार्थक ग्राम नियोजन बजट राशि

पंचायती राज संस्थाओं के लिए बजट का प्रावधान इन संस्थाओं को हस्तांतरित कार्यों की शक्तियों के आधार पर निश्चित होना चाहिए। यह सत्य है कि संविधान में कहा गया है कि पंचायतें स्वायत्त शासन की संस्थाएं होंगी और वे अपने स्तर पर विकास योजनाएं बनाएंगी। लेकिन 17 वर्ष से अधिक का समय बीत गया है फिर भी ऐसा सब जगह वास्तविकता में नहीं है। उम्मीद है कि आने वाले समय में जैसे-जैसे जागरुकता बढ़ेगी व क्षमतावर्धन पंचायतों का तीनों-स्तरों पर होगा वैसे-वैसे ही पंचायती राज व्यवस्था भी मजबूत होगी। ग्राम नियोजन के लिए केंद्र सरकार, राज्य सरकार, निजी क्षेत्र व पंचायतों के स्वयं के संसाधनों को मिलाकर नियोजन करना है।

## 4. ग्राम पंचायतों के लिए बजट आबंटनों का विवरण

मध्य प्रदेश में ग्राम पंचायत स्तर पर बजट की तैयारी की प्रक्रिया विभिन्न तिथि सहित दी गयी है। बजट और योजना का चोली-दामन का साथ है। अतः इनकी जानकारी भी होना जरूरी है। इसी को ध्यान में रखकर मध्य प्रदेश राज्य का उदाहरण यहां दिया गया है। इसी तरह के प्रावधान सभी राज्यों के पंचायती राज अधिनियमों के तहत बने उपनियमों में दिए गए हैं तथा तालिका-2 में ग्राम सभा के बजट अनुमान तैयार करने की समय सीमा भी दी गई है और ग्राम पंचायत स्तर पर बजट अनुमान सीमाएं तालिका-3 में दी गई हैं।

*बॉक्स-1*

## ग्राम पंचायत के लिए बजट आवंटन का विवरण

| वित्तीय वर्ष | | 2010-11 | | ग्राम पंचायत का नाम | |
|---|---|---|---|---|---|
| क. राशि सीधे ही नियोजन इकाई के खाते में जमा की जाती है और उनके द्वारा सीधे ही खर्च की जाती हैं। | | ख. निधियां नियोजन इकाई के अधीन अन्य नियोजन इकाइयों में जमा की जा रही हैं लेकिन कार्यकरण एक ही क्षेत्र में किया जा रहा है। | | ग. निधियां नियोजन इकाई के क्षेत्राधिकार में पैरास्टेटलों, मिशनों, सरकारी क्षेत्र के उपक्रमों, राज्य स्तरीय संबंधित विभागों, आदि जैसी बाहरी एजेंसियों द्वारा व्यय की जा रहीं है। | |
| **स्कीम** | **आबंटन** | **स्कीम** | **आबंटन** | **स्कीम** | **आबंटन** |
| एमएनआरईजीए | | एसएसए<br>(वीईसी द्वारा प्रबंधित) | | विद्युत बोर्ड<br>विद्युत वितरण कंपनियां | |
| 12वां वित्त आयोग अनुदान | | मध्याह्न भोजन कार्यक्रम (वीईसी द्वारा) | | राज्य सिंचाई विभाग<br>सीएडीए | |
| राज्य वित्त आयोग अनुदान | | एनआरएचएम (ग्राम स्वास्थ्य समिति द्वारा प्रबंधित) | | | |
| अपना राजस्व | | ग्राम जल विभाजक समिति/प्रयोक्ता ग्राम पंचायत | | | |

**तालिका-2**

**ग्राम सभा बजट अनुमान**

| **विशिष्टियां** | **निहित प्राधिकारी** | **सबसे अंतिम तारीख जिस तक कार्यवाही पूर्ण की जानी है।** |
|---|---|---|
| आगामी वर्ष के लिए प्रस्तावित कार्यक्रमों की प्रस्तुति | विभिन्न स्थायी समितियों द्वारा ग्राम विकास समिति को | प्रतिवर्ष 31 दिसम्बर |
| बजट अनुमान का प्रारूप तैयार करना | ग्राम विकास समिति द्वारा | प्रतिवर्ष 7 जनवरी |
| बजट अनुमान के प्रारूप पर विचार और अनुमोदन | ग्राम सभा द्वारा | प्रतिवर्ष 21 जनवरी |
| ग्राम सभा द्वारा बजट अनुमान का परीक्षण एवं अनुमोदन | ग्राम सभा द्वारा | प्रतिवर्ष जनवरी का अंतिम दिन |
| उपान्तरण सहित या बिना उपान्तरण के समिति को वापसी | ग्राम सभा द्वारा समिति को | प्रतिवर्ष 15 फरवरी |

**तालिका-3**

**ग्राम पंचायत बजट अनुमान**

| **क्रम संख्या** | **विशिष्टियां (अगले साल के लिए प्रस्तावित बजट शीर्ष या मद)** | **निहित प्राधिकारी** | **सबसे अंतिम तारीख जिस तक कार्यवाही पूरी होनी है।** |
|---|---|---|---|
| | **1** | **2** | **3** |
| 1. | अगले साल के लिए प्रस्तावित कार्यक्रमों की प्रस्तुति | विभिन्न स्थायी समितियों द्वारा ग्राम सामान्य प्रशासन समिति को | प्रतिवर्ष 31 जनवरी |
| 2. | ग्राम पंचायत को निधियों की संभावित उपलब्धता की सूचना | जनपद और/या जिला पंचायत द्वारा ग्राम पंचायत को | प्रतिवर्ष 31 जनवरी |
| 3. | बजट अनुमान का प्रारूप तैयार करना | सामान्य समिति द्वारा | प्रतिवर्ष 7 फरवरी |
| 4. | बजट अनुमान के प्रारूप पर विचार और अनुमोदन | ग्राम पंचायत द्वारा | प्रतिवर्ष 21 फरवरी |
| 5. | ग्राम पंचायत द्वारा जनपद पंचायत को सामान्य रूप से अनुमोदित बजट अनुमान की प्रस्तुति | ग्राम पंचायत द्वारा | प्रतिवर्ष फरवरी के अंतिम दिन |
| 6. | बजट अनुमोदन का परीक्षण और अनुमोदन और ग्राम पंचायत को उपान्तरण सहित या बिना उपान्तरण वापसी | ग्राम पंचायत द्वारा ग्राम पंचायत को | प्रतिवर्ष 15 मार्च |

*बॉक्स-2*

## योजना आयोग द्वारा जारी जिला नियोजन के लिए विभिन्न गतिविधियों का विवरण

**योजना आयोग ने समेकित जिला नियोजन मैनुअल तैयार किया है। इस मैनुअल में उनके पिछले पांच वर्ष के कार्यकलापों को निम्न तालिका में दिया गया हैः**

| क्रम संख्या | पांच वर्ष की जिस अवधि के लिए योजना बनाई जा रही है। उसके पिछले वर्ष के कार्यकलाप | कार्य का पूरा करने का समय |
|---|---|---|
| 1. | सभी जिला योजना समितियों के अध्यक्षों, उपाध्यक्षों और सदस्य संयोजकों के लिए राज्य स्तरीय कार्यशाला | मई |
| 2. | मार्ग निर्देशों पर विचार के लिए योजना समिति की पहली बैठक और जिला दृष्टिकोण तथा योजना तैयार करने के लिए सेक्टरों की उप-समितियों का गठन | मई |
| 3. | जिला दृष्टिकोण सूत्रित करना | जुलाई तक |
| 4. | जिला योजना समिति द्वारा जिला दृष्टिकोण को मंजूरी और उसे सभी स्थानीय सरकारों को भेजना | जुलाई |
| 5. | जिला-स्तरीय कार्यशालाएं | अगस्त |
| 6. | प्रखण्ड-स्तरीय कार्यशालाएं | अगस्त |
| 7. | मार्ग निर्देशों पर विचार-विमर्श के लिए स्थानीय सरकारों की बैठक और कार्य-समूहों का गठन | सितंबर |
| 8. | स्थानीय निकायों का दृष्टिकोण तैयार करना | सितंबर |
| 9. | स्थानीय निकायों की आम सभा में मंजूरी | सितंबर |
| 10. | ग्राम सभा/वार्ड सभा का आयोजन | अक्तूबर-नवंबर |
| 11. | विकास के विषय पर सेमिनार | नवंबर-दिसंबर |

| | | |
|---|---|---|
| 12. | कार्य-समूहों द्वारा स्थानीय सरकारों की अंतिम पंचवर्षीय योजनाएं तैयार करना | जनवरी |
| 13. | स्थानीय सरकारों की अंतिम पंचवर्षीय योजनाओं का समाकलन | जनवरी |
| 14. | स्थानीय सरकारों की पंचवर्षीय योजनाओं को जिला योजना के पास जमा करना | जनवरी |
| 15. | स्थानीय सरकारों के प्रतिनिधियों के साथ विचार-विमर्श | फरवरी |
| 16. | जिला योजना समितियों द्वारा मंजूरी | मार्च |
| 17. | जिले और स्थानीय सरकारों की पंचवर्षीय योजनाओं और वार्षिक योजना के विकास संदर्भ को सामने लाना | मार्च |

***बॉक्स-3***

## बजट विश्लेषण से संबंधित कुछ परिभाषाएं

***वित्तीय परिव्यय:*** *आमतौर पर पिछले वित्तीय वर्ष के अंत में जिले को सूचित कर दिए जाते हैं। आरंभ में ये परिव्यय मात्र स्थूल अनुमान होते हैं और उनके बारे में यह कहा जा सकता है कि वे व्यय की सीमाएं दर्शाते हैं। आबंटन तभी स्पष्ट होते हैं जबकि बजट औपचारिक रूप से पारित कर दिया जाता है। पूरक बजट के कारण वर्ष के दौरान मध्यावधि में स्थिति में बदलाव आ सकता है।*

***स्थानीय संसाधन:*** *इसे जुटाने में प्रयोक्ता प्रभारों, किरायों तथा किसी अन्य लाइसेंस राजस्व सहित स्थानीय सरकारों द्वारा स्थानीय कराधान शामिल रहता है। साथ ही इसमें स्थानीय स्कीमों अथवा परियोजनाओं को स्थानीय सरकार का अथवा वैयक्तिक अंशदान शामिल रहता है।*

***सरकारी उद्यमों से निवेश:*** *इस निवेश में जिले में भवनों, उपकरणों अथवा अन्य वाणिज्यिक सुविधाओं में नकद निवेश के लिए सभी वैयक्तिक अंशदान शामिल रहता है।*

***संस्थागत वित्तः*** *संस्थागत वित्त में वह ऋण शामिल रहता है जो कि जिले में लीड बैंक के मार्गदर्शन के अधीन काम करने वाले ग्रामीण बैंकों द्वारा उपलब्ध कराया जाएगा।*

***निजी उद्यमों से निवेशः*** *इस तरह के निवेश में औद्योगिक उद्यमों में किया गया निवेश शामिल रहता है। तथापि, धार्मिक और धर्मार्थ संस्थानों तथा नियमित सामाजिक दायित्व पहलों के माध्यम से बड़े लोकोपकारी निवेश शामिल होते हैं। इससे संबंधित आंकड़ा अक्सर उद्योग के चेंबरों जैसे कारोबारी संघों के पास उपलब्ध होते हैं।*

पंचायतों को अपने संसाधनों की जानकारी होनी चाहिए तभी जाकर वे योजना के प्रारूप के बारे में विचार-विमर्श कर सकती हैं। इस मुद्दे पर इसी अध्याय में पहले भी चर्चा कर चुके हैं लेकिन इसको दोहराना उचित प्रतीत होता है। इसके लिए या तो पंचायतों को सीधे ही संसाधन हस्तांतरित कर दें। दूसरे, विभिन्न विभागों से संबंधित निर्धारित निधियों का वित्त विभाग इकट्ठा करके नियमित किस्तों के द्वारा पंचायतों को हस्तांतरित करता रहे। उपरोक्त तरीकों की तर्ज पर कर्नाटक, केरल एवं पश्चिम बंगाल राज्यों ने कुछ कदम उठाए हैं। जो नीचे बाक्स में दिए गए हैं। अन्य राज्यों को भी इसी तरह के कदम उठाने की आवश्यकता है। पंचायतों को वित्तीय संसाधन हस्तांतरित करने के कुछ राज्यों के उदाहरण बॉक्स संख्या 5, 6 व 7 में दिए गए हैं।

***बॉक्स-4***

## पंचायतों को वित्तीय हस्तांतरण का कर्नाटक राज्य का उदाहरण

*कर्नाटक में पंचायतों से संबंधित सभी स्कीमें जिला सेक्टर को—जो बजट दस्तावेज का एक अलग हिस्सा है-हस्तांतरित की जाती हैं, जिला सेक्टर से हर जिले को रिलीज की गई राशियों को एक 'संपर्क दस्तावेज' में आगे विस्तार से स्पष्ट किया जाता है और इसमें जिला सेक्टर में प्रत्येक संबंधित मद (योजना और गैर-योजना दोनों) का जिलावार-विभाजन दिया जाता है। हर तरह हर जिला परिषद यह जानती है कि उसका वार्षिक बजट क्या है, उसकी स्कीमें और वित्तीय धाराएं कौन सी हैं जिनका उसे योजना और गैर-योजना दोनों के अंतर्गत कार्यान्वयन करना है। किंतु 'संपर्क पुस्तिका' में*

*आवंटनों को जिला परिषदों, तालुक पंचायतों और ग्राम पंचायतों के बीच और आगे विभाजित करने की कोई एक जैसी कार्यविधि नहीं है, हालांकि कुछ जिले जिला संपर्क पुस्तिका की अवधारणा के साथ सामने आए हैं जिसमें कुछ इस जानकारी को प्रत्येक पंचायत स्तर के बीच विभाजित किया गया है।*

**बॉक्स-5**

## पंचायतों को वित्तीय हस्तांतरण का केरल राज्य का उदाहरण

*केरल अकेला राज्य है जहां कुछ बजट राशि को प्रत्येक स्थानीय सरकार के स्तर तक जाकर विभाजित किया जाता है। राज्य बजट के अनुलग्नक-4 में विभिन्न निधियों के विवरण दिए गए हैं। इन निधियों को तीन मुख्य वर्गों में वर्गीकृत किया गया है, जो निम्न प्रकार हैं:*

*(क) अनटाइड योजना आवंटन, जो राज्य के योजना आवंटन का 30 से 40 प्रतिशत तक है।*

*(ख) एलएसजीआईज को हस्तांतरित विभिन्न विषयों के लिए आवंटन जिसमें विशिष्ट स्कीमों से जुड़ी योजना और गैर-योजना निधियां शामिल हैं।*

*(ग) रख-रखाव अनुदान और सामान्य उद्देश्य अनुदान। इस प्रकार हर पंचायत सीधे राज्य बजट से एक ही नजर में आसानी से अपनी बजट राशि का पता लगा सकती हैं।*

**बॉक्स-6**

## पंचायतों को वित्तीय हस्तांतरण का पश्चिम बंगाल राज्य का उदाहरण

*पश्चिम बंगाल पंचायतों के लिए अलग बजट बनाने की प्रगति पर है। राज्य में कार्यकलाप मानचित्र पर सामान्य निर्देश जनवरी, 2007 में जारी किए गए थे जिसके बाद 10 विभागों ने समान आंतरिक आदेश जारी किए हैं। इनमें से चार विभागों ने कार्यकलाप मानचित्र द्वारा पंचायतों को अपनी ओर से सौंपे कार्यों के निष्पादन के लिए तीनों स्तरों की पंचायतों को निधियां हस्तांतरित करने के लिए अपने बजटों के अंदर एक अलग लेखा-शीर्ष खोला है।*

## 5. योजना और बजट की तैयारी की प्रक्रिया

सबसे पहले ग्राम पंचायत ग्राम सभा के माध्यम से यह जानकारी प्राप्त कर ले कि क्या-क्या कार्य अगली वार्षिक योजना के लिए प्रस्तावित हैं। मध्य स्तर और जिला स्तर की यह जिम्मेदारी होगी कि वह ग्राम पंचायत में अग्रिम रूप में जानकारी दें कि उनको अगले वर्ष में अमुक कार्य करने के लिए कितनी वित्तीय संसाधन मिलने का अंदाजा है।

ग्राम पंचायत द्वारा तैयार बजट प्रस्तावों पर मध्य स्तर पंचायत विचार करे और उनमें जहां-जहां उचित समझते हैं वहां पर संशोधन करके पास करें।

इसी प्रकार, मध्य स्तर से तैयार किया गया बजट प्रारूप जिला पंचायत के समक्ष रखा जाए। जिला पंचायत मध्य स्तर पंचायतों द्वारा तैयार किए गए प्रस्तावों पर विचार करे और जहां उचित समझे वहां पर संशोधन करके पास करे और जिला नियोजन समिति को प्रेषित करे।

*बॉक्स-7*

### ग्राम योजना और बजटः कुछ ध्यान देने योग्य बातें

1. *अगर किसी खास योजना के लिए भारत सरकार, राज्य सरकार या जिला पंचायत या मध्यवर्ती पंचायत से वित्तीय संसाधन ग्राम पंचायत को मिले हैं तो ये साधन उसी मद में खर्च होंगे जिसके लिए आवंटित हुए हैं किसी अन्य मद पर व्यय नहीं होंगे।*
2. *यदि ग्राम पंचायत ने बैंक से या किसी संस्था से ऋण लिया है और उस ऋण का ब्याज भुगतान करना है तो ब्याज का प्रावधान भी बजट में करना चाहिए।*
3. *अगर अगले वर्ष का बजट पिछले वित्तीय वर्ष से 10 प्रतिशत तक बढ़ा है तो कोई बात नहीं लेकिन यदि यह 10 प्रतिशत से ज्यादा है तो यह खर्चा अधिक क्यों हुआ इसका कारण देना पड़ेगा। उदाहरण के लिए यदि पिछले बजट में राशि 2 लाख रुपए थी और प्रस्तावित बजट में 2 लाख 22 हजार रुपए हो जाती है तो इसका कारण बताना पड़ेगा।*
4. *पिछले वित्तीय वर्ष में किया गया कार्य यदि वर्तमान वित्त वर्ष में भी चालू रहेगा तो उसका भी बजट में प्रावधान करना है।*
5. *बजट पास होने के बाद जिन परियोजनाओं के लिये यह राशि पास हुई है उन्हीं के ऊपर व्यय किया जाना है। कार्य शुरू करने से पहले उसका*

*अनुमोदन ग्राम पंचायत स्तर पर ग्राम पंचायत से मध्य स्तर पर पंचायत समिति से और जिला स्तर पर जिला पंचायत से कराना चाहिए।*

6. *अगर प्रस्तावित कार्य पर अनुमान से अधिक व्यय हो जाता है तो ऐसी स्थिति में अतिरिक्त व्यय के लिये वित्तीय संसाधनों का होना तथा साथ में पैसा खर्च करने के लिए निर्धारित संस्था या सक्षम अधिकारी से अनुमति लेनी पड़ेगी।*
7. *कभी-कभी ऐसा भी होता है कि पैसा निर्धारित कार्य पर खर्च करने की बजाय अन्य मद पर खर्च कर दिया जाता है। ऐसी स्थिति में स्वयं पंचायत द्वारा पास कराने के साथ-साथ जिस संस्था से पैसा प्राप्त किया है उससे अनुमति लेनी पड़ेगी। उदाहरण के लिए, पंचायत स्तर पर ऐसा घटित हो रहा है तो प्रथम ग्राम पंचायत से अनुमोदित कराना जरूरी है उसके बाद जिससे वह पैसा आया है (माना कि मध्य स्तर पंचायत से) उससे अनुमति लेनी जरूरी है।*
8. *अगर पंचायत के किसी भी स्तर पर यह जरूरत महसूस की जाए कि विभिन्न कार्यों के लिए जो वित्तीय संसाधनों की मंज़ूरी हुई थी उसके अलावा अतिरिक्त संसाधनों की आवश्यकता है तो ऐसी स्थिति में स्वयं वह संस्था जो ऐसा प्रस्तावित कर रही है उसके द्वारा पास करके अपने से ऊपर की संस्था से पारित कराना जरूरी है।*

## निष्कर्ष

पंचायतों की आर्थिक विकास की योजना बनाने के लिए आदर्श स्थिति तो यह होती कि आवश्यकतानुसार वित्तीय संसाधन पंचायतों के खाते में बजट द्वारा ही चले जाते। ऐसा कुछ राज्यों में तो हुआ है जिसके उदाहरण इस अध्याय में दिए गए हैं। लेकिन ऐसी स्थिति बने, इसके लिए समय लगेगा। वर्तमान में पंचायतों को केंद्र व राज्य सरकारों की विभिन्न योजनाओं और अपने स्वयं के प्राप्त संसाधनों को मिलाकर योजना बनानी है। कुछ संसाधन जैसे केंद्रीय वित्त आयोग, राज्य वित आयोग या केंद्र पोषित योजना जैसे बी.आर.जी.एफ. के तहत पैसा अनटाईड होता है (अर्थात इस पैसे को व्यय करने की पंचायतों को आजादी होती है) व पंचायतों के अपने वित्तीय संसाधनों को ध्यान में रखकर प्राथमिकताओं के आधार पर योजना बनामी है।

*अध्याय-8*

# पंचायत स्तर-वार सर्वेक्षण, परिकल्पना और योजना प्रारूप

## प्रस्तावना

भारत में ग्राम, ब्लॉक व जिला तीन स्तरीय पंचायती राज व्यवस्था चलन में है। पंचायती राज संस्थाओं का मुख्य उत्तरदायित्व अपने स्तर पर आर्थिक विकास व सामाजिक न्याय की योजना बनाना व उन्हें लागू करके विकास की प्रक्रिया को त्वरित करना है ताकि लोगों की वांछित आवश्यकताएं पूर्ण हो सकें। योजना का विकेंद्रीकरण एक बहु-स्तरीय योजना प्रक्रिया है और यह प्रक्रिया ग्राम पंचायत से लेकर पंचायत समिति माध्यम द्वारा जिला परिषद तक होती है।

प्रभावी योजना बनाने के लिए ग्राम नियोजन की तीनों इकाइयों अर्थात ग्राम पंचायत, पंचायत समिति और जिला परिषद के स्तर पर आंकड़ा सार बनाना आवश्यक है ताकि यह पता चल सके कि वर्तमान में इन स्तरों पर सामाजार्थिक स्थिति क्या है। आंकड़ा सार बनाने के बाद परिकल्पना द्वारा यह तय करना पड़ता है कि विभिन्न क्षेत्रों में आंकड़ा सार द्वारा उभरी कमियों के लिए क्या-क्या प्रस्ताव हो सकते हैं। यहां पर उदाहरण देकर यह बताने का प्रयास किया गया है कि आंकड़ा सार के बाद परिकल्पना के आधार पर योजना प्रस्ताव में से निर्धारित किए जाएंगे व कैसे विभिन्न स्तरों पर समाहित हो सकेंगे। इस तरह के प्रयास पंचायतों के तीनों स्तरों के लिए किया गया है।

## 1. आंकड़ा सार तैयार करने के तरीके

पंचायती राज संस्थाओं का मुख्य कार्य अपने स्तर पर आर्थिक विकास और सामाजिक न्याय की योजना बनाना व उनका क्रियान्वयन करना है। लेकिन इस तरह की योजना क्या कहीं बनती है। कहीं-कहीं पर ऐसा भी हुआ है कि स्वयंसेवी संस्थाओं के माध्यम से सहभागिता के आधार पर पंचायतों के सहयोग से ग्राम योजना तो बनी लेकिन उसका क्रियान्वयन नहीं हुआ। महात्मा गांधी राष्ट्रीय ग्रामीण रोजगार गारंटी अधिनियम के तहत गांव की परिप्रेक्ष्य योजना बनानी अनिवार्य है। लेकिन वे भी सभी जगह उतनी अमल में नहीं आईं, जितना आनी चाहिए थी। वास्तव में योजना बनाने के लिए गांवों की वर्तमान स्थिति, संभावित स्थिति, विभिन्न गतिविधियों का ब्यौरा, संसाधनों का आकलन, आदि होना आवश्यक है। इसके लिये विभिन्न जानकारियां इकट्ठी करना जरूरी है। अगर देखा जाए तो गांव वालों को एक-दूसरे के बारे में सारी जानकारी होती है कि किसके पास कितने पशु हैं, कितनी जमीन है, उसमें कितनी सिंचित है, कितनी असिंचित है, कितने पेड़ हैं, कितने बाग हैं, आदि-आदि। गांव में न जानकारी का अभाव है और न अनुभवों की कमी है। हां प्रयास यह करने का है कि कैसे सारी जानकारी इकट्ठी करके ग्रामीणों के सामने रखी जाए ताकि वे इकट्ठी की गई जानकारी के आधार पर वास्तविक स्थिति को जानकर निर्णय कर सकें जो उन्हें नियोजन में लाभदायक हो। जानकारी इकट्ठी करने व उनसे निष्कर्ष निकालने के बाद कार्यकलाप/गतिविधियों को करने के लिए निर्णय लेना होता है। इसके लिए उपलब्ध आंकड़ों के अलावा एक तरीका है, सहभागी ग्रामीण अध्ययन (पी.आर.ए.), जिसके अंतर्गत ग्रामीणों की सहभागिता से आंकड़ा सार तैयार किया जाता है। हां, अगर गांव स्तर की सूचनाएं पहले ही उपलब्ध हैं तो भी उनका पुनः अवलोकन हो जाता है। यहां पर यह बताना भी उचित प्रतीत होता है कि योजना आयोग ने समेकित जिला नियोजन मैनुअल तैयार किया है जिसमें किस-किस तरह की सूचनाएं नियोजन के लिये चाहिए, उसका वर्णन किया गया है। साथ ही साथ विभिन्न प्रारूप/प्रपत्र भी इस मैनुअल में दिए गए हैं जिनका हम यहां इस अध्याय में वर्णन करेंगे। लेकिन यह करने से पहले संक्षेप में सहभागी ग्रामीण अध्ययन(पी.आर.ए.) का संक्षेप में वर्णन करना उचित प्रतीत होता है। यह इसलिए जरूरी है कि उसके करने से योजना बनाने के लिए सभी जानकारियां एकत्रित की जा सकती हैं जो योजना प्रारूप तैयार करने के लिए जरूरी है। अगर पंचायत स्तर पर सूचनाएं उपलब्ध हैं तो उनका भी इस विधि द्वारा पुनरावलोकन

हो जाता है। पंचायतों के साथ ग्राम नियोजन में लगे व्यक्तियों जैसे सरकारी कर्मचारी व स्वयंसेवी संस्थाओं के लिए इस विधि की जानकारी होना आवश्यक है। आइए, चर्चा शुरू करते हैं।

## 2. सहभागी ग्रामीण अध्ययन

सहभागी ग्रामीण अध्ययन (पी.आर.ए.) कई तरीकों, विधियों व आचार-व्यवहारों की एक प्रक्रिया है जो लोगों को उनके जीवन व अवस्था की वास्तविकता और ज्ञान को अपने समुदाय के सामने प्रकट करने, बढ़ाने, आपस में बांटने तथा विश्लेषित करने के लिए सामर्थ्यवान बनाती है। इस तरह सामर्थ्यवान बनकर व्यक्ति अपने स्थाई विकास के लिए कार्य-योजना बनाते हैं, योजना का क्रियान्वयन, देखभाल और मूल्यांकन करते हैं। अर्थात पी.आर.ए. एक ऐसा सरल रास्ता है जिसके द्वारा ग्रामीण स्वयं समस्याओं की पहचान करते हैं, उनको आपस में समझकर उनके समाधान के लिये प्रयास करते हैं। पी.आर.ए. किसी बाहर की संस्था के माध्यम से होता है। यह संस्था गांव में ग्रामीणों को योजना बनाने में सहभागी बनाने के लिये 'फैसीलीटेटर' की भूमिका अदा करती है। लेकिन पी.आर.ए. का प्रशिक्षण स्वयं गांव वालों को भी दिया जा सकता है ताकि वे न केवल सूचनाओं को इकट्ठा करें व विश्लेषण करें बल्कि उपलब्ध आंकड़ों की भी जांच-परख करें। आइए, पी.आर.ए. में लागू होने वाली मुख्य विधियों का संक्षेप में वर्णन करते हैं।

### 2.1. सामाजिक मानचित्र

सामाजिक मानचित्र के माध्यम से गांव की जनसंख्या, विभिन्न वर्गों जैसे अनुसूचित जाति, अनुसूचित जनजाति, पिछड़े वर्ग, आदि के घरों की संख्या, पढ़े-लिखे लोगों की संख्या, घरों में पशुओं की संख्या, कच्चे व पक्के मकानों की जानकारी, स्कूल जाने वाले बच्चों की संख्या, विभिन्न मोहल्लों की भौगोलिक स्थिति, बच्चों के टीकाकरण की स्थिति की जानकारी ले सकते हैं।

#### नक्शा बनाने का स्थान

वैसे तो गांव का नक्शा कागज पर भी बना सकते हैं लेकिन उचित रहेगा कि जमीन पर बनाया जाए ताकि अधिक से अधिक लोग इसमें हिस्सा ले सकें। गांव की विभिन्न चीजों जैसे घर, कच्चे-पक्के मकान, आदि को पेड़ के पत्तों, लकड़ी, अनाज, पत्थर, आटा, चावल, मिट्टी, आदि से चिन्हित कर सकते हैं। अगर संभव हो तो रंगोली का भी प्रयोग किया जा सकता है। नक्शा बनाते समय यह ध्यान देने की बात है कि 'फैसीलीटेटर' केवल देखे कि लोग कैसे नक्शा बना रहे हैं। जो

लोग नक्शा बनाने में भाग नहीं ले रहे हैं उनको प्रेरित करें, लोगों का उत्साह बढ़ाएं और जरूरत पड़ने पर ग्रामीणों के बीच समन्वय बनाएं। जानकारी लेने के लिए खुले प्रश्न किए जाएं। उसे अपने पुर्वाग्रहों और विचारों से दूर रहना चाहिए। क्या, क्यों, कब, कैसे, कहां, कौन, आदि प्रश्नवाचकों के सहारे बातचीत को आगे बढ़ाना चाहिए। फैसीलीटेटर को यह प्रयास करना चाहिए कि नक्शा बनाते समय समूह के सभी सदस्य अपनी बात रख सकें।

**2.2. संसाधन चित्रण**

संसाधन चित्रण में गांव में उपलब्ध सभी प्राकृतिक और गैर-प्राकृतिक संसाधनों का चित्रण किया जाता है। प्राकृतिक संसाधनों में जैसे भूमि, पानी, पहाड़, आदि आ जाते हैं। गैर-प्राकृतिक या मानव निर्मित में सार्वजनिक और सरकारी सुविधा जैसे स्कूल, अस्पताल, पोस्ट आफिस, आदि आ जाते हैं। उद्योग धंधों और खेती श्रेणी में फसल, पशुपालन, मछली पालन, सामाजिक वानिकी, कृषि वानिकी, बाग-बगीचे, रेशम, कुक्कुट, मधुमक्खी और अन्य उद्योग आ जाते हैं। इस प्रकार के नक्शे बनाने से लाभ यह होता है कि ग्रामीणों को यह पता नहीं रहता कि कुछ संसाधन उनके पास हैं जिनको बाहर से लाना नहीं पड़ेगा या पैसा खर्च नहीं करना पड़ेगा। लेकिन जब संसाधन नक्शा बनाने में उसकी भागीदारी होती है तो वे इन सब बातों से अवगत होकर किसी भी भावी कार्य को करने के लिये उचित कदम उठा सकते हैं।

**2.3. आर्थिक क्रमांकन**

इस विधि द्वारा ग्रामीण गांव में परिवारों की आर्थिक स्थिति का पता लगा सकते हैं। इस विधि के अंतर्गत गांव के प्रत्येक परिवार के मुखिया का नाम एक कार्ड पर लिख लिया जाता है। गांव वाले गांव के विभिन्न परिवारों को उनकी आर्थिक स्थिति के आधार पर (1) सबसे गरीब, (2) गरीब, (3) मध्यम वर्ग और (4) सबसे अमीर हैं, वर्गीकृत कर लिया जाता है। इसके बाद परिवार के मुखिया का नाम दिया जाता है और उस परिवार को उसकी आर्थिक स्थिति के आधार पर ऊपर वर्णित चार आर्थिक वर्गों में से एक में उस कार्ड को रख दिया जाता है। इस प्रकार से गांव के सभी परिवारों का आर्थिक स्तर ग्रामीणों की नज़र से पता चल जाता है। इस विधि से यह भी पता चल जाता है कि सरकार द्वारा चलाए जा रहे विभिन्न कार्यक्रमों से लाभ समाज के विभिन्न वर्गों को किस स्तर तक मिल रहे हैं। इसके अतिरिक्त यह भी पता किया जा सकता है कि किस वर्ग के लिए किस तरह कि योजना की जरूरत है।

**2.4. मौसमी चित्रण**

ग्रामीण जीवन समय और मौसम के अनुसार बदलता है। मौसम में परिवर्तन आने से लोगों के जीवन, खान-पान, स्वास्थ्य, आदि में भी बदलाव आता है। मौसमी चित्रण सहभागी ग्रामीण अध्ययन का ऐसा तरीका है जिसमें ऋतु परिवर्तन के अनुसार ग्रामीण जीवन में आए बदलाव को जानने व समझने का प्रयास किया जाता है। इस तरह का अध्ययन ग्राम नियोजन के लिए अनिवार्य है। मौसमी चित्रण से भी पता चलता है कि कब लोगों के पास अधिक काम होता है और कब कम काम होता है। बीमारी कब ज्यादा होती है, ईंधन कब कम व ज्यादा होता है और कब चारा कम होता है, आदि-आदि। महात्मा गांधी राष्ट्रीय ग्रामीण रोजगार गारंटी अधिनियम के उचित क्रियान्वयन के लिये भी यह तरीका लाभदायक है। अधिनियम के अंतर्गत 100 दिन के रोजगार की गारंटी दी गयी है। रोजगार तब देना होता है जब लोगों के पास अन्य रोजगार के अवसर नहीं हैं। अतः जिन दिनों रोजगार कम है उन दिनों में रोजगार गारंटी अधिनियम के तहत कार्य देना चाहिए। कुल मिलाकर कह सकते हैं कि इस विधि से ग्रामीण जीवन में ऋतु परिवर्तन के अनुसार होने वाले परिवर्तनों को जानकर उन परिवर्तनों/बदलावों से निपटने के लिए योजना बना सकते हैं।

**2.5. मैट्रिक्स रैंकिंग**

इस विधि के माध्यम से ग्रामीणों की पसंद को मालूम किया जाता है। लोगों की पसंद प्राथमिकीकरण के लिये व अन्ततः योजना बनाने के काम आती है। इस विधि द्वारा ग्रामीण समुदाय से उनकी विभिन्न वस्तुओं जैसे किस्मों, उद्यमों, औजारों, जमीन के प्रकार, खाद, कीटनाशक, पेड़-पौधे, पशुओं, बीमारी का उपचार, आदि के बारे में विचार/राय/पसंद ली जाती है। उदाहरण के लिए अगर गांव वाले पसंद कर रहे हैं कि आम का पेड़ एजेंसी ने प्रबंध किया नीम के पेड़ का तो नतीजा, गलत योजना। दूसरे गांव में लोग विश्वास रखते हैं आयुर्वेद उपचार पद्धति में, वहां पर खोल दी एलोपेथी। होम्योपेथी की डिस्पेंसरी खोलना अर्थात नतीजा, गलत योजना। तीसरे, लोग पसंद करते हैं गाय पालना प्रबंध कर दिया भैसों का नतीजा, गलत योजना।

**2.6. चपाती चित्रण**

इस विधि का प्रयोग गांव वालों के साथ जुड़े व्यक्तियों और संस्थाओं व उनके आपसी संबंधों की जानकारी प्राप्त करने के लिए किया जाता है। इस विधि से प्राप्त

जानकारी के आधार पर योजनाकार अपनी व्यूह रचना बना सकते हैं। इस विधि से पता चल जाता है कि गांव में असरदार व्यक्ति कौन है और उसका असर या प्रभाव उसकी सज्जनता से है या उसके डंडे से है। उससे गांव के कौन-कौन लोग जुड़े हैं। इस विधि से यह भी पता चल जाता है कि गांव में निर्णायक भूमिका किसकी है। अगर गांव में अनेक संस्थाएं हैं तो उनमें सबसे प्रभावशाली कौन सी संस्था है। इस तरह की जानकारी लेकर इन लोगों को गांव की योजना बनाने में जोड़ा जा सकता है। योजना बनाने व लागू करने मे अगर कोई रोड़ा अटकाता है तो उसको प्रभावी लोगों के सहयोग से दूर किया जा सकता है। अतः इस विधि का प्रयोग मुख्यतः संगठन बनाने, नेतृत्व देने, विवाद सुलझाने, किसी कार्य के लिये लोगों की भागीदारी सुनिश्चित करने के लिए किया जाता है।

### 2.7. अन्य विधियां

उपरोक्त तरीकों के अतिरिक्त समय रेखा, गांव का भ्रमण, सामूहिक बातचीत, आदि भी ग्रामीण सहभागी अध्ययन की विधियां हैं। इनको भी अगर योजनाकार चाहें तो प्रयोग कर सकते हैं। लेकिन ऊपर कुछ तरीके बताए गये हैं उनको ग्रामीण आसानी से समझ सकते हैं और सूचनाएं इकट्ठा करने व उनके प्रयोग के लिए इन विधियों का इस्तेमाल कर सकते हैं। जैसा कि पहले भी जिक्र किया गया था, उपलब्ध आंकड़ों/सूचनाओं की जांच के लिए भी इन विधियों का प्रयोग किया जा सकता है।

## 3. पंचायतों के स्तर-वार आंकड़ा सार

सर्वप्रथम गांव के वर्तमान विकास की स्थिति का जायजा लेने के लिए गांव के विभिन्न पहलुओं के आंकड़ों की सहायता से अवलोकन किया जाता है। उदाहरण के लिए गांव की कितनी आबादी है? कितने पुरुष हैं? कितनी महिलाएं हैं? कितने बच्चे हैं? कितने बच्चे पढ़ने जाते हैं? कितनों को रोजगार प्राप्त है? कितने रोजगार विहीन हैं? गांव में वित्तीय व गैर-वित्तीय संसाधन कितने हैं? रोजगार के क्या-क्या साधन हैं? गांव में कौन-कौन-सी फसलें पैदा होती हैं? सूचनाओं को इकट्ठा करने के बाद उन सूचनाओं की जांच करना भी जरूरी है कि कहीं ऐसा तो नहीं है कि उपलब्ध सूचनाओं व वास्तविकता में अन्तर हो। यदि अन्तर होता है तो उसे पुनः जांच करके दूर करना होता है, क्योंकि इसी वर्तमान स्थिति का विश्लेषण करके लक्ष्य निर्धारित किए जाएंगे।

## 4. ग्राम पंचायत का खाका तैयार करना

ग्राम पंचायत की योजना तैयार करने के लिए उसका खाका तैयार करना आवश्यक है। इसके अंतर्गत मुख्यतः निम्न बातें आती हैं:

**4.1. गांव का परिचय**

**4.2. संसाधनों का सूचीकरणः** जो निम्न हो सकते हैं:

(क) भूमि व उसके प्रकार अर्थात् कितनी चिकनी भूमि है, कितनी दोमट है, कितनी रेतीली है और कितनी बंजर है।

(ख) पानी के स्रोत अर्थात् बरसात का पानी, नहर का पानी, नदी का पानी, भूमिगत पानी।

(ग) खनिज स्रोत

(घ) वन संसाधन

(ङ) मानवीय संसाधन

**4.3. विभिन्न प्रकार के आंकड़े**

**(क) बुनियादी सुविधाएंः** विद्यालय, अनौपचारिक शिक्षा की व्यवस्था, आंगनवाड़ी, जन स्वास्थ्य, पशु स्वास्थ्य, गलियां व सड़कें।

**(ख) सामाजिक आंकड़ेः** गरीबी रेखा के नीचे रह रहे परिवारों की संख्या। अनुसूचित जाति और अनुसूचित जनजाति का वर्गीकरण—बेरोजगारी का स्तर (पुरुष व महिला दोनों का), शैक्षिक स्तर, सार्वजनिक वितरण प्रणाली, पारंपरिक हुनर, यातायात के साधन, बैंकिंग सुविधाएं, बाजार व विपणन, बीमा, आदि।

**(ग) आर्थिक आंकड़े**

- *कृषिः* कुल बोया गया क्षेत्र, कुल पैदावार, सिंचाई के साधन, बीज, खाद, कीटनाशक, खेती की आधुनिक तकनीक, बाढ़, आदि।
- *उद्यानः* बाग के प्रकार, नई पुरानी किस्में, फल का विपणन और फलों के प्रकार।
- *डेयरी व पशुपालनः* दूध, चमड़े, हड्डी पर आधारित उद्योगों को बढ़ावा, चारे का प्रबन्ध, पशुओं की बीमारियों की रोकथाम और उन्नत किस्म के पशुओं की व्यवस्था।
- *कुटीर उद्योगः* स्थानीय कच्चे माल पर आधारित कुटीर उद्योग, उत्पादित वस्तुओं की गुणवत्ता व विपणन की व्यवस्था, प्रशिक्षण की व्यवस्था, पूंजी की उपलब्धता और व्यवस्था।

- *ऊर्जाः* गांव में बिजली की उपलब्धता, गोबर/बायोगैस के प्रबन्ध की व्यवस्था और सौर ऊर्जा प्रयोग की व्यवस्था।

**(घ) वित्तीय साधनों की जानकारी**

स्रोत-वार तथा क्षेत्र-वार बजट आवंटन, पिछले वर्षों में वास्तविक प्राप्ति और व्यय, स्थानीय सरकारों के बीच संसाधन विभाजन का तरीका, स्थानीय सरकारों की अपनी आय, जिला ऋण योजनाएं, प्रमुख नियमित निवेश ब्यौरे, स्वयंसेवी समूह द्वारा निवेश, आदि।

उपरोक्त आंकड़ों से यह पता चलता है कि गांव की सामाजिक व आर्थिक स्थिति क्या है? दूसरे शब्दों में गांव के विकास का स्तर क्या है? क्योंकि गांव की वर्तमान सामाजिक व आर्थिक स्थिति के आधार पर ही तो भविष्य की योजना बनेगी। इसी तरह का खाका मध्य स्तर और जिला स्तर पर भी करने की जरूरत है।

योजना आयोग द्वारा जारी एकीकृत जिला नियोजन मैनुअल में प्राकृतिक संसाधनों, आधारभूत संरचना और सेवाओं के प्रमुख आंकड़ों और वित्तीय संसाधनों की जानकारी, आदि से संबंधित विभिन्न प्रारूप दिये गये हैं। चूंकि प्रारूप पाठकों के लिए उपयोगी होंगे इसलिए पुस्तक के अनुबंध-4 में दिए गए हैं। इस अनुबंध में संपूर्ण जिले का सिंहावलोकन, सामाजिक-जनसांख्यिकीय जानकारी, सार्वजनिक आधारभूत संरचना और सेवाएं, सार्वजनिक स्वास्थ्य सूचना, सामाजिक आर्थिक सूचना, आदि विषयों पर विभिन्न तालिकाएं दी गई हैं। इन तालिकाओं की सहायता से आंकड़ा सार तैयार कर सकते हैं।

### 4.4. प्रमुख कार्यक्रमों के ब्यौरे

आंकड़ा सार बनाते समय केंद्र व राज्य सरकारों के मुख्य कार्यक्रमों की विस्तृत जानकारी दी जाती है जैसे कि कार्यक्रम के नाम, उनके लक्ष्य व संकेतक और राष्ट्रीय लक्ष्य। इन कार्यक्रमों के उपलब्ध मापदंडों के आधार पर आकलन किया जा सकता है कि ये कार्यक्रम कहां तक अपने उद्देश्यों को पूरा कर सके हैं। केंद्र स्तर पर इस तरह के कार्यक्रम सार्वजनिक रचनात्मक और परिवार कल्याण, खाद्य और पोषण, सुरक्षा, शिक्षा, प्राकृतिक संसाधन प्रबंध तथा जल सुरक्षा, स्वच्छता, सड़कें, ऊर्जा, आवास और आजीविकाएं, आदि से संबंधित हो सकते हैं।

### 4.5. उद्देश्य तथा लक्ष्यों का निर्धारण

गांव का वास्तविक खाका तैयार करने के बाद बारी आती है लक्ष्य निर्धारण

की। आंकड़ों की जांच करने के बाद देखा गया कि गांव में विभिन्न फसलों के उत्पादन का स्तर कम है। गांव में बेरोजगारी है, गरीबी है।

गांव के विभिन्न वार्डों व वर्गों (अनुसूचित जाति व अनुसूचित जनजाति तथा सामान्य वर्गों) में अधिक विषमता है। साक्षरता का स्तर बहुत कम है। इन्हीं समस्याओं को दूर करना ही योजना का लक्ष्य बन जाता है।

अर्थात्:

पैदावार बढ़ाना,

रोजगार के अवसर बढ़ाना,

गरीबी स्तर को कम करना,

शिक्षा का स्तर बढ़ाना, और

आर्थिक विषमता को दूर करना, आदि-आदि उद्देश्य प्रस्तावित योजना बन जाते हैं।

### 4.6 विशेष घटक योजना व जनजाति उपयोजना

योजना बनाते समय अनुसूचित जाति व अनुसूचित जनजाति के लिए विशेष प्रावधान योजना आयोग द्वारा जारी किए गए हैं। इसके अंतर्गत ऐसा प्रयास किया जाना चाहिए कि कुल उपलब्ध संसाधनों का कम से कम इन वर्गों की जनसंख्या के प्रतिशत के बराबर का इनके विकास हों। नीचे दिए गए बॉक्स-1 में इन घटक योजनाओं को उदाहरण द्वारा बताया गया है।

***बॉक्स-1***

## विशेष घटक योजना और जनजातीय उपयोजना

*विशेष घटक योजना व जनजाति उपयोजना: विशेष घटक योजना के अंतर्गत कुल योजना परिव्यय का कम से कम अनुसूचित जाति की जनसंख्या के प्रतिशत के बराबर उस पर व्यय करना है। माना कि आपकी ग्राम पंचायत में अनुसूचित जाति की जनसंख्या 15 प्रतिशत है। तथा गांव की वार्षिक योजना परिव्यय 2 लाख रुपये है तो कम-से-कम 30,000 रुपए इस वर्ग के विकास के लिए व्यय करने चाहिए।*

*इसी प्रकार जनजाति उपयोजना के अंतर्गत कुल योजना परिव्यय का कम-से-कम उनकी जनसंख्या के प्रतिशत के अनुसार उनके विकास पर व्यय करना है।*

## 5. परिकल्पना के लिए आंकड़ों का विश्लेषण

नियोजन के लिए उपलब्ध आंकड़ों की प्रस्तुतिकरण व उनका विश्लेषण करना बहुत महत्वपूर्ण है। उदाहरण के लिए, यदि परीक्षा में पास होने वाले विद्यार्थियों का प्रतिशत समग्र रूप से दे दिया जाए तो उससे स्कूलों की उपलब्धि का पता नहीं चलेगा और न उस पर कोई प्रतिक्रिया होगी। लेकिन यदि आंकड़ों का प्रस्तुतिकरण स्कूलवार या प्रबन्धनवार या पंचायतवार दिया जाए तो उस पर मुद्दे उठेंगे जैसे क्या अमुक जगह पर उत्तीर्ण बच्चों का प्रतिशत अधिक है व अमुक जगह पर कम है? इसके क्या कारण हैं? इस तरह की चर्चा पंचायतों के विभिन्न स्तरों पर होनी चाहिए। इसी तरह का उदाहरण स्वास्थ्य से भी संबंधित हो सकता है।

उपरोक्त के अतिरिक्त प्रत्येक स्तर को अर्थात ग्राम पंचायत, पंचायत समिति व जिला परिषद को ध्यान में रखकर उससे उपर वाले स्तर के साथ तुलनात्मक आंकड़ा सार दिया जाए ताकि सही तरीके से स्थिति का जायजा लेकर सही योजना के लक्ष्य व्यूह रचना आदि तैयार की जा सके। उदाहरण के लिए, ग्राम पंचायत स्तर पर विकास के विभिन्न संकेतकों को ब्लाक स्तर से तुलना कर सकते हैं, पंचायत समिति स्तर पर जिला पंचायत स्तर की तुलना कर सकते हैं तथा जिला पंचायत स्तर पर राज्य स्तर से तुलना कर सकते हैं।

जैसे-जैसे परिकल्पना अभ्यास जमीनी स्तर के निकट पहुंचती है, वैसे-वैसे ही वह एक वास्तविक नियोजन प्रक्रिया बनती जाती है। इन स्तरों पर लोगों द्वारा परिकल्पना का व्यावहारिक सुझावों के साथ जोड़ने की जो प्रवृत्ति है उसका लाभ उठाकर सेवा संबंधी कमियों को मानव विकास की कमियों के साथ घनिष्ठता से जोड़ने पर ध्यान दिया जाना चाहिए। निचले स्तर पर परिकल्पना से ठोस और व्यावहारिक रूप में स्थानीय स्तर की प्राथमिकताओं को उजागर किया जा सकता है और उन्हें प्राथमिक स्वास्थ्य केंद्र, स्कूलों जैसी स्थानीय संस्थाओं से जो इन प्राथमिकताओं के संबंध में जवाबदेही होती हैं, को जोड़ा जा सकता है।

### 5.1 आधार रेखा (बेस लाइन) के साथ जानकारियों का प्रस्तुतिकरण

विकास के विभिन्न क्षेत्रों जैसे कृषि, उद्योग धन्धों, आधारभूत संरचना, संचार और सेवाएं आदि को आधार मानकर देखा जाए कि विभिन्न क्षेत्रों में कितना विकास हुआ है। अगर विकास लक्ष्य से अधिक रहा है तो क्या कारण रहे और लक्ष्य से कम रहा तो क्या कारण रहे? यह विचार-विमर्श सभी योजना स्तर पर होना चाहिए, ताकि आगे आने वाली योजनाओं में नकारात्मक बातों का ध्यान रखा जा सके।

इस तरह वे उदाहरण मानचित्रों के द्वारा प्रदर्शित किए जा सकते हैं। आज तक विभिन्न संगठनों ने 'सॉफ्टवेयर' भी विकसित किए हैं जिनका प्रयोग इस कार्य के लिए किया जा सकता है।

### 5.2 परिकल्पना और परिप्रेक्ष्य निर्धारण

परिकल्पना का अर्थ है विभिन्न योजना इकाइयों के स्तर पर विचार-विमर्श प्रक्रिया के माध्यम से प्राथमिकताओं का सेट तैयार करना। देखा जाए तो योजना का प्रारूप एक परिकल्पना ही है जिसे विभिन्न योजना इकाइयों जैसे ग्राम पंचायत, पंचायत समिति और जिला पंचायत स्तर पर विचार-विमर्श के द्वारा तैयार किया जाता है। इस तरह का खाका बन जाने के बाद ही संसाधनों की कितनी आवश्यकता है व उनका संभावित प्रावधान किया जाता है। इसी तरह से विभिन्न योजना इकाइयों के लिये वार्षिक, पंचवर्षीय और परिप्रेक्ष्य (दीर्घकालीन) अर्थात 15 वर्षीय योजना का खाका तैयार करते हैं।

परिकल्पना प्रक्रिया एक विस्तृत अध्ययन और विचार-विमर्श के बाद प्रारूप लेती है। इसके लिए ग्राम पंचायत, पंचायत समिति और जिला स्तरों पर और अंततः जिला योजना समिति स्तर पर गहराई से अध्ययन करके पंचायतों की बैठक के दौरान चर्चा में रखना चाहिए। इस तरह की बैठकों में पंचायतों से जुड़े सभी हितधारकों की भी सहभागिता होनी चाहिए। उदाहरण के लिए, इस तरह की बैठकों में पंचायत प्रतिनिधि, वंचित वर्ग, सामाजिक संस्थाएं, स्व-सहायता समूह के प्रतिनिधि, बैंक, संबंधित विभाग और महिलाओं का भाग लेना जरूरी है ताकि योजना का खाका (परिकल्पना) सभी की साझेदारी और समझदारी से तय हो।

## 6. विकास के लिए प्रमुख क्षेत्रों की पहचान

परिकल्पना प्रक्रिया के दौरान प्रमुख क्षेत्रों की पहचान करना भी जरूरी है क्योंकि इस तरह के क्षेत्र योजना इकाई की अर्थव्यवस्था में महत्वपूर्ण योगदान दे सकते हैं। अतः इस तरह के क्षेत्रों के लिए योजना में विशेष प्रावधान किये जा सकते हैं। उदाहरण के लिए, हिमाचल प्रदेश में फलों का उत्पादन, उत्तराखंड में पर्यटक विकास, आदि। इस तरह के प्रमुख क्षेत्र ग्राम पंचायत, पंचायत समिति व जिला स्तर पर भी हो सकते हैं जिनकी पहचान विभिन्न हितधारकों द्वारा की जा सकती है।

इसी तरह के उदाहरण हैं—एचआईवी/एड्स, घरेलू हिंसा, भेदभावकारी प्रथाओं की रोकथाम और बाल श्रम पर रोक भी हैं। इसके लिए स्थानीय सरकारों, नागरिक समाज, गैर-सरकारी संस्थाओं और पुलिस, आदि जैसे सरकारी विभागों की तरफ से हस्तक्षेप करने की जरूरत होती है।

### 6.1 परिकल्पना में हिस्सेदारों की भागीदारी

परिकल्पना हिस्सेदारी की गाढ़ी भागीदारी के माध्यम से किया जाना वांछित है क्योंकि सीमित साधनों और हिस्सेदारों की अनेकता और मांग को देखते हुए आपस में हितों का टकराव हो सकता है। लेकिन ऐसी स्थिति को हिस्सेदारों के परामर्श और संवाद की एक प्रभावकारी रणनीति द्वारा निपटाया जा सकता है। मुख्यतः महिलाओं व समाज के कमजोर वर्गों की भागीदारी सुनिश्चित करना जरूरी है। महिलाओं की पर्याप्त भागीदारी के अभाव में अनेक महत्वपूर्ण मुद्‌दों पर समुदाय के विचार पुरुषों के पक्ष में झुके रहते हैं। इतना ही नहीं, महिलाओं को खुद अपने मुद्‌दों और समस्याओं पर विचार करने के लिए प्रोत्साहित किया जाना चाहिए ताकि जेंडर असंतुलन को ठीक किया जा सके। इस तरह की भागीदारी महिलाओं को काफी सीमा तक सशक्तिकरण कर सकती है और समुदाय विकास की एक संतुलित परिकल्पना को जन्म दे सकती है। इसलिए यह जरूरी है कि प्रत्येक पंचायत स्तर पर परिकल्पना योजना तैयार करें। परिकल्पना ढांचे को निर्णय के एक स्तर से दूसरे स्तर पर अग्रसरित करने के लिए निर्देशों और सुझावों से सावधानीपूर्ण मिश्रण का सहारा लिया जा सकता है। परिकल्पना के व्याख्यात्मक पहलू निदर्शनात्मक (इंडिकेटिव) होने चाहिए ताकि संबंधित स्तरों पर जमीनी वास्तविकता पर विचार-विमर्श की पर्याप्त गुंजाइश रहे। क्योंकि परिकल्पना कार्य पंचायतों के माध्यम से किया जाता है, इसलिए यह ध्यान रखना चाहिए कि मुख्य सूत्र कहीं भटका न दिया जाए। उदाहरण के लिए, अगर जिला परिकल्पना कार्य के दौरान कुछ अग्रणी क्षेत्र चिन्हित किए गए हैं तो निचले स्तरों पर परिकल्पनाओं का रुझान आदर्शतः इन क्षेत्रों के विस्तार की ओर रहेगा न कि वे एकदम भिन्न प्राथमिकताओं के साथ उभरेंगे। यह मुख्य सूत्र पूरी परिकल्पना को बांधे रखेगा या नहीं, यह बात इस पर निर्भर करेगा कि परिकल्पना का पहला प्रारूप वक्तव्य सहायक आंकड़ा सार के साथ कितने सोच-विचार के साथ तैयार किया गया है। बुनियादी पहल जैसे पोषण, टीकाकरण, प्राथमिक शिक्षा, चिकित्सा, आदि को हर स्तर पर उच्चतम प्राथमिकता दी जानी चाहिए। इसी प्रकार, आर्थिक विकल्पों (उद्योग, कला, और हस्तशिल्प, आदि) के बीच के संबंधों को स्पष्ट किया जा सकता है। इससे पंचायतों के बीच परिकल्पना कार्य को लेकर बेहतर विचार-विमर्श सुगम व सरल बनेगा।

## 7. सुदृढ़ता-कमियां-अवसर-जोखिम (स्वाट) विश्लेषण

किसी कार्य के नियोजन और कार्य नीति निर्धारित करने में स्वाट विश्लेषण (अर्थात सापेक्ष शक्तियों, कमजोरियां, अवसरों और भेदों) से मदद मिलती है। स्वाट विश्लेषण

में अर्थव्यवस्था के एक सेक्टर या कार्य को लेकर उसका विभिन्न दृष्टिकोणों से अध्ययन किया जाता है ताकि सही नतीजे निकाले जाएं। उदाहरण के लिए, अगर किसी जगह पक्की सड़क बनानी प्रस्तावित है तो इस गतिविधि की शक्तियां हैं कि इससे आवागमन के साधन बढ़ेंगे, रोजगार के अवसर बढ़ेंगे, बच्चे स्कूल जा सकेंगे आदि-आदि। कमजोरियां यह हो सकती हैं कि सड़क बनाते समय देखभाल कौन करेगा? अवसरों के सन्दर्भ में संपूर्ण क्षमता विकास होगा। जोखिम का अर्थ है कि जिन लोगों की जमीन सड़क बनाने के लिये लेनी है वे समस्या पैदा कर सकते हैं। या जिन लोगों ने सड़क की जमीन पर कब्जा कर रखा है वे समस्या पैदा कर सकते हैं। अन्य कमजोरियां और जोखिमों को ध्यान में रखकर लागू करने वाली एजेंसी को अपनी व्यूह रचना इसी तरह बनानी पड़ेगी कि वह इन समस्याओं से निपटने के लिए सहायक हों। गांव के अंदर कौन महत्वपूर्ण संस्था या व्यक्ति है जिसका सहयोग इन समस्याओं के निपटान के लिए किया जा सकता है। ये समस्या और समाधान अलग-अलग जगहों पर अलग-अलग होंगे।

उपरोक्त व्याख्या से स्पष्ट है कि आंकड़ा सार बजट विश्लेषण व परिकल्पना का प्रारूप ग्राम पंचायत, मध्यवर्ती पंचायत, जिला पंचायत और अंततः जिला नियोजन समिति के स्तर पर विचार किया जाना चाहिए। ग्राम पंचायत स्तर पर तो ग्राम सभा से भी मशविरा करना जरूरी है। इस प्रकार के प्रयास को नीचे बॉक्स-2 में दिया गया है।

*बॉक्स-2*

## विभिन्न स्तरों पर समेकन का उदाहरण

| **आंकडा सार परिकल्पना** | **संसाधन आबंटन सूचित करना** | **तकनीकी समेकन सहयोग** | **जिला नियोजन समिति** |
|---|---|---|---|
| आंकडा सार परिकल्पना | बजट के साथ मेल | | जिला पंचायत/ मध्यवर्ती पंचायत |
| आंकडा सार परिकल्पना | बजट के साथ मेल | | ग्राम पंचायत/ वार्ड समिति |
| आंकडा सार परिकल्पना | बजट के साथ मेल | | ग्राम सभा/क्षेत्र सभा |

*बॉक्स-3*

## परिकल्पना के लिए उपयोगी पहल

*15 वर्षीय परिकल्पना तथा पंचवर्षीय परिप्रेक्ष्य में (क) बुनियादी अधिकारों और सेवाओं (पोषण, प्रतिरक्षण, प्राथमिक शिक्षा, आदि), जिन्हें प्रत्येक स्तर पर सर्वोच्च प्राथमिकता दी जानी चाहिए, से संबंधित कुछेक लक्ष्य, तथा (ख) ऐसे आर्थिक विकल्प (उद्योग, कलाएं और हस्तशिल्प, आदि) शामिल होंगे जोकि अधिकांशतः स्थानीय प्राथमिकता निर्धारण के लिए मुक्त छोड़ दिए जाने चाहिए। व्यावहारिकता और समय-सीमाओं के भीतर विभिन्न स्तरों पर परिकल्पना को प्रोत्साहित किया जाना चाहिए। मध्यवर्ती पंचायत स्तर पर परस्पर संबद्ध सेवा अंतरालों की ओर तथा विशेष रूप से ऐसे संस्थानों में जो प्राथमिक स्वास्थ्य केंद्रों (पीएचसी), माध्यमिक स्कूलों (स्कूली शिक्षा), आदि के अधीन हैं उन पर विशेष ध्यान देना चाहिए। ग्राम वार्ड अथवा क्षेत्रीय स्तर पर परिकल्पना और नियोजन के बीच का भेद धूमिल हो जाता है क्योंकि दोनों को सहभगितापूर्ण प्रक्रियाओं के उसी वार्ड सभा, ग्राम संसद तथा पल्ली सभा जैसी उप-ग्राम सभाओं के साथ वैचारिक आदान-प्रदान के माध्यम से ग्राम पंचायतों द्वारा मार्गदर्शित किया गया है। परिकल्पना की कार्रवाई कस्बे, शहर अथवा गांव के आधारभूत ढांचे, सेवाओं, कार्यक्रमों, निधि प्रवाहों और व्यय आदि की समीक्षा पर ध्यान केन्द्रित कर सकती है। साथ ही यह आंकड़ा सार तैयार करने के दौरान प्रकाश में लाई गई किसी चिंता के कारणों के बारे में जानकारी भी प्रदान कर सकती है। उदाहरण के तौर पर बच्चों से संबंधित आंकड़ा यह दर्शा सकता है कि कुपोषण एक ऐसी प्राथमिकता है जिसे अवश्य ही हल किया जाना चाहिए। तथापि, ग्राम परिकल्पना यही पता लगा सकती है कि क्या कुपोषण विशेष रूप से आहार की कमी, लम्बी रुग्णता, जन्म के समय न्यून भार, आदि का परिणाम है। जब मूल कारण का पता लग जाता है तो सही प्रतिक्रिया की योजना बनाई जा सकती है।*

*परिकल्पना का मार्गदर्शन निर्वाचित प्रतिनिधियों द्वारा किया जाना चाहिए किंतु उसमे पूर्व प्रतिनिधियों, एन.जी.ओ, सेवानिवृत्त सरकारी अधिकारियों, बैंको तथा विश्वविद्यालयों, कालेजों जैसी सरकारी और निजी क्षेत्र के संगठनों के विशेषज्ञों, विद्वानों और छात्रों द्वारा काफी मात्रा में सहायता की जा सकती है।*

## 8. योजना प्रारूपों का समन्वय

अध्याय के इस हिस्से में यह बताने का प्रयास किया गया है कि कैसे ग्राम पंचायत की योजना पंचायत समिति की योजना में एकीकृत होगी और कैसे पंचायत समिति की योजना जिला पंचायत की योजना में एकीकृत होगी। आइए, इस पर चर्चा करते हैं।

### 8.1 पंचायत समिति अर्थात मध्य स्तर पर योजना प्रारूप

जैसा कि पहले भी चर्चा की गई है कि ग्राम पंचायत स्तर की योजना बनाने के बाद पंचायत समिति की योजना तैयार की जायेगी। पंचायत समिति की योजना ग्राम पंचायत की योजनाओं का हीं एकीकृत रूप होगा उसमें जहां-तहां अंतराल होंगे उनको पूरा किया जाएगा। उदाहरण के लिए, ग्राम पंचायत ने अपनी ग्राम योजना में गांव के अंदर की गलियां पक्की करने, गांव के स्कूल से पंचायत घर से मंदिर तक जाने वाली गली पक्की करने का प्रस्ताव अपनी योजना में रखा है। लेकिन कुछ रास्ते ऐसे होंगे जो दो ग्राम पंचायतों को जोड़ते हैं उनको तो ग्राम पंचायतों ने अपनी योजना में नहीं लिया होगा। दूसरे, पंचायत समिति क्षेत्र में कुछ परिसमितियां जैसे दुकानें, पंचायत समिति के स्वामित्व में होंगी। उनको ग्राम पंचायतों ने अपनी योजना में शामिल नहीं रखा होगा। इन परिसमितियों को पंचायत समिति समेकित योजना में ध्यान दिया जाएगा। तीसरे, ग्राम पंचायतों ने जो योजना बनाई है उसमें हो सकता है कि कोई कमी हो। उदाहरण के लिए, किसी ग्राम पंचायत ने अपनी योजना में स्कूल के लिये नया कमरा बनवाने का प्रस्ताव रखा है, लेकिन जब उस गांव की योजना मध्य स्तर पर आई तो चर्चा के दौरान यह तथ्य सामने आया कि नया कमरा बनाने के बजाय पहले बने एक कमरे में जो छत के रूप में टीन थी उसको हटाकर लैन्टर डालना आवश्यक है। पंचायत समिति अपने स्तर पर अगर ऐसा संशोधन करती है तो उस गांव की योजना दोबारा संशोधन करके जमा करनी होगी।

देखा जाए तो पंचायत समिति के सदस्य भी उन्हीं ग्राम पंचायतों से ही हैं जिनकी योजनाओं पर चर्चा इस स्तर पर हो रही है। अतः उन्हें अपने क्षेत्रों का व अपने गांवों की पूर्ण जानकारी होती है। उनका यही ज्ञान व समझ ग्राम पंचायतों की योजनाओं में सुधार के लिये उपयोगी होता है।

### 8.2 जिला पंचायत स्तर पर योजना प्रारूप

इसी क्रम में पंचायत समितियों द्वारा तैयार की गई योजनाओं का समन्वय जिला स्तर पर जिला पंचायत योजना में होगा। उदाहरण के लिए, अगर एक जिला

पंचायत में सात पंचायत समितियां हैं तो उन सात की सात पंचायत समितियों द्वारा तैयार की गई योजनाओं को जिला पंचायत की योजना में समाहित किया जायेगा। यहां पर भी कुछ कार्य और गतिविधियां ऐसी हो सकती हैं जो पंचायत समिति स्तर पर उनकी योजना में शामिल नहीं हुई हों। उदाहरण के लिए, कुछ सड़के/रास्ते ऐसे हो सकते हैं जिनको ग्राम पंचायत व पंचायत समिति ने अपनी योजना में शामिल न किया हो। वह कार्य ऐसा हो सकता है जिसमें अधिक तकनीकी और अधिक संसाधनों की आवश्यकता हो। ऐसे कार्य जिला योजना के अंग होंगे। इस तरह के अन्य कार्य भी हो सकते हैं।

## 9. ग्राम पंचायत मोहकमपुरा, जिला बांसवाड़ा, राजस्थान की ग्राम योजना बनाने का अनूठा प्रयास

ग्राम पंचायत मोहकमपुरा, जिला बांसवाडा, राजस्थान का नियोजन प्रारूप जन शिक्षा और विकास संगठन, मांडा (डूंगरपुर) द्वारा संयुक्त राष्ट्र विकास कार्यक्रम के सहयोग द्वारा किया गया था। इसी का यहां पर संक्षेप में वर्णन किया गया है। मोहकमपुरा ग्राम पंचायत योजना 14 अध्यायों में वर्णित है।

अध्याय एक में योजना का संक्षिप्त परिचय और सूक्ष्म नियोजन के उद्देश्यों को बताया गया है। अध्याय दो में संपूर्ण ग्राम नियोजन प्रक्रिया को दिया गया है। इसमें वातावरण निर्माण, ग्राम सभा क्षेत्र में जागरुकता अभियान, प्रशिक्षण, औपचारिक और अनौपचारिक संगठनों का गठन, आदि शामिल हैं। इसके अतिरिक्त, ग्रामीण सहभागी मूल्यांकन विधि के द्वारा ग्रामीणों को उनकी वास्तविक स्थितियों से अवगत कराया व ग्राम की स्थितियों का आकलन के लिये अनेक नक्शे भी तैयार किए गए हैं। तीसरे अध्याय में पंचायत की भौगोलिक स्थिति, सामाजिक व राजनैतिक स्थिति का विवेचन किया गया है। चौथे अध्याय में ग्राम पंचायत की सामाजिक व आर्थिक स्थिति को दर्शाते हुए अनेक चित्र ग्रामीणों की सहभागिता से तैयार किए गए हैं। पांचवें अध्याय में पंचायत से संबंधित अन्य बातें दी गई हैं जैसे कि जनसंख्या का विवरण, शिक्षा, पशुओं की संख्या, परिवारों का जीवनयापन व साधन, परिवारों की पलायन की स्थिति, जातियों का विवरण, सामाजिक नेताओं का नाम, प्रशासनिक ढांचा भूमि का विवरण, जल संसाधनों की स्थिति, मुख्य फसलों का विवरण, आदि।

छठे अध्याय में ग्राम पंचायत की भौगोलिक और प्राकृतिक संसाधनों की स्थिति का विवरण दिया गया है। अध्याय सात में ग्राम पंचायत की प्रमुख समस्याओं का वर्णन किया गया है। दी गई समस्याओं में एक समस्या परिवारों के पलायन

की है। यहां यह समस्या इतनी गंभीर है कि लगभग 80 प्रतिशत परिवार आजीविका के लिये पलायन करते हैं। जिनमें से लगभग 60 प्रतिशत परिवार वर्ष में 3 महीने से अधिक समय के लिये क्षेत्र से बाहर रहते हैं। आठवें अध्याय में ग्राम पंचायत की समस्याओं के हल के लिए संभावित समाधान बताए गए हैं। नवें अध्याय में ग्राम पंचायत के अंतर्गत विभिन्न राजस्व ग्रामों के अंदर प्रस्तावित कार्य की सूची दी गई है। दसवें अध्याय में पंचायतों की राजस्व स्थिति दी गई है। ग्यारहवें अध्याय में पंचायत क्षेत्र में राजस्व एकत्रीकरण संभावनाओं और कार्यक्रम लक्ष्य की स्थिति का वर्णन किया गया है। बारहवें अध्याय में विभिन्न गतिविधियों पर तकनीकी सहायता और लागत आकलन की कार्य योजना दी गई है। तेरहवें अध्याय में कार्य योजना के प्रबन्धन, क्रियान्वयन से पहले, क्रियान्वयन के दौरान व क्रियान्वयन के बाद की स्थितियों का संक्षेप में व्याख्या दी गई है। अध्याय चौदह में अपेक्षित परिणामों की सूची जिसमें कृषि क्षेत्र, राजस्व क्षेत्र, कार्य दिवस सृजन, आदि के बारे में दिया गया है। ग्राम मोहकमपुरा की विस्तृत ग्राम योजना अनुबंध-5 में दी गई है। जिसको पढ़कर जानकारी प्राप्त की जा सकती है कि ग्राम नियोजन का प्रारूप कैसे तैयार किया जाता है।

**राज्य स्तरीय प्रयास**

जैसा पहले भी कहा गया है कि संविधान की धारा 243-जी के अनुसार पंचायतें अपने स्तर पर विकास की योजना बनाएंगी व उन्हें लागू करेंगी। लेकिन कहीं पर भी इस तरह के प्रयास नहीं हुए हैं। हां, अपवाद के रूप में केरल राज्य में, जैसा कि संविधान में दिया है, के अनुसार ग्राम योजनाएं बनीं। इस तरह के प्रयासों पर प्रकाश डाला गया है।

केरल और कर्नाटक राज्यों में ग्राम नियोजन के और अनूठे प्रयास किए गए हैं। यहां पर उन्हीं का जिक्र किया गया है।

***बॉक्स-4***

## केरल राज्य के कोलम जिला में स्थानिक नियोजन

*वर्ष 2003 में राज्य योजना बोर्ड, केरल की एक परियोजना के अधीन कोलम जिला नियोजन समिति ने स्थानिक पक्ष पर विशेष बल देते हुए एक एकीकृत जिला विकास योजना और स्थानीय विकास योजना तैयार करने की शुरुआत की थी। इस परियोजना का उद्देश्य विकेंद्रीकृत नियोजन प्रक्रिया में स्थानिक*

*तत्व शामिल करके पंचायतों और नगरपालिकाओं से विकास योजनाएं तैयार करने की सुस्थापित प्रक्रिया में और आगे सुधार लाना था। स्थानिक पक्ष को नियोजन के प्रत्येक पक्ष में जैसे कि सर्वेक्षण और परिकल्पना प्रक्रिया के एक अंग के रूप में आंकड़ा संग्रह, जिला नियोजन समिति और पंचायतों में निर्णय लेने वालों को आंकड़ा प्रस्तुत करना तथा अंततः योजना की परिकल्पना और उसको अभिव्यक्त करना शामिल किया जाना था। चूंकि जानकारी स्थान-वार इकट्ठी और प्रस्तुत की जा रही थी इसलिए ऐसी अपेक्षा की गई थी कि यह कार्रवाई उपयुक्त भू-प्रयोग नियोजन की दिशा में चिंतन प्रेरित और प्रोत्साहित करेगी। परियोजना ने भौगोलिक सूचना प्रणाली (जीआईएस) प्रौद्योगिकी का प्रयोग किया जिसने उपग्रह प्रतिबिंबों, कलस्ट्रल आंकड़ा और सामाजार्थिक सर्वेक्षण आंकड़ों को तालिका रूप में प्रस्तुत किया गया और स्थानिक प्रस्तुतियों में समाकलित किया गया।*

*प्राथमिकी क्षेत्र से लेकर स्वास्थ्य, शिक्षा, जल की व्यवस्था, निर्धनता उपशमन और ग्रामीण आधार संरचना (सडकें, पुल, आवास), वन, पर्यावरण, खनन और भू-विज्ञान, समाज कल्याण, महिला और बाल विकास, विद्युत और दूरसंचार तथा पर्यटन, संस्कृति, खेलकूद तथा युवा मामलों में बुनियादी क्षेत्रों तक 18 विकासात्मक क्षेत्रों में क्षेत्रीय विश्लेषण किया गया था। इनमें से प्रत्येक क्षेत्र में स्थान विशिष्ट ब्यौरों सहित समस्याएं और पहलें—दोनों अभिज्ञात की गईं। इसी प्रकार स्थान विशिष्ट विश्लेषण और सुझावों सहित पूरी की गई परियोजनाओं/कार्यक्रमों का विश्लेषण किया गया था। इस कार्रवाई में मानव संसाधन विकास और वित्त की उपलब्धता भी शामिल थी और इन पक्षों को स्थानिक रूप से प्रस्तुत किया गया था। इस प्रकार विकेंद्रीकृत नियोजन प्रक्रिया और सहभागितापूर्ण नियोजन की प्रत्येक अवस्था में हितधारकों को केवल यही नहीं कि समग्र विकास के बारे में सुझाव देने को बल्कि उपयुक्त स्थानों पर उन्हें निर्णय लेने के लिए भी प्रेरित किया गया था। इसलिए जिला नियोजन समिति द्वारा स्थानिक निर्णयों का भी सुझावों और समाधानों के अभिप्रेरणा सहित सहभागिता प्रक्रिया में अभिग्रहण किया गया था।*

*फलतः कोलम की एकीकृत विकास योजना में अब 15-20 वर्ष लंबी एक परिप्रेक्ष्य योजना है जो आगे बताए गए दीर्घकालीन मुद्दों से संबंधित है जैसे कि बंदोबस्त प्रणालियां, शहरी और ग्रामीण क्षेत्रों के बीच एकीकृत विकास के लिए जिला स्तरीय नीतियां, संसाधनों के अनुकूलतम प्रयोग के लिए अपनाए*

*जा सकने वाली सर्वोतम स्थानिक कार्यनीति तथा क्षेत्रीय आधारभूत संरचना के लिए दीर्घकालीन परिप्रेक्ष्य जिसमें जल प्रबंध, ऊर्जा, परिवहन, नेटवर्क और पर्यटन शामिल हैं। इस परिप्रेक्ष्य योजना में एक निष्पादन योजना तैयार की गई है और उसका कार्यान्वियन और मानीटरिंग किया जाता है।*

*परियोजना ने स्थानीय सरकारों, जिला नियोजन समिति में निर्णय लेने वाले हितधारकों को स्थानिक नियोजन के उभरते क्षेत्र पर विचार करने और निर्णय लेने का अवसर प्रदान किया है। कोलम अनुभव रूप से इसके द्वारा विकसित प्रविधियां, अन्य जिलों के लिए भी आसानी से लागू की जा सकती हैं।*

## 10. ग्राम नियोजनः केरल राज्य का प्रयोग

केरल प्रयोग एक हाल ही का आविष्कार है जो काफी प्रचलित है। केरल प्रयोग इस अवधारणा पर आधारित है कि लोगों का आयोजन प्रक्रिया में अथवा योजना प्राथमिकताओं का निर्धारण करने में शामिल करने की दिशा मे बहुत कम प्रयास किए गए हैं जिसका परिणाम यह हुआ कि हाशिए पर रहने वाले लोगों के हितों का समाधान नहीं हुआ। यद्यपि ऐसे लोगों की संख्या पर्याप्त थी। विकेंद्रीकृत आयोजन के लिए जन अभियान इस मुद्दे का समाधान करता है।

औसतन, केरल राज्य योजना बजट का 40 प्रतिशत स्थानीय निकायों के लिए आवंटित किया गया है। आयोजना के लिए जन अभियान के पांच बुनियादी चरण हैं जो 1996 के दौरान शुरू हुए थे।

पहला चरण, स्थानीय विकास समस्याओं का पता लगाने के लिए ग्राम सभाओं (अथवा वार्ड सभाओं) का आयोजन किया जाना था। इस चरण के दौरान, अभियान को, लोगों की विशेष रूप से महिलाओं और समाज के अन्य कमजोर वर्गों की अधिकतम भागीदारी सुनिश्चित करने और विचार-विमर्श से लोगों की जरूरतों का पता लगाने व प्राथमिकताकरण करने व स्थानीय विकास में कमियों का पता लगाने की दिशा में मोड़ा गया था।

अधिकतम भागीदारी सुनिश्चित करने के उद्देश्य से ग्राम सभा की बैठकें छुट्टी वाले दिन बुलाई गई। स्वयंसेवकों के समूहों ने घरों का दौरा किया तथा कार्यक्रम के बारे में बताया, प्रारंभिक बैठकें आयोजित की गईं, और रंगीन पोस्टरों, विज्ञापनों और सभी किस्म के मीडिया को शामिल करते हुए सक्रिय रूप से विचार किया गया। राज्य स्तर पर लगभग 650 प्रमुख संसाधन व्यक्तियों, जिला स्तर पर 12000

संसाधन व्यक्तियों और स्थानीय स्तर पर 100000 से अधिक संसाधन व्यक्तियों ने ग्राम सभाओं और समूह चर्चाओं में भाग लेकर योजना को सुकर बनाया। चर्चा के प्रवाह को नियंत्रित करने के लिए प्रश्नावली का एक सेट भी वितरित किया गया था। ग्राम सभा का सर्वाधिक महत्वपूर्ण परिणाम यह था कि इसने स्थानीय विकास की दिशा में लोगों की अभिवृत्ति को बदलने में भी महत्वपूर्ण योगदान दिया।

दूसरे चरण के दौरान, स्थानीय विकास सेमिनार आयोजित किए गए। इन सेमीनारों से ग्राम सभाओं द्वारा विकास समस्याओं का समाधान सुझाने की उम्मीद की गई थी। क्षेत्र-वार चर्चाओं के वास्ते आवश्यक पृष्ठभूमि की जानकारी प्रदान करने के उद्देश्य से प्रतिभागियों को ग्राम पंचायत (जी.पी.)/नगरपलिका की सामाजिक स्थिति के संबंध में एक रिपोर्ट उपलब्ध कराई गई थी। विकास रिपोर्ट में चल रही स्कीमों की समीक्षा, गौण आंकड़ा के संकलन और स्थानीय इतिहास के संक्षिप्त सर्वेक्षण के आधार पर तैयार की गई थी। प्रारंभिक कार्य स्थानीय स्तरीय संसाधन व्यक्तियों के प्रशिक्षण का एक विशाल कार्यवृत्त तैयार किया गया था। इसके अलावा, संबंधित विभागों की चल रही परियोजनाओं के संबंध में उपलब्ध आंकड़ा व जानकारी प्रदान करने का निर्देश दिया गया। राज्य योजना बोर्ड ने विकास रिपोर्टें तैयार करने के संबंध में एक पुस्तिका भी प्रकाशित की थी। द्वितीय चरण के बताए गए परिणाम में निम्नलिखित को सम्मिलित किया गया थाः

1. एक विस्तृत स्थानीय आंकड़ा आधार का सृजन,
2. सभी पंचायतों और नगरपालिकाओं के संबंध में सभी विकास क्षेत्रों का एक विस्तृत सर्वेक्षण,
3. विकास समस्याओं के संभव समाधानों की एक सूची, और
4. प्रत्येक विकास क्षेत्र के संबंध में विकास परियोजनाएं तैयार करने के लिए कार्य बल का गठन।

तृतीय चरण के दौरान आधार स्तर पर गठित क्षेत्र का कार्य दलों ने विकास सेमिनारों में दिए गए सुझावों और सिफारिशों को परियोजनाबद्ध किया। औसतन प्रत्येक स्थानीय निकाय में विभिन्न विकास क्षेत्रों में बारह कार्य दल गठित किए गए थे। कम से कम एक लाख बीस हजार व्यक्तियों की कुल भागीदारी के साथ मात्र ग्राम स्तर पर 12000 कार्य दल कार्यरत थे। कार्य दलों ने पंचायतों के विचारार्थ लगभग एक लाख परियोजनाएं तैयार की थीं। परियोजना तैयार करने के काम के लिए पिछले चरणों की अपेक्षा अधिक अधिकारियों और तकनीकी रूप से योग्य लोगों द्वारा भाग लेने की जरूरत थी। तदनुसार, अधिकारियों और स्थानीय स्तरीय विशेषज्ञों

की भागीदारी सुनिश्चित करने के लिए विशेष प्रयास किए गए थे। यद्यपि कार्य दल का अध्यक्ष एक चुना हुआ प्रतिनिधि था, तथापि संबंधित विभाग का एक अधिकारी दल का संयोजक था।

तृतीय चरण के दौरान प्रकाशित पुस्तिका और प्रशिक्षण कार्यक्रम में कार्यबल द्वारा तैयाार की जाने वाली परियोजनाओं के लिए एक सरल और पारदर्शी प्रारूप का सुझाव दिया गया था। परियोजना रिपोर्टों में एकरूपता लाने के लिए आवश्यक मार्गनिर्देश जारी किए गए थे। राज्य योजना बोर्ड ने समाज के कमजोर वर्गों को लाभान्वित करने वाली परियोजनाएं तैयार करने के लिए मार्गनिर्देश जारी किए थे। यह भी सिफारिश की गई थी कि स्थानीय निकाय योजना सहायता का 10 प्रतिशत महिलाओं के विकास के लिए परियोजनाओं हेतु निश्चित करें। यह सुनिश्चित करने के लिए विशेष सावधानी बरती गई कि कार्यदल एक एकीकृत दृष्टिकोण के साथ परियोजनाएं तैयार करें।

चौथे चरण के दौरान कार्य दलों द्वारा तैयार की गई परियोजनाओं का प्राथमिकताकरण किया गया तथा उन्हें पंचायतों की पंचवर्षीय योजनाओं में शामिल किया गया। योजना को अंतिम रूप देने के लिए पंचायतों ने निम्नलिखित कार्य सुनिश्चित किएः

1. योजना के वित्तपोषण के लिए विभिन्न स्रोतों से संसाधन जुटाने के लिए अपनी क्षमता का स्पष्ट आकलन किया गया।
2. विनिर्धारित समस्याओं और स्थान की संसाधन क्षमता के आधार पर विकास कार्यनीति विकसित की तथा कार्यान्वित की जाने वाली परियोजनाओं का प्राथमिकताकरण और चयन किया गया।
3. चुनी गई प्रत्येक परियोजना के सफल कार्यान्वयन हेतु मानीटरिंग पद्धति के संबंध मे निर्णय लिया गया।

इस विश्लेषण के आधार पर प्रत्येक पंचायत ने एक योजना दस्तावेज तैयार किया जिसमें आठ अध्याय सम्मिलित थे अर्थात् प्रस्तावना, विकास कार्यनीति, संसाधन जुटाव, क्षेत्रीय कार्यक्रम, एकीकृत विकास, अनुसूचित जातियों और अनुसूचित जनजातियों का कल्याण, महिलाओं के विकास कार्यक्रम तथा मानीटरिंग।

अंतिम चरण के दौरान ब्लाक और जिला पंचायतों ने स्थानीय स्तरीय योजनाओं को एकीकृत करके और जहां-कहीं आवश्यक था, पूरक कार्यक्रम तैयार करके, अपने योजना दस्तावेज तैयार किए। इसे प्राप्त करने के उद्देश्य से ब्लॉक और जिला पंचायतों ने स्थानीय विकास रिपोर्टों, स्थानीय योजना दस्तावेजों और नीचे से

प्राप्त सिफारिशों का एक विस्तृत विश्लेषण आयोजित किया। इस प्रकार, केरल में प्रत्येक जिले के संबंध में विकसित अंतिम विकास योजना स्थानीय जरूरतों और लोगों की आकांक्षाओं को परिलक्षित करती है तथा उन्हें यथासंभव अधिकतम सीमा तक पूरा करने का वस्तुतः प्रयास करती है।

## 11. ग्राम नियोजनः कर्नाटक राज्य का प्रयोग

कर्नाटक की पद्धति के अंतर्गत ग्राम स्तर से ही आयोजना तैयार करने की व्यवस्था की गई है। ग्राम सभा में चर्चा करके विभिन्न मांगों की सूची तैयार की गई थी। इन मागों के आधार पर विकास स्कीमें तैयार करना था।

इन मांग सूचियों पर फिर मण्डल पंचायतों द्वारा विचार किया जाता था और फिर जहां तक संभव हो, अलग-अलग गांवों की जरूरतों को शामिल करते हुए मण्डल पंचायतों के लिए एक उप-योजना तैयार की जाती थी। मण्डल पंचायतों द्वारा तैयार इन योजनाओं को तालुक पंचायत को भेज दिया जाता था। इन योजनाओं को अपनी योजना में शामिल करने के बाद ऐसी ही कार्रवाई के लिए जिला परिषद को भेज दिया जाता था। यह प्रक्रिया यह सुनिश्चित करने के लिए तैयार की गई थी कि किसी न किसी तरह ग्राम स्तर पर भी प्रत्येक स्थानीय आकांक्षा को ध्यान में रखा जाए। इस डिजाइन को मूर्त रूप देते हुए राज्य सरकार ने एक 'आयोजना कलेण्डर' भी जारी किया था जिसमें वे तारीखें निर्धारित की गई थीं।

कर्नाटक और केरल राज्यों में जिला आयोजना में इन प्रयासों के अलावा स्वयंसेवी संस्थानों द्वारा देश के अनेक भागों में लघु-आयोजना के संबंध में इक्के-दुक्के प्रयास किए गए हैं। इन संस्थाओं द्वारा योजना तैयार करने में अपनाई गई आयोजना प्रक्रिया का बुनियादी खाका निम्न प्रकार थाः

1. एक ग्राम पंचायत का चयन,
2. जन भागीदारी के लिए एक अनुकूल परिवेश का निर्माण,
3. आंकड़ा और सूचना का संकलन,
4. लोगों के साथ आंकड़ा और निष्कर्षों को बांटना,
5. समुदाय समस्या विश्लेषण और विकास प्राथमिकताओं का विनिर्धारण,
6. समाधानों और कार्यनीतियों का विनिर्धारण, और
7. कार्यान्वयन।

उपरोक्त उदाहरणों से स्पष्ट है कि कुछ राज्यों में ग्राम नियोजन के लिए सकारात्मक कार्य हुआ है। इन उदाहरणों से सबक लेकर अन्य राज्य भी इस ओर पहल करें तो उनके लिए लाभदायक होगा।

**निष्कर्ष**

यह अध्याय इस पुस्तक का महत्वपूर्ण अध्याय है क्योंकि इसके अंतर्गत योजना और ग्राम, ब्लाक तथा जिला पंचायत योजना बनाने के लिए आंकड़ा सार कैसे तैयार होगा। परिकल्पना कैसे तैयार होती है। परिकल्पना को आधार मानकर योजना कैसे बनेगी। इस पर विस्तृत चर्चा की गई है। सहभागी ग्रामीण मूल्यांकन जिसके द्वारा पंचायतों की सामाजार्थिक स्थिति का पता लगा सकते हैं, पर भी चर्चा हुई है। इस विधि का भी संक्षेप में वर्णन किया गया है। इसके अतिरिक्त, इस विधि द्वारा उपलब्ध आंकड़ा सार पुनः अवलोकन कर सकते हैं। उपरोक्त के अतिरिक्त अध्याय में राजस्थान के भीलवाड़ा जिले की मोहकमपुरा ग्राम पंचायत के नियोजन का खाका प्रस्तुत किया गया है जोकि पाठकों के लिए उपयोगी होगा। इसके अतिरिक्त, केरल और कर्नाटक राज्यों में ग्राम नियोजन के क्षेत्र में महत्वपूर्ण प्रयास हुए हैं। इनका भी संक्षेप में जिक्र यहां पर किया गया है।

*अध्याय-9*

# जिला योजना

## प्रस्तावना

जैसा कि पहले भी चर्चा की गई है कि ग्राम पंचायतों की योजनाएं पंचायत समिति स्तर पर समन्वित होंगी तथा पंचायत समिति की योजनाएं जिला पंचायत स्तर पर समन्वित होंगी। जैसे ग्रामीण क्षेत्रीय योजनाएं बनेंगी। इसी प्रकार, नगरीय क्षेत्र की योजनाएं नगरपालिकाओं द्वारा बनाई जाएंगी। इस तरह से बनी योजनाओं की जिला स्तर पर जिला नियोजन समिति द्वारा समन्वित होंगी और इस प्रकार संपूर्ण जिले की योजना तैयार होगी। इस अध्याय में यह प्रक्रिया कैसे होगी इसी पर चर्चा की गई है।

## 1. जिला नियोजन के संवैधानिक प्रावधान

ग्राम नियोजन के सम्बन्ध में यदि जिला योजना बनाने के बारे में चर्चा न हो तो ग्राम नियोजन की प्रक्रिया अधूरी है। संविधान की धारा 243-जी के अनुसार पंचायतें अपने स्तर पर आर्थिक विकास व सामाजिक न्याय की योजनाएं बनाएंगी। ऐसी योजनाएं बनाते समय 11वीं अनुसूची में सूचीबद्ध 29 विषयों को भी शामिल करेंगी। संविधान की धारा 243-डब्ल्यू के अनुसार नगरपालिकाएं भी अपने स्तर पर आर्थिक विकास की योजनाएं तैयार करेंगी और ऐसा करते समय वे संविधान की 12वीं अनुसूची में सूचीबद्ध 18 विषयों को भी शामिल करेंगी।

संविधान की धारा 243-जेड डी के अनुसार जिले में पंचायतों और नगरपालिकाओं

द्वारा तैयार की गई योजनाओं को समेकित करने और पूरे जिले के लिए विकास योजना का एक मसौदा तैयार करने के लिए जिला स्तर पर योजना समिति का गठन किया जायेगा। यह समिति योजना तैयार करते समय निम्न बातों को ध्यान में रखेगीः

1. ग्रामीण और शहरी निकायों के सामान्य हित के मामले।
2. पंचायतों और नगरपालिकाओं के मध्य भौतिक और प्राकृतिक संसाधनों की हिस्सेदारी।
3. पर्यावरण संरक्षण।
4. संसाधनों की उपलब्धता जिसमें वित्तीय संसाधन भी शामिल हैं।

इसका अर्थ यह हुआ कि जिला योजना उपलब्ध प्राकृतिक, मानवीय और वित्तीय संसाधनों को ध्यान में रखकर जिला स्तर पर और उसे सौंपे गये क्षेत्रीय कार्यकलापों को शामिल करते हुए स्थानीय सरकारों के माध्यम से कार्यान्वित कार्यकलापों के संबंध में एकीकृत योजना तैयार करने की प्रक्रिया होगी। जिला योजना, जिसमें विभिन्न प्रयोजनों हेतु संसाधनों का ब्यौरा व उनका आवंटन सम्मिलित होगा, ग्रामीण और शहरी स्थानीय निकायों द्वारा उन्हें सौंपे गये कार्यक्रमों के सम्बन्ध में तैयार की जाने वाली योजनाओं और संसाधनों के जरिए कार्यान्वित की जाने वाली राष्ट्रीय और राज्य स्तर की स्कीमों को भी ध्यान में रखा जायेगा। पंचायतों और नगरपालिकाओं की योजनाओं को राज्य योजना के घटकों के साथ एकीकरण का कार्य जो जिले की भौगोलिक सीमाओं के अंदर भौतिक रूप से कार्यान्वित किए जाते हैं, इसी समिति द्वारा किया जाएगा जिसमें जिला पंचायत और नगरपालिका दोनों संस्थाओं के सदस्य शामिल होंगे।

उपरोक्त से स्पष्ट है कि जिला योजना कोई ऐसी योजना नहीं है जो अलग से बनाई जाएगी और लागू होगी बल्कि यह योजना ग्राम सभा से शुरू होकर पंचायतों के माध्यम से जिला योजना में परिवर्तित होगी। यह योजना स्थानीय अर्थव्यवस्था के सरकारी और गैर-सरकारी क्षेत्रों के कार्यकलापों को भी ध्यान में रखेगी। ऐसा करते समय यह समिति सामाजिक संगठनों, सहकारिताओं, वाणिज्यिक संस्थाओं, सरकारी बैंकों, आदि द्वारा तैयार की गई योजनाओं को भी जिला योजना में एकीकृत करेंगी। सार्थक नियोजन के लिए यह समिति इन क्षेत्रों के विशेषज्ञों से भी सलाह-मशविरा कर सकती है।

## 2. योजना समेकन प्रक्रिया

जिला नियोजन समिति जिला योजना बनाने के लिए विभिन्न योजना इकाइयों जैसे ग्राम पंचायत, पंचायत समिति, जिला पंचायत, नगरपालिकाओं, नगर पंचायतें, संबंधित विभागों की योजनाओं को जोड़ेगी और उनके बीच पारस्परिक परामर्श तथा बातचीत के लिए एक महत्वपूर्ण मंच उपलब्ध कराएगी।

*बॉक्स-1*

### ग्रामीण और नगरीय विभिन्न योजना इकाइयों का जिला नियोजन समिति में समेकन प्रक्रिया

| नगर पालिका | जिला पंचायत | | | |
|---|---|---|---|---|
| स्थायी समिति | डीपी संबंधित विभाग स्थायी समिति | | जिला मिशन कार्यालय | जिला स्तरीय कार्यालय |
| यूएलबी लाइन विभाग | मध्यवर्ती स्थायी समिति | पंचायत आईपी लाइन विभाग | ब्लाक स्तरीय मिशन कार्यालय | ब्लाक स्तरीय कार्यालय |
| | | | ग्राम स्तरीय सोसायटी/ प्रयोक्ता समूह | क्षेत्रीय कार्मिक |
| | ग्राम पंचायत वीपी स्थायी समिति | | स्कीम-वार मिशन | जिले में कार्यरत राज्य लाइन विभाग |

*बॉक्स-2*

## विभिन्न योजना इकाइयों की भूमिका और जिम्मेदारियां

| | | | | | | |
|---|---|---|---|---|---|---|
| राज्य बजट दस्तावेज | | जिला बजट पुस्तक के माध्यम से सार्वजनिक क्षेत्र पंचायत पोर्टल | कस्बा पंचायतें | नगरपालिकाएं | | शहरी स्थानीय सरकारें |
| राज्य बजट पंचायत विंडो | जिला नियोजन | | जिला पंचायत | मध्यवर्ती पंचायतें | ग्रामीण पंचायतें | ग्रामीण स्थानीय सरकारें |
| जिले के लिए सीएसएस योजना | समिति सचिवालय | | जिला कार्यालय | ब्लाक कार्यालय | ग्रामीण प्रयोक्ता जीपी | स्कीमवार मिशन |
| | | प्रत्येक नियोजन सूचना | जिला | ब्लाक | ग्राम कार्यालय | लाईन कार्यालय |
| स्तरीय समानांतर निकाय डीआरडीए, जिला स्वास्थ्य समिति, जिला जल विभाजक समिति, आदि | | | | | | |
| भारत सरकार बजट | | | | | | |

योजनाओं के क्षेत्रीय और सामाजिक पक्षों के समाकलन के लिये भी एक तंत्र उपलब्ध कराती है। बॉक्स-1 में ग्रामीण और नगरीय क्षेत्रों के विभिन्न योजना इकाइयों की जिला समिति में समेकन की प्रक्रिया दर्शायी गई है।

बॉक्स-2 में विभिन्न योजना इकाइयों की भूमिका और जिम्मेदारी तथा उनके बीच के संबधों को दर्शाया गया है। विभिन्न बजट स्रोतों का जिला स्तर पर समेकन और फिर नीचे की योजना इकाइयों के आवंटन को भी दर्शाता है।

### 3. समेकन और प्राथमिक क्षेत्र

वैसे तो जिला योजना समिति जिले की पंचायतों और नगरपालिकाओं द्वारा बनाई गई परियाजनाओं को एकीकृत करके संपूर्ण जिले की योजना बनायेगी। इस बारे में पहले चर्चा की जा चुकी है। लेकिन स्थानीय वास्तविकता को ध्यान में रखते हुए अब तक कुछ अपवादों को छोड़ कर ऐसा नहीं हुआ है। इसलिए समेकन की शुरुआत पंचायतों को 29 विषयों में से हस्तांतरित विषय और नगरपालिकाओं को 18 विषयों में से हस्तांतरित कार्यों में से कर सकती है। पंचायत और नगरपालिका की दोनों स्तरों पर कुछ जिम्मेदारियां हैं जिनको निम्न क्षेत्रों में बांट सकते हैं:

1. शिक्षा
2. स्वास्थ्य
3. आधारभूत संरचना
4. आर्थिक विकास
5. निर्धनता उन्मूलन

वैसे तो समेकन मध्यस्तरीय पंचायत स्तर पर नगर पंचायत के साथ भी होना चाहिए था ताकि क्षेत्रीय स्तर की समस्याओं को अच्छी तरह से समझकर उनका उपाय किया जा सके। लेकिन योजना आयोग द्वारा प्रकाशित समेकित जिला योजना मैनुअल में 11वीं और 12वीं अनुसूचियों के बीच साझा मदें समेकन शुरुआत करने के लिए लाभदायक मदें हैं। जिनमें राजमार्ग और परिवहन तालमेल, जल संसाधनों का नियोजन, अपशिष्ट पदार्थों का निबटान, पर्यावरण सुरक्षा, आदि शामिल हैं। नीचे बॉक्स में समेकन के प्राथमिक क्षेत्र दिए गए हैं।

*बॉक्स-3*

## समेकन के लिए प्राथमिकता वाले क्षेत्र

*क. राजमार्ग और परिवहन तालमेल।*

*ख. जल संसाधन नियोजन के लिए संसाधनों की हिस्सेदारी, संसाधनों पर अधिकार, वितरण जिम्मेदारी, प्रयोक्ता प्रभार, उन्नति के लिए नियोजन तथा पर्यावरण प्रभाव की ओर ध्यान देने योग्य मुद्दे।*

*ग. ग्रामीण जल निकायों और कृषि भूमि को शहरी मलजल और विषैले अपशिष्ट से बचाना।*

*घ. अपशिष्ट निपटान, लैंडफिल स्थान तथा उनका प्रबंध, जल निकासी।*

ड. *शहरी क्षेत्रों की उन्नति के लिए ग्रामीण क्षेत्रों में भू-प्रयोग जोनिंग, औद्योगिक आबंटन, आदि।*

च. *झीलों, टैंकों, आर्द्र भूमि, वन क्षेत्रों, कृषि भूमि, वनस्पति और जीवजंतु की पर्यावरण सुरक्षा।*

छ. *विद्युत आपूर्ति।*

समेकन प्रक्रिया के सम्बन्ध में जमीनी स्तर पर आयोजना संबंधी विशेषज्ञ दल ने केरल में स्थानीय निकायों के लिए आयोजना मार्ग-निर्देशों में ऐसे विभिन्न आयामों का उल्लेख किया है जो कि सामान्य प्रयोग के लिए अनुकूलित किए जा सकते हैं। ये समेकन स्थानीय, क्षेत्रीय व क्षेत्रों के साधनों के समेकन के बारे में हैं। बॉक्स-4 में इनके बारे में बताया गया है।

***बॉक्स-4***

## विभिन्न प्रकार के समेकन स्थानीय स्तरों पर

क. ***स्थानिक समाकलन****—जिसका आशय सड़कों जैसी स्कीमों के समाकलन से है जोकि एक या एक से अधिक स्थानीय निकायों के माध्यम से चलती हैं।*

ख. ***क्षेत्रीय समाकलन****—जो विज्ञान क्षेत्र से संबंधित विभिन्न स्कीमों का समाकलन करता है।*

ग. ***क्षेत्रों के बीच समेकन****—जिसका उद्देश्य विभिन्न स्कीमों से संसाधन जुटाकर विभिन्न हस्तक्षेपों से अधिकतम प्रभाव सुनिश्चित करना है।*

घ. ***उर्ध्वाधर समेकन****—जो इस बात को अलग करता है कि उच्चतर पंचायत स्तरों पर क्या किया जाना है, किसमें मात्रात्मक लाभ हैं और क्या है जो स्थानीय सरकार के निम्नतर स्तरों द्वारा नहीं किया जा सकता है।*

ड. ***संसाधनों का समेकन****—केंद्रीय और राज्य सरकारों द्वारा विभिन्न स्कीमों के चैनलीकरण की पहचान करने और उनके नियोजन पर निगाह रखता है जिनका पंचायतें प्रयोग कर सकती हैं, स्थानीय योजनाओं में समेकन कर सकती हैं और जिनमें वे अतिरिक्त संसाधनों का योगदान दे सकती हैं।*

अंततः जिला नियोजन समिति जिले के विभिन्न क्षेत्रों की असमानता को दूर करने की योजना बनाएगी। ऐसी निर्मित योजना में ग्रामीण और नगरीय क्षेत्रों की योजनाएं भी एकीकृत होंगी। जैसे कि पहले जिक्र किया गया है कि इस तरह की निर्मित योजनाओं में सरकारी, स्थानीय व निजी क्षेत्र की भागीदारी का समावेश होगा। इस तरह निर्मित योजनाओं का सार बॉक्स-5 में दिया गया है।

*बॉक्स-5*

## विभिन्न पंचायत स्तरों पर वित्तपोषण

| क्षेत्र व आयाम | | स्थानीय सरकारें | | | | विशेष डीपीसी परियोजनाएं (समाकलित) | राज्य लाइन विभाग |
|---|---|---|---|---|---|---|---|
| | | गामीण स्थानीय सरकारें | | | शहरी स्थानीय सरकार | | |
| | | जिला पंचायत | मध्यवर्ती पंचायत | ग्राम पंचायतें | | | |
| 1 | 2 | 3 | 4 | 5 | 6 | 7 | 8 |
| सरकारी क्षेत्र | सीधे प्रदत्त | | | | | | |
| | परोक्षतः (मिशन आदि) | | | | | | |
| ऋण योजना | | | | | | | |
| कॉरपोरेट सेक्टर | | | | | | | |
| स्थानीय योजना | | | | | | | |

इस प्रकार, जिला योजना समिति, जिला योजना को एकीकृत कर उसे सार्वजनिक कर सकती है। तथा विभिन्न स्तरों के लिए एकीकृत की गई योजनाओं को लागू करने के लिये निर्देश दे सकती है। योजना आयोग, भारत सरकार ने 2006 में 11वीं पंचवर्षीय योजना के दौरान जिला योजना बनाने के लिए दिशा-निर्देश जारी किए थे। इन दिशा-निर्देशों में आयोग ने, जिला स्तर पर जिला योजना बनाने व राज्य स्तर पर किए जाने वाले उपाय, आदि बातों का जिक्र किया है। पाठकों के लिए यह महत्वपूर्ण जानकारी सिद्ध होगी इसलिए इन दिशा-निर्देशों को पुस्तक के अनुबंध-6 में दिया गया है।

## 4. समन्वित योजना का प्रभावीकरण

सहभागितापूर्ण नियोजन सफल बनाने के लिए विभिन्न संस्थाओं के व्यक्तियों के बीच समन्वय और एकीकरण होना जरूरी है। समेकित जिला योजना मैनुअल में समन्वित विकेंद्रीकृत नियोजन के फलीभूत होने के निम्न तीन कारण बताए गए हैं:

- अधिकारी और निर्वाचित प्रतिनिधि दोनों अपने-अपने दायरे में काम करते हैं और विकास प्रक्रिया में अपनी भूमिकाओं की गहन छानबीन नहीं चाहते हैं।
- खुले, स्पष्ट और स्वतंत्र विचार-विमर्श की कोई संस्थागत संस्कृति नहीं है। अधिकारियों और निर्वाचित प्रतिनिधियों के बीच के संबंध अक्सर संदेह और पूर्व-निर्धारित धारणाओं से घिरे होते हैं। सख्त पद सोपान और अपनी हैसियत के बारे में संवेदनशीलता से भी खुले विचार-विमर्श में बाधा आती है।
- इन समस्याओं को दूर करने के प्रयासों का अक्सर उल्टा असर पड़ता है। इसके परिणामस्वरूप, पेशेवर ढांचे से बाहर अस्थायी तालमेल और साझेदारियां बन सकती हैं जो संबंधित व्यक्तियों के कार्यकाल की समाप्ति के बाद नहीं बनी रहती है।

अतः समेकन को थोपा नहीं जा सकता है, बल्कि यह अंदर से स्वीकारा जाता है। इसका मूलभूत मंत्र यह है कि निर्वाचित प्रतिनिधि हो या अधिकारी एक-दूसरे का विरोध करने की बजाय ऐसा वातावरण बनाएं, जिसमें सहभागितापूर्ण जिला निधोजन का लक्ष्य प्राप्त किया जा सके। इसके लिए व्यक्तिगत रूपान्तरण और संस्थागत रूपांतरण की आवश्यकता होती है।

## निष्कर्ष

उपरोक्त अध्याय में जिला नियोजन के विभिन्न पहलुओं पर प्रकाश डाला गया है और यह बताने का प्रयास किया गया है कि जिला नियोजन रोजगार बढ़ाने, क्षेत्रीय असमानताओं को दूर करने, संसाधनों का उचित उपयोग करने व लोगों की भागीदारी सुनिश्चित करने के लिये जरूरी है। संपूर्ण देश में तेजी से बढ़ते शहरी विकास को देखते हुए संसाधनों की खींचतान होते हुए जिला नियोजन जरूरी है। बेहतर आजीविका अवसरों की तलाश में ग्रामीण क्षेत्रों से नगरीय क्षेत्रों में पलायन को रोकने के लिये भी यह जरूरी है। अतः साझे संसाधनों के द्वारा आजीविका के अवसरों

का सृजन आधारभूत संरचना का निर्माण और विकास, पर्यावरणात्मक प्रभावों का उपशमन और ग्रामीण तथा शहरी सरकारों के बीच समरसता बढ़ाना आज की महत्वपूर्ण चुनौतियां हैं जिनको हम सहभागीपूर्ण वातावरण और प्रभावी जिला योजना बनाकर ही सामना कर सकते हैं।

*अध्याय-10*

# समीक्षा और मूल्यांकन

**प्रस्तावना**

क्या ग्राम नियोजन के अंतर्गत अनेक कार्य निर्धारित मापदंडों के आधार पर हुए हैं? क्या संसाधनों की उपलब्धता जैसे की परिकल्पना की थी, उसी के अनुसार रही? क्या लोगों की सहभागिता मनचाही रही? क्या योजना का लाभ लक्षित ग्रुप व क्षेत्र को हुआ है? इन सब बातों का पता करना भी जरूरी है ताकि यह पता चले कि हम योजना को लागू करने में कितने सफल रहे और जहां-जहां असफल रहे, वहां पर हमें क्या कदम उठाने चाहिए? इन्हीं सब बातों का अध्ययन पुस्तक के इस भाग में किया गया है। ऐसा करते समय सामाजिक आडिट द्वारा कैसे समीक्षा और मूल्यांकन होता है इसके बारे में बताया गया है।

## 1. समीक्षा और मूल्यांकन का तरीका

ग्राम नियोजन के तहत किए गए अनेक परियोजना और कार्यक्रमों की प्रक्रिया को आगे बढ़ाने का मूल्यांकन एक तरीका है, क्योंकि इससे विकास की प्रक्रिया को दिशा, गति, उपयोगिता, प्रस्तावित सुधार, आदि को समझने में सहायता मिलती है। परिणामस्वरूप, इससे कार्यक्रमों की सार्थकता और निरर्थकता का ज्ञान होता है। जैसा कि विदित है कि किसी भी कार्य का मूल्यांकन करने के दो तरीके हैं। प्रथम, जिन्होंने कार्य किया वे स्वयं जांचे-परखें। दूसरे, जो लोग इसमें शामिल नहीं थे, वे उनसे अपने कार्य का मूल्यांकन कराएं। दूसरे शब्दों में, इन्हें आंतरिक और बाह्य मूल्यांकन भी कह सकते हैं। लेकिन स्वयं मूल्यांकन करने में कभी-कभी अपनी

गलतियों को नहीं पहचान पाते हैं और अगर पहचान पाते भी हैं तो उन्हें नजर अंदाज कर देते हैं क्योंकि हमारा उस कार्य से जुड़ाव होता है। लेकिन यदि अपने काम का मूल्यांकन बाहर से कराते हैं तो वह बारीक और छोटी से छोटी बातों को भी मूल्यांकन करते समय देखेगा। खैर हमारे पास दोनों तरीके हैं हम स्वयं भी कर सकते हैं, बाहर से भी करा सकते हैं। जैसा कि पहले भी बताया गया है कि मूल्यांकन सामान्यतः परियोजना के पूर्ण निर्धारित काम, उद्देश्यों, आदि को मापने का निर्धारण करना प्रासंगिक व व्यावहारिक होता है। इस दृष्टि से न केवल संख्यात्मक मापदंडों/सूचकांकों बल्कि गुणात्मक सूचकांकों का निर्धारण भी आवश्यक होता है।

## 2. मूल्यांकन हेतु संकेतकों के कुछ उदाहरण

नीचे मूल्यांकन के लिये संकेतकों/मापदंडों का जिक्र किया गया है, जो मूल्यांकन का आधाार तय करने में सहयोगी होंगेः

1. क्या कार्य उतने समय में संपूर्ण हुआ, जितना सोचा था?
2. क्या वित्तीय संसाधन उतने ही व्यय हुए हैं जितने तय किए गए थे?
3. क्या ग्राम समाज के सभी वर्गों का सहयोग रहा है?
4. क्या लोगों की भागीदारी नियोजन चरण, क्रियान्वयन चरण और परियोजना की सततूता के लिए चाहिए थी या निर्धारित की थी, उतनी ही रही? उपरोक्त तीनों 'फेज' में से किसमें भागीदारी अधिक रही।
5. वित्तीय संसाधन विभिन्न स्रोतों से जैसे केंद्र सरकार और स्वयं कर या गैर-कर द्वारा से जैसे सोचा था वैसा ही रहा।
6. पंचायत के सदस्यों का कितना सहयोग रहा। अक्सर देखा गया है कि पंचायती राज सरपंच केन्द्रित है। सदस्यों की अगर कोई भूमिका है तो वह सिर्फ प्रस्ताव पर हस्ताक्षर मात्र है। मूल्यांकन के प्रति पंचायत के सदस्यों का क्या रवैया रहा? यह भी सूचकांक हो सकता है।
7. आपको पता होगा जब हम विकास व योजना के बारे में अध्याय-2 व 3 में चर्चा कर रहे थे वहां देखा था कि गांव वाले सोचते हैं, विकास करना सरकार का काम है। इस संदर्भ में यह भी मापदंड महत्वपूर्ण है कि ग्रामीण परियोजना के अंतर्गत किए गए कार्य को अपना समझें और अगर समझे तो उसका असर क्या रहा?
8. संपूर्ण प्रक्रिया में महिलाओं की भागीदारी कितनी रही? उनका जुड़ाव कैसा रहा?

9. समाज के कमजोर तबकों को जैसे अनुसूचित जाति और अनुसूचित जनजाति और अति पिछड़ों की भागीदारी क्या रही?
10. नौकरशाही का सहयोग कैसा रहा?
11. पंचायतों के आपस में विभिन्न स्तरों और सरकार का सहयोग कैसा रहा? क्या लोगों की आकांक्षाओं पर खरी उतरी या नहीं?
12. अंततः योजना के अंतर्गत किए गए विभिन्न कार्यकलापों का ग्रामीण क्षेत्र सहभागी मूल्यांकन के विकास पर क्या प्रभाव पड़ा?

## 3. सहभागी मूल्यांकन

जैसा कि पहले भी बताया गया है कि सहभागी मूल्यांकन स्वयं ग्रामीणों द्वारा ही किया जाता है। हां, इसमें बाहर की किसी संस्था या एजेंसी एक 'फैसीलीटेटर' के रूप में कार्य कर सकती है। सहभागी मूल्यांकन के निम्नलिखित चरण हैं:

1. सामूहिक रूप से सहभागिता का आधार/मापदंड तैयार करना। इसके लिए सबसे महत्वपूर्ण संस्था ग्राम सभा है जिसके माध्यम से आधार तय किए जा सकते हैं।
2. कार्यक्रमों का चयन करना और मूल्यांकन का उद्देश्य तय करना। उदाहरण के लिये क्या सभी कार्यक्रमों का मूल्यांकन करना है या किसी खास परियोजना का मूल्यांकन करना है, यह तय करना पड़ेगा।
3. सहभागी मूल्यांकन में भाग लेने वाली टीम का चयन करना। ध्यान रहे टीम न ज्यादा छोटी हो और न ज्यादा बड़ी। ध्यान रहे की टीम के सदस्यों का चुनाव सहमति से हो, सदस्य अनुभवी व गंभीर हों व उन पर लोगों का भरोसा हो। समिति बनाते समय निम्न बातों का ध्यान रखें:
   - सदस्यों के कार्य के बंटवारे में स्पष्टता सहयोगी सदस्यों में से कुछ तकनीकी मामलों के जानकार भी होने चाहिए। ये सदस्य बाहर से भी हो सकते हैं।
   - कुछ लोग बजट अर्थात हिसाब-किताब के भी जानकार हों।
   - मूल्यांकन का समय तय कर लेना चाहिए।
   - मूल्यांकन के दौरान एकत्र जानकारियों का सामूहिक रूप से विश्लेषण कर उससे सीख निकालना व उसे रिपोर्ट के रूप में प्रस्तुत करना ताकि वह आगे भी काम आये।

4. मूल्यांकन के दौरान सहभागी नक्शे का निर्माण शुरू करें और चिन्हित करें कि गांव के किन-किन परिवारों को परियोजना से लाभ हुआ है। धीरे-धीरे सहभागी ग्रामीण मूल्यांकन की दूसरी विधियां जिनका जिक्र पुस्तक में किया है उनका प्रयोग भी कर सकते हैं। इसके साथ-साथ प्रत्यक्ष निरीक्षण गोष्ठी तथा सामूहिक भ्रमण आदि विधियां भी लाभदायक हो सकती हैं।
5. ग्रामीणों से विचार-विमर्श करके कार्य योजना बना सकते हैं कि परियोजना की सफलता के लिए और क्या-क्या क्रियाकलाप किये जा सकते हैं?

## सहभागी मूल्यांकन के लाभ

सहभागी मूल्यांकन से अनेक लाभ हैं जिनको नीचे दिया गया है:

(*i*) केवल परियोजानाओं का मूल्यांकन करके यह बताने के साथ-साथ कि अमुक परियोजना कितनी सफल और असफल रही।

(*ii*) सफल व असफल होने के क्या कारण रहे?

(*iii*) भविष्य में सुधार के लिए क्या कदम उठाने चाहिए?

(*iv*) ग्रामीणों की क्षमतावर्धन करना, सामुदायिक कार्य करने की संस्कृति को बढ़ाना, लोगों की निर्णय लेने की क्षमता को बढ़ाना और अन्ततः लोगों में स्वामित्व की भावना को उजागर करना है, जिससे लोग यह समझें कि गांव उनका है, क्षेत्र उनका है, योजना उनकी है और उन्हें ही उसे सफल बनाना है।

## 4. सामाजिक आडिट

सामाजिक आडिट का अर्थ है लोगों द्वारा स्वयं कार्यों की जांच करना। वित्तीय आडिट के अंतर्गत योजना के लिए जो पैसा प्राप्त हुआ था उसकी जांच होती है। लेकिन सामाजिक आडिट में पैसे के साथ विभिन्न कार्यों की भी जांच-परख होती है। सामाजिक आडिट में ग्राम सभा की अहम भूमिका है या यूं कहें की सामाजिक आडिट इस सभा के अतिरिक्त अन्य कोई संस्था नहीं कर सकती है। ग्राम सभा की बैठक में ग्राम पंचायत और संबंधित विभाग के कर्मचारी विभिन्न स्कीमों और कार्यक्रमों के निष्पादन के बारे में निम्न रिपोर्ट ग्राम सभा को प्रस्तुत करते हैं:

1. चालू वित्तीय वर्ष में विभिन्न स्कीमों और कार्यक्रमों से संबंधित उपलब्ध कुल आबंटन।
2. भौतिक तथा सामाजिक उपलब्धियों के लक्ष्य।

3. लक्ष्यों की पूर्ति के लिए चालू वर्ष के दौरान नियोजित क्रियाकलाप।
4. वास्तव में शुरू किए गए क्रियाकलाप और बाकी क्रियाकलाप शुरू न किए जाने के कारण।
5. भौतिक, वित्तीय और सामाजिक दृष्टिकोण से प्रत्येक क्रियाकलाप की प्रगति।
6. क्रियाकलापों, व्यय तथा भौतिक और सामाजिक उपलब्धियों में कमियां और उनके कारण।
7. भविष्य की योजना।

कुछ राज्यों में इस आशय की परिपाटी पहले से ही चली आ रही है। ग्राम सभा द्वारा ग्राम स्तर पर सभी लाइन विभाग कर्मिकों की निर्धारित समयानुसार बैठकें आयोजित की जाती हैं और साझा रुचि के मुद्दों पर सहभागितापूर्ण ढंग से चर्चा की जाती है। महाराष्ट्र में इस परिपाटी को ग्रामास्था दिन (ग्रामवासियों का दिवस) कहा जाता है। सभी जिलों द्वारा इस तरह की परिपाटियों से संबंधित जानकारी संकलित की जा सकती है और उसका अध्ययन किया जा सकता है जिससे कि ग्राम, वार्ड और क्षेत्रीय सभा को रिपोर्ट जाने के लिए संबंधित विभाग स्वयं अपने माडल तैयार कर सकें।

सामाजिक आडिट की विश्वसनीयता बढ़े। इसके लिए निम्न सुझाव प्रस्तुत हैं:

1. सभी महत्वपूर्ण व्यक्तियों की अनिवार्य उपस्थिति।
2. आडिट के लक्ष्यों का स्पष्ट होना।
3. आडिट आयोजित करने की स्पष्ट क्रियाविधि, प्रक्रियाएं तथा कदम जिनके बारे में सभी को पहले से अवगत करा देना चाहिए।
4. जिन रिकार्डों/दस्तावेजों/नमूनों की समीक्षा की जानी है उन सभी की उपलब्धता।
5. मौके पर उपस्थित सभी व्यक्तियों द्वारा प्रश्न पूछे जाने, टिप्पणियां किए जाने का अधिकार।
6. व्यक्तियों/पक्षकारों को बुलाने का अधिकार जिससे कि उनके विचार/कथन रिकार्ड किए जा सकें।
7. सामुदायिक स्कोर कार्डों/क्रम-निर्धारण जैसे कार्यों/सेवाओं के मूल्यांकन की सहभागितापूर्ण प्रक्रियाएं।

8. जहां-कहीं संभव हो, ऐसे प्रशिक्षित प्रेक्षकों की उपस्थिति जोकि उन विषयों से जिनका आडिट किया जा रहा है से संबंधित नहीं है।
9. आडिट प्रक्रिया में विभिन्न पक्षकारों का प्रतिनिधित्व करने वाले एक से अधिक व्यक्तियों द्वारा टिप्पणियों, फोटोग्राफों, श्रव्य दृश्य रिकार्डिंग, रिकार्डों, नमूनों के संकलन, आदि सहित सावधानीपूर्ण प्रलेखन।
10. कार्यवृत्त/निर्णयों के मुक्त पठन और चर्चा के माध्यम से उनका समाधान और पुनः पुष्टि।
11. आडिट के कार्यवृत्त/निर्णयों पर सभी संबंधितों के हस्ताक्षर/अंगूठे के निशान।

**निष्कर्ष**

उपरोक्त चर्चा से स्पष्ट है कि मूल्यांकन परियोजना की सफलताओं और बाधाओं पर प्रकाश डालकर यह बताना है कि परियोजनाओं के प्रभावीकरण के लिए किस तरह के अतिरिक्त हस्तक्षेपों की जरूरत है। सहभागी मूल्यांकन से ग्रामीण विकास की योजनाओं में प्रगति के साथ-साथ ग्रामीणों में विभिन्न परियोजनाओं के आकलन, नियोजन, क्रियान्वयन, देखभाल और मूल्यांकन के कार्य करने की क्षमतावर्धन भी होता है और उनमें आत्म-विश्वास भी बढ़ाता है। सामाजिक आडिट ग्राम सभाओं द्वारा किया जाता है। अधिकतर राज्यों में तो सामाजिक आडिट ग्राम सभाओं के कार्य में शामिल है। इसमें सभी कार्यों का हिसाब-किताब ग्राम सभा के सामने रखा जाता है।

# निष्कर्ष

साधन सीमित हैं और समस्याएं अनंत। कैसे सीमित साधनों से अधिक से अधिक समस्याओं को निपटाया जाए, यह हमारे सामने मुख्य सवाल है। इसके समाधान के लिए जरूरी हो जाता है नियोजन। यही बात गांव के संदर्भ में भी है, जहां पर समस्याएं अनेक हैं लेकिन साधन सीमित हैं। कैसे कम साधनों से अधिक से अधिक समस्याओं से निपटें, यह ग्राम नियोजन द्वारा ही संभव है।

ग्राम नियोजन की दिशा में स्वतंत्रता प्राप्ति से पूर्व व बाद में विभिन्न प्रयास हुए हैं। स्वतंत्रता प्राप्ति से पहले किए गए प्रयास मुख्यतः व्यक्ति उन्मुख व सूक्ष्म स्तर पर थे। व्यक्ति जब तक दृश्य पर रहा, नियोजन का कार्य चला और दृश्य से ओझल होते ही नियोजन का कार्य भी नहीं चल पाया। दूसरे, ये प्रयास लोगों की भागीदारी सुनिश्चित नहीं कर सके। उनको सरकार का भी सहयोग नहीं मिला क्योंकि उस समय ब्रिटिश सरकार की ग्राम विकास की बजाय ग्राम विनाश में रुचि थी। स्वतंत्रता प्राप्ति के बाद ग्राम नियोजन के लिए विभिन्न योजनाओं में इसकी आवश्यकता को लागू करने की बात कही लेकिन नतीजा नौ दिन चला अढ़ाई कोस ही रहा। कुछ राज्यों में इस तरह कुछ प्रयास तो हुए लेकिन वे प्रयास संपूर्ण योजना प्रक्रिया का हिस्सा नहीं बन सके। 73वें व 74वें संविधान संशोधनों के बाद ग्राम नियोजन को कानूनी संस्थागत आधार मिलने के साथ-साथ स्थानीय संस्थाओं के अधिकार कार्यक्षेत्र व संसाधनों का क्षेत्र भी बढ़ा। पंचायती राज मंत्रालय का जन्म विकेंद्रीकरण नियोजन को पंचायती राज संस्थाओं के माध्यम से लागू करने में महत्वपूर्ण प्रयास था।

ग्राम नियोजन की ओर हुए विभिन्न प्रयासों से यह जाना और पाया कि ये प्रयास अधिक सफल नहीं रहे। हां, अपवाद जरूर रहे। वास्तव में जहां पर राज्य

सरकार ने रुचि ली, ग्राम नियोजन की ओर प्रयास हुए व सफल भी रहे। लेकिन अधिकतर जगह स्थिति जस की तस ही रही।

ग्राम नियोजन का उद्देश्य ग्राम विकास करना है। लेकिन विकास के मुद्दे को बड़े संकुचित रूप से समझा और प्रयोग में लाया गया। अधिकांशतः विकास का अर्थ निमार्ण कार्य ही समझ लिया गया और दनादन विभिन्न निर्माण कार्य जैसे खड़ंजा बनाना, स्कूल बनाना, चौपाल बनाना, आदि शुरू कर दिए गये। ये चीजें भी जरूरी हैं, लेकिन इससे भी जरूरी है रोजगार के अवसरों का सृजन करना व उनको बढ़ाना, कुपोषण को दूर करना, आदि। इनकी ओर ध्यान दिया जाना जरूरी है। कुल मिलाकर यहां पर विकास कार्य के अंतर्गत व्यक्तिगत जीवन, परिवार व समाज में कुछ नया करने के लिए सोच-विचार कर निर्णय करें। और अपने जीवन व परिवार में उन्नति के साथ-साथ गांव की जरूरतों और सुख-सुविधाओं को भी जुटाएं। ये कार्य सहभागितापूर्ण होने चाहिए। गांव के सभी कार्यों के बारे में सोच-समझकर कार्य योजना बनाएं तथा उसे अमल में लाकर उसका मूल्यांकन भी करें। बाहरी हस्तक्षेप तभी हो, जब ग्रामीण चाहें।

ग्राम नियोजन का अभिप्राय प्रासंगिक तथ्य व सामाजार्थिक आंकड़ों के आधार पर विश्लेषण करके प्राथमिकताएं निर्धारित करना, निर्धारित प्राथमिकताओं का उपलब्ध संसाधनों के आधार पर लक्ष्य निर्धारित कर कार्यान्वयन की प्रक्रियाओं को लागू करना व उनका अनुश्रवण व मूल्यांकन भी करना है। इस प्रकार, एक आदर्श ग्राम नियोजन के लिए पंचायती राज व्यवस्था की प्रत्येक इकाई जैसे ग्राम पंचायत, पंचायत समिति व जिला परिषद अपने उत्तरदायित्व को निभाने के लिए योजना बनाएं। यहां पर यह भी जरूरी हो जाता है कि सभी पंचायत संस्थाएं एक-दूसरे के सहयोग और जिम्मेदारी के साथ गांव की योजना बनाएं।

ग्राम नियोजन के लिए योजना के विभिन्न पहलू जैसे सहभागिता, प्राथमिकीकरण, पारदर्शिता व उत्तरदायित्व, आदि का जानना भी जरूरी है। ऐसा करते समय ग्राम सभा व ग्राम पंचायत की भूमिका का विशेष महत्व हो जाता है चूंकि ग्राम सभा संपूर्ण पंचायती राज व्यवस्था की रीढ़ की हड्डी है इसलिए इसके बारे में विभिन्न मुद्दों को 'रोल प्ले' के प्रतिदर्श भी दिए गए हैं। महात्मा गांधी राष्ट्रीय ग्रामीण रोजगार गारंटी अधिनियम की ग्राम नियोजन, पारदर्शिता और सूचना के अधिकार का भी संक्षेप में वर्णन किया गया है।

अगला महत्वपूर्ण कदम आ जाता है कि कैसे उपलब्ध आंकड़ा सार के आधार पर योजना की परिकल्पना की जाए और कैसे विभिन्न स्तरों पर तैयार की गई

योजना की एक-दूसरे से चूल से चूल मिलाएं। इस कार्य के लिए सहभागी ग्रामीण मूल्यांकन की विधियां भी काम में लायी जा सकती हैं। विभिन्न विधियों में से मुख्य का जिक्र किताब के भीतर किया गया है। राजस्थान के भीलवाड़ा जिले के मोहकमपुरा ग्राम पंचायत की योजना कैसे गांव वालों ने बनाई उसका खाका पुस्तक के अंदर दिया गया है।

पंचायतों की योजना बनाने के लिए इन संस्थाओं के खाते का बजट भी तैयार किया जाना जरूरी है। वर्तमान में केंद्र सरकार व राज्य सरकारों द्वारा विभिन्न योजनाएं लागू कर रखी हैं उनको भी ग्राम योजना में एकीकृत करना है। केंद्रीय वित्त आयोग और राज्य वित्त आयोगों द्वारा भी पंचायतों को पैसा हस्तांतरित किया जाता है उसको भी योजना का हिस्सा बनाना है। इस प्रकार पंचायतों को अपनी वित्तीय स्थिति को ध्यान में रखकर योजना बनानी है ताकि ग्रामीण स्तर पर निर्धारित की गई प्राथमिकताओं को पूर्ण किया जा सके।

पुस्तक के भीतर जिला नियोजन के विभिन्न पहलुओं पर प्रकाश डाला गया है और यह बताने का प्रयास किया गया है कि जिला नियोजन रोजगार बढ़ाने, क्षेत्रीय असमानताओं को दूर करने, संसाधनों का उचित उपयोग करने व लोगों की भागीदारी सुनिश्चित करने के लिये जरूरी है। संपूर्ण देश में तेजी से बढ़ते शहरी विकास को देखते हुए संसाधनों की खींचतान होते हुए जिला नियोजन जरूरी है। बेहतर आजीविका अवसरों की तलाश में ग्रामीण क्षेत्रों से नगरीय क्षेत्रों में पलायन को रोकने के लिए भी यह जरूरी है। अतः साझे संसाधनों के द्वारा आजीविका के अवसरों का सृजन आधारभूत संरचना का निर्माण और विकास, पर्यावरणात्मक प्रभावों का उपशमन व ग्रामीण और शहरी क्षेत्रों के बीच समरसता बढ़ाना हमारे सामने महत्वपूर्ण चुनौतियां हैं जिनका हम सहभागितापूर्ण और प्रभावी ग्राम नियोजन द्वारा ही सामना कर सकते हैं।

योजना बनाने, उसे लागू करने व वांछित प्रतिफल प्राप्त करने में पंचायतें कितनी सफल रहीं और क्यों रहीं, आदि बातों का मूल्यांकन भी जरूरी है। पुस्तक के भीतर सहभागी मूल्यांकन व सामाजिक आडिट के द्वारा कैसे परियोजनाओं का मूल्यांकन करते हैं इस पर भी चर्चा की गई है। ऐसा करते समय ग्राम सभा की भूमिका को केंद्र में रखा गया है। वास्तव में ग्रामीणों द्वारा परियोजनाओं के आकलन, नियोजन, क्रियान्वयन, देखभाल व मूल्यांकन कार्य करने से उनमें व पंचायतों में क्षमतावर्धन के साथ-साथ पंचायत कर्मियों का आत्म-विश्वास भी बढ़ता है।

# संदर्भ सूची

## रिपोर्ट व अन्य संबंधित दस्तावेज


1. समेकित जिला नियोजन मैनुअल, 2008, योजना आयोग, भारत सरकार।
2. पंचायतों की स्थितिः 2007-08, एक स्वंतत्र मूल्यांकन, प्रथम खण्डः विषय संबंधी रिपोर्ट, ग्रामीण प्रबंधन संस्थान, आंनद, गुजरात, 2008।
3. गांव की योजना, समर्थन, भोपाल, 2003।
4. ग्राम स्वराजः प्रत्यक्ष लोकतंत्र का कानून और उससे जुडे जरूरी नियम, अगस्त 2005, डिबेट, भोपाल, मध्य प्रदेश।
5. पंचायती राज समिति की रिपोर्ट (अध्यायः अशोक मेहता) ग्रामीण विकास विभाग, भारत सरकार, 1978।
6. पी. आर. ए. व सुक्ष्म स्तरीय नियोजन, सहभागी शिक्षण केंद्र, लखनऊ।
7. वार्षिक रिपोर्ट 2009-2010, ग्रामीण विकास मंत्रालय, भारत सरकार।
8. ग्राम मोहकमपुरा का नियोजन, जिला बांसवाड़ा, राजस्थान, जन शिक्षा और विकास संगठन, मोडा, डूंगरपुर, राजस्थान, 2008।
9. ग्रामीण विकास कार्यक्रमों से संबंधित प्रायः पूछे गए प्रश्न, ग्रामीण विकास मंत्रालय, भारत सरकार।
10. वार्षिक रिपोर्ट 2009-10, पंचायती राज मंत्रालय, भारत सरकार।
11. राष्ट्रीय ग्रामीण रोजगार गारंटी कानूनः रोजगार सूत्र, ग्रामीण विकास मंत्रालय, भारत सरकार।

## पुस्तक


1. विनोबा भावे (1960): गांव सुखी, हम सुखी, सस्ता साहित्य मंडल प्रकाशन।
2. महीपाल (2002): ग्रामीण योजनाएं व पंचायती राज, विधा निधि, दिल्ली।
3. महीपाल (2002): ग्राम सभा, पारदर्शिता व समाज विकास, दिवि इंटरनेशनल, दिल्ली।
4. महीपाल (2004): पंचायती राजः चुनौतियां एवं संभावनाएं, नेशनल बुक ट्रस्ट, इंडिया।
5. निखिल डे व अन्य (2006): रोजगार गारंटी अधिनियम (प्रवेशिका), नेशनल बुक ट्रस्ट, इंडिया।
6. रेणु त्रिपाठी (2008): भारत में आर्थिक नियोजन, ओमेगा पब्लिकेशन, दिल्ली।
7. बैजनाथ सिंह (2009): सामुदायिक ग्रामीण विकास, नेशनल बुक ट्रस्ट, इंडिया।


## अधिनियम


1. 73वां संविधान संशोधन, 1992।
2. 74वां संविधान संशोधन, 1992।
3. पंचायतों के प्रावधान (अनुसूचित क्षेत्रों में विस्तार) अधिनियम, 1996।

*अनुबंध-1*

# 73वें संविधान संशोधन में दर्ज ग्यारहवीं अनुसूची

1. कृषि जिसके अंतर्गत कृषि-विस्तार है
2. भूमि विकास, भूमि सुधार का कार्यान्वयन, चकबंदी और भूमि संरक्षण
3. लघु सिंचाई, जल प्रबंध और जलविभाजक क्षेत्र का विकास
4. पशुपालन, डेरी उद्योग और कुक्कुट पालन
5. मत्स्य उद्योग
6. सामाजिक वानिकी और फार्म वानिकी
7. लघु वन उपज
8. लघु उद्योग, जिनके अंतर्गत खाद्य प्रसंस्करण उद्योग भी हैं
9. खादी, ग्रामोद्योग और कुटीर उद्योग
10. ग्रामीण आवास
11. पेयजल
12. ईंधन और चारा
13. सड़कें, पुलिया, पुल, फेरी, जलमार्ग और संचार साधन
14. ग्रामीण विद्युतीकरण, जिसके अंतर्गत विद्युत का वितरण है
15. अपारंपरिक ऊर्जा स्रोत
16. गरीबी उन्मूलन कार्यक्रम
17. शिक्षा, जिसके अंतर्गत प्राथमिक और माध्यमिक विद्यालय भी हैं

18. तकनीकी प्रशिक्षण और व्यावसायिक शिक्षा
19. प्रौढ़ और अनौपचारिक शिक्षा
20. पुस्तकालय
21. सांस्कृतिक क्रियाकलाप
22. बाजार और मेले
23. स्वास्थ्य और स्वच्छता, जिसके अंतर्गत अस्पताल, प्राथमिक स्वास्थ्य केंद्र और औषधालय भी हैं
24. परिवार कल्याण
25. महिला और बाल विकास
26. समाज कल्याण जिसके अंतर्गत विकलांगों और मानसिक रूप से मन्द व्यक्तियों का कल्याण भी है
27. कमजोर वर्गों का और विशिष्टतया अनुसूचित जातियों और अनुसूचित जनजातियों का कल्याण
28. सार्वजनिक वितरण प्रणाली
29. सामुदायिक परिसंपत्तियों का अनुरक्षण

*अनुबंध-2*

# पिछड़ा क्षेत्र अनुदान निधि के अंतर्गत जिलों की सूची

## आंध्र प्रदेश

| | | | | | | | |
|---|---|---|---|---|---|---|---|
| 1 | आदिलाबाद | 2 | अनंतपुर | 3 | चित्तूर | 4 | कुडप्पा |
| 5 | करीमनगर | 6 | खम्माम | 7 | महबूबनगर | 8 | मेडक |
| 9 | नालगोंडा | 10 | निजामाबाद | 11 | रंगारेड्डी | 12 | विजयनगरम |
| 13 | वारंगल | | | | | | |

## अरुणाचल प्रदेश

| | | | | | | | |
|---|---|---|---|---|---|---|---|
| | | 1 | ऊपरी सुबनसिरी | | | | |

## असम

| | | | | | | | |
|---|---|---|---|---|---|---|---|
| 1 | बारपेटा | 2 | बोंगईगांव | 3 | कछार | 4 | धीमाजी |
| 5 | गोआलपाड़ा | 6 | हैलाकांडी | 7 | कार्बी आंगलॉग | 8 | कोकराझार |
| 9 | मारीगांव | 10 | उत्तरी लखीमपुर | 11 | उ.कछार हिल्स | | |

## बिहार

| | | | | | | | |
|---|---|---|---|---|---|---|---|
| 1 | अररिया | 2 | औरंगाबाद | 3 | बांका | 4 | बेगुसराय |
| 5 | भागलपुर | 6 | भोजपुर | 7 | बक्सर | 8 | दरभंगा |
| 9 | गया | 10 | गोपालगंज | 11 | जमुई | 12 | जहांनाबाद |
| 13 | केमूर/भभुआ | 14 | कटिहार | 15 | किशनगंज | 16 | खगड़िया |
| 17 | लखीसराय | 18 | मधेपुरा | 19 | मधुबनी | 20 | मुंगेर |
| 21 | मुजफ्फरपुर | 22 | नालंदा | 23 | नवादा | 24 | पटना |
| 25 | प.चंपारण | 26 | पूर्वी चंपारण | 27 | पूर्णिया | 28 | रोहतास |
| 29 | सहरसा | 30 | समस्तीपुर | 31 | सारण | 32 | शेखपुरा |
| 33 | शिवहर | 34 | सीतामढ़ी | 35 | सुपौल | 36 | वैशाली |

## छत्तीसगढ़

| | | | | | | | |
|---|---|---|---|---|---|---|---|
| 1 | बस्तर | 2 | बिलासपुर | 3 | दंतेवाड़ा | 4 | धमतरी |
| 5 | जशपुर | 6 | कांकेर | 7 | कवर्धा | 8 | कोरबा |
| 9 | कोरिया | 10 | महासमंद | 11 | रायगढ़ | 12 | राजनंदगांव |
| 13 | सरगुजा | | | | | | |

## गुजरात

| | | | | | | | |
|---|---|---|---|---|---|---|---|
| 1 | बनासकंठा | 2 | डांग | 3 | दाहोद | 4 | नर्मदा |
| 5 | पंचमहल | 6 | साबरकंठा | | | | |

## हरियाणा

| | | | | | | | |
|---|---|---|---|---|---|---|---|
| 1 | महेन्द्रगढ़ | 2 | सिरसा | | | | |

## हिमाचल प्रदेश

| | | | | | | | |
|---|---|---|---|---|---|---|---|
| 1 | चंबा | 2 | सिरमौर | | | | |

## जम्मू और कश्मीर

| | | | | | | | |
|---|---|---|---|---|---|---|---|
| 1 | डोडा | 2 | कुफवाड़ा | 3 | पुंछ | | |

## झारखंड

| | | | | | | | |
|---|---|---|---|---|---|---|---|
| 1 | बोकारो | 2 | चतरा | 3 | देवघर | 4 | धनबाद |
| 5 | दुमका | 6 | गढ़वा | 7 | गिरिडीह | 8 | गोड्डा |
| 9 | गुमला | 10 | हजारीबाग | 11 | जामतारा | 12 | कोडरमा |
| 13 | लातेहार | 14 | लोहरदगा | 15 | पश्चिम सिंहभूमि | 16 | पाकुड़ |
| 17 | पलामू | 18 | रांची | 19 | साहिबगंज | 20 | सरायकेला |
| 21 | सिमडेगा | | | | | | |

## कर्नाटक

| | | | | | | | |
|---|---|---|---|---|---|---|---|
| 1 | बीदर | 2 | चित्रदुर्ग | 3 | दावणगेरे | 4 | गुलबर्ग |
| 5 | रायचूर | | | | | | |

## केरल

| | | | | | | | |
|---|---|---|---|---|---|---|---|
| 1 | पलक्काड | 2 | वायनाड | | | | |

## मध्य प्रदेश

| | | | | | | | |
|---|---|---|---|---|---|---|---|
| 1 | बालाघाट | 2 | बड़वानी | 3 | बैतूल | 4 | छतरपुर |
| 5 | दमोह | 6 | धार | 7 | डिंडोरी | 8 | गुना |
| 9 | झाबुआ | 10 | कटनी | 11 | खंडवा | 12 | मंडला |
| 13 | पन्ना | 14 | राजगढ़ | 15 | रीवा | 16 | सतना |
| 17 | सिवनी | 18 | शहडोल | 19 | श्योपुर | 20 | शिवपुरी |
| 21 | सीधी | 22 | टीकमगढ़ | 23 | उमरिया | 24 | प.निमाड़ |

## महाराष्ट्र

| | | | | | | | |
|---|---|---|---|---|---|---|---|
| 1 | अहमदनगर | 2 | अमरावती | 3 | औरंगाबाद | 4 | भंडारा |
| 5 | चंद्रपुर | 6 | धुले | 7 | गढ़चिरौली | 8 | गोंदिया |
| 9 | हिंगोली | 10 | नांदेड़ | 11 | नंदुरबार | 12 | यवतमाल |

## मणिपुर

| | | | | | | | |
|---|---|---|---|---|---|---|---|
| 1 | चंदेल | 2 | चूड़ाचांदपुर | 3 | तमेंगलौंग | | |

## मेघालय

| | | | | | | | |
|---|---|---|---|---|---|---|---|
| 1 | री भोई | 2 | द.गारो हिल्स | 3 | प. गारो हिल्स | | |

## मिजोरम

| | | | | | | | |
|---|---|---|---|---|---|---|---|
| 1 | लौंगतलाई | 2 | साईहा | | | | |

## नागालैण्ड

| | | | | | | | |
|---|---|---|---|---|---|---|---|
| 1 | मॉन | 2 | त्वेनसांग | 3 | वोरखा | | |

## उड़ीसा

| | | | | | | | |
|---|---|---|---|---|---|---|---|
| 1 | बोलनगिर | 2 | बौध | 3 | देबगढ़ | 4 | धेनकनाल |
| 5 | गजपति | 6 | गंजम | 7 | झारसुगुडा | 8 | कालाहांडी |
| 9 | क्योंझर | 10 | कोरापुट | 11 | मालकानगिरि | 12 | मयूरभंज |
| 13 | नवरंगपुर | 14 | नुआपाड़ा | 15 | फुलवणी | 16 | रायगढ़ |
| 17 | संबलपुर | 18 | सोनपुर | 19 | सुंदरगढ़ | | |

## पंजाब

| | | | | | | | |
|---|---|---|---|---|---|---|---|
| 1 | होशियारपुर | | | | | | |

## राजस्थान

| | | | | | | | |
|---|---|---|---|---|---|---|---|
| 1 | बांसवाड़ा | 2 | बाड़मेर | 3 | चित्तौड़गढ़ | 4 | डूंगरपूर |
| 5 | जैसलमेर | 6 | जालौर | 7 | झालावाड़ | 8 | करोली |
| 9 | सवाई माधोपुरा | 10 | सिरोही | 11 | टोंक | 12 | उदयपुर |

## सिक्किम

| | | | | | | | |
|---|---|---|---|---|---|---|---|
| 1 | सिक्किम उत्तर | | | | | | |

## तमिलनाडु

| | | | | | | | |
|---|---|---|---|---|---|---|---|
| 1 | कुड्डलोर | 2 | डिंडीगुल | 3 | नागपट्टनम | 4 | शिवगंगा |
| 5 | तिरूवनामलई | 6 | विल्लुपुरम | | | | |

## त्रिपुरा

| | | | | | | | |
|---|---|---|---|---|---|---|---|
| 1 | धलाई | | | | | | |

## उत्तर प्रदेश

| | | | | | | | |
|---|---|---|---|---|---|---|---|
| 1 | अंबेडकर नगर | 2 | आजमगढ़ | 3 | बहराइच | 4 | बलरामपुर |
| 5 | बांदा | 6 | बाराबंकी | 7 | बस्ती | 8 | बदांयू |
| 9 | चंदौली | 10 | चित्रकूट | 11 | एटा | 12 | फर्रूखाबाद |
| 13 | फतेहपुर | 14 | गोंडा | 15 | गोरखपुर | 16 | हमीरपुर |
| 17 | हरदोई | 18 | जालौन | 19 | जौनपुर | 20 | कौशाम्बी |
| 21 | कुशीनगर | 22 | लखीमपुर खीरी | 23 | ललितपुर | 24 | महाराजगंज |
| 25 | महोबा | 26 | मिर्जापुर | 27 | प्रतापगढ़ | 28 | रायबरेली |
| 29 | संत कबीरनगर | 30 | श्रावस्ती | 31 | सिद्धार्थनगर | 32 | सीतापुर |
| 33 | सोनभद्र | 34 | उन्नाव | | | | |

## उत्तराखंड

| | | | | | | | |
|---|---|---|---|---|---|---|---|
| 1 | चमोली | 2 | चंपावत | 3 | टिहरी गढ़वाल | | |

## पश्चिम बंगाल

| | | | | | | | |
|---|---|---|---|---|---|---|---|
| 1 | बांकुड़ा | 2 | वीरभूम | 3 | द.दिनाजपुर | 4 | जलपाईगुड़ी |
| 5 | माल्दा | 6 | मिदनापुर पूर्व | 7 | पं.मिदनापुर | 8 | मुर्शीदाबाद |
| 9 | पुरूलिया | 10 | द.चौबीस परगना | 11 | उ.दिनाजपुर | | |

*अनुबंध-3*

# संसाधनों का ब्यौरा से संबंधित फार्मेट

### जिला स्तर पर उपलब्ध वित्तीय संसाधनों का सार

| पिछले दो वर्ष के आंकड़े | | | | | | | | |
|---|---|---|---|---|---|---|---|---|
| क्र.सं. | विभाग | स्कीम/बजट शीर्ष/उप-शीर्ष | पिछले दो वर्ष के आंकड़े | | | | चालू वर्ष | |
| | | | वर्ष 1 | | वर्ष 2 | | | |
| | | | आवंटन | व्यय | आवंटन | व्यय | आवंटन | व्यय |
| क) | केंद्रीय क्षेत्र स्कीमें | | | | | | | |
| 1. | | | | | | | | |
| 2. | | | | | | | | |
| 3. | | | | | | | | |
| ख) | केंद्रीय प्रायोजित स्कीमें | | | | | | | |
| 1. | | | | | | | | |
| 2. | | | | | | | | |
| 3. | | | | | | | | |

क्रमशः

| | | | | | | | | |
|---|---|---|---|---|---|---|---|---|
| ग) | राज्य क्षेत्र स्कीमें | | | | | | | |
| 1. | | | | | | | | |
| 2. | | | | | | | | |
| 3. | | | | | | | | |
| घ) | केंद्रीय/राज्य वित्त आयोग अनुदान, राज्य असंबद्ध निधि | | | | | | | |
| 1. | | | | | | | | |
| 2. | | | | | | | | |
| 3. | | | | | | | | |
| ङ) | विधायक/सांसद निधि | | | | | | | |
| 1. | | | | | | | | |
| 2. | | | | | | | | |
| 3. | | | | | | | | |
| च) | स्थानीय राजस्व (स्थानीय उपयोग के लिए उपलब्ध कर, शुल्क के माध्यम से प्राप्ति) | | | | | | | |
| 1. | | | | | | | | |
| 2. | | | | | | | | |
| 3. | | | | | | | | |
| छ) | आनुषंगिक प्राप्तियां, गैर-सरकारी अनुदान, स्थानीय अनुदान | | | | | | | |
| 1. | | | | | | | | |
| 2. | | | | | | | | |
| 3. | | | | | | | | |
| योग | | | | | | | | |

## तालिकाः वित्तीय आबंटनों की ब्लाक स्तर पर उपलब्धता (श्रेणी-वार)

| जिला | | | | | | | | | |
|---|---|---|---|---|---|---|---|---|---|
| चालू वर्ष के आबंटन (रुपए लाख में) | | | | | | | | | |
| क्रम संख्या | ब्लॉक | केंद्रीय क्षेत्र स्कीमें | केंद्रीय प्रायोजित स्कीमें | राज्य क्षेत्र स्कीमें | वित्त आयोग अनुदान | सांसद/ विधायक निधि | स्थानीय राजस्व | अन्य निधि | कुल |
| 1. | ब्लॉक 1 | | | | | | | | |
| 2. | ब्लॉक 2 | | | | | | | | |
| 3. | ब्लॉक 3 | | | | | | | | |
| 4. | ब्लॉक 4 | | | | | | | | |
| 5. | ब्लॉक 5 | | | | | | | | |
| 6. | ब्लॉक 6 | | | | | | | | |
| 7. | ब्लॉक 7 | | | | | | | | |
| 8. | ब्लॉक 8 | | | | | | | | |
| 9. | ब्लॉक 9 | | | | | | | | |

## तालिकाः वित्तीय आबंटनों की ब्लाक स्तर पर उपलब्धता (श्रेणी-वार)

| जिला | | | | | | | | | | | | | | |
|---|---|---|---|---|---|---|---|---|---|---|---|---|---|---|
| चालू वर्ष के आबंटन (रुपए लाख में) | | | | | | | | | | | | | | |
| क्रम संख्या | ब्लॉक | सार्वजनिक स्वास्थ्य | खाद्य सुरक्षा और पोषण | साक्षरता और शिक्षा | घर और मूल सुविधाएं | खेत क्षेत्र विकास | रोजगार और स्वरोजगार | सिंचाई | संचार और परिवहन | ऊर्जा | उद्योग | नागरिक अधिकार | अन्य | कुल |
| 1. | ब्लॉक 1 | | | | | | | | | | | | | |
| 2. | ब्लॉक 2 | | | | | | | | | | | | | |
| 3. | ब्लॉक 3 | | | | | | | | | | | | | |
| 4. | ब्लॉक 4 | | | | | | | | | | | | | |
| 5. | ब्लॉक 5 | | | | | | | | | | | | | |
| 6. | ब्लॉक 6 | | | | | | | | | | | | | |
| 7. | ब्लॉक 7 | | | | | | | | | | | | | |
| 8. | ब्लॉक 8 | | | | | | | | | | | | | |
| 9. | ब्लॉक 9 | | | | | | | | | | | | | |

## ग्राम पंचायत मानचित्रण संबंधी मैट्रिक्स और क्षेत्र-वार वित्तीय आवंटन

| ब्लाक का नाम | | | | | | | | | | | |
|---|---|---|---|---|---|---|---|---|---|---|---|
| चालू वर्ष के आबंटन (रुपए लाख में)<br>(यदि आबंटन उपलब्ध नहीं है तो पिछले वर्ष के व्यय का विश्लेषण किया जा सकता है) | | | | | | | | | | | |
| क्रम संख्या | ग्राम पंचायत (जीपी) | सार्वजनिक स्वास्थ्य | खाद्य सुरक्षा और पोषण | साक्षरता और शिक्षा | घर और मूल सुविधाएं | खेत क्षेत्र विकास | रोजगार और स्वरोजगार | वाटरशेड कार्य | संचार और परिवहन | अन्य | कुल |
| 1. | ग्राम पंचायत 1 | | | | | | | | | | |
| 2. | ग्राम पंचायत 2 | | | | | | | | | | |
| 3. | ग्राम पंचायत 3 | | | | | | | | | | |
| 4. | ग्राम पंचायत 4 | | | | | | | | | | |
| 5. | ग्राम पंचायत 5 | | | | | | | | | | |
| 6. | ग्राम पंचायत 6 | | | | | | | | | | |
| 7. | ग्राम पंचायत 7 | | | | | | | | | | |
| 8. | ग्राम पंचायत 8 | | | | | | | | | | |
| 9. | ग्राम पंचायत 9 | | | | | | | | | | |
| | योग | | | | | | | | | | |

## ग्राम पंचायतों को निधि आबंटन दर्शाने संबंधी क्षेत्र-वार सार फार्मेट

| ग्राम पंचायत का नाम<br>ब्लाक का नाम जिससे ग्राम पंचायत संबद्ध है | | | | | | |
|---|---|---|---|---|---|---|
| क्रम संख्या | ब्लाक के लिए पहचान की गई प्रमुख प्राथमिकताएं | ग्राम पंचायत के लिए सुझाई गई प्राथमिकताएं | अन्तिम निधि उपलब्धता (रुपए में) | ग्राम परिकल्पना के पश्चात् पहचानी गई अतिरिक्त प्राथमिकताएं | ग्राम परिकल्पना के पश्चात मांगी गई अतिरिक्त निधि | अभ्युक्तियां |
| क) | सार्वजनिक स्वास्थ्य | | | | | |
| 1. | | | | | | |
| 2. | | | | | | |
| 3. | | | | | | |
| ख) | खाद्य सुरक्षा और पोषण | | | | | |
| 1. | | | | | | |
| 2. | | | | | | |
| 3. | | | | | | |
| ग) | साक्षरता और शिक्षा | | | | | |
| 1. | | | | | | |
| 2. | | | | | | |
| 3. | | | | | | |
| घ) | घर और मूल सुविधाएं | | | | | |
| 1. | | | | | | |
| 2. | | | | | | |
| 3. | | | | | | |

क्रमशः

| ङ) | रोजगार और स्वरोजगार | | | | | |
|---|---|---|---|---|---|---|
| 1. | | | | | | |
| 2. | | | | | | |
| 3. | | | | | | |
| च) | जल संसाधन विकास | | | | | |
| 1. | | | | | | |
| 2. | | | | | | |
| 3. | | | | | | |
| छ) | खेत क्षेत्र विकास | | | | | |
| 1. | | | | | | |
| 2. | | | | | | |
| 3. | | | | | | |
| ज) | कनेक्टिविटी, संचार और परिवहन | | | | | |
| 1. | | | | | | |
| 2. | | | | | | |
| 3. | | | | | | |
| झ) | ऊर्जा और ईंधन आपूर्ति | | | | | |
| 1. | | | | | | |
| 2. | | | | | | |
| 3. | | | | | | |
| ञ) | अन्य | | | | | |
| 1. | | | | | | |
| 2. | | | | | | |
| 3. | | | | | | |

*अनुबंध-4*

# प्राकृतिक संसाधनों, आधारभूत संरचना सेवाओं व से संबंधित विभिन्न प्रारूप

I. सिंहावलोकन

**तालिका 1: जिला सिंहावलोकन**

| क्रम संख्या | विशेषता | इकाई | मान |
|---|---|---|---|
| 1. | भौगोलिक क्षेत्र | वर्ग किमी | |
| 2. | कुल जनसंख्या | लाख | |
| 3. | उप-प्रभाग | संख्या | |
| 4. | ब्लाक | संख्या | |
| 5. | समूह/सर्किल्स | संख्या | |
| 6. | राजस्व ग्राम | संख्या | |
| 7. | शहरी बस्तियां | संख्या | |
| 8. | ग्राम पंचायत(ग्राम परिषद) | संख्या | |
| 9. | तालुक पंचायत (ब्लाक परिषद) | संख्या | |
| 10. | नगर पंचायत (नगर परिषद) | संख्या | |

क्रमशः

| | | | |
|---|---|---|---|
| 11. | सड़क नेटवर्क की लंबाई | किमी | |
| 12. | रेल नेटवर्क की लंबाई | किमी | |
| 13. | नदियां | संख्या | |
| 14. | जल निकाय | संख्या | |
| 15. | वाटरशेड | संख्या | |
| 16. | सिंचित कृषि | हेक्टेयर | |
| 17. | वर्षापोषित कृषि | हेक्टेयर | |
| 18. | परती भूमि | हेक्टेयर | |
| 19. | वन | वर्ग किमी | |
| 20. | वृहद और मध्यम बांध | संख्या | |
| 21. | बड़े और मध्यम उद्योग | संख्या | |

## II. सामाजिक-जनसांख्यिकीय जानकारी

### तालिका 2: जनसंख्या संयोजन

| क्रम सं. | आयु समूह (वर्ष) | पुरुष | महिला | कुल | लिंग अनुपात |
|---|---|---|---|---|---|
| 1. | 0 से 3 | | | | |
| 2. | 4 से 6 | | | | |
| 3. | 7 से 18 | | | | |
| 4. | 19 से 45 | | | | |
| 5. | 46 से 60 | | | | |
| 6. | 61+ | | | | |
| 7. | सभी आयु समूह | | | | |

## तालिका 3: जनसांख्यिकी विशेषताएं

| क्रम सं. | पैरामीटर/संकेतक | पुरुष | महिला | औसत |
|---|---|---|---|---|
| 1. | जन्म क्षमता दर | | | |
| 2. | मर्त्यता दर | | | |
| 3. | जन्म पर जीवन संभाव्यता | | | |
| 4. | विवाह के समय आयु | | | |
| 5. | परिवार नियोजन कवरेज | | | |
| 6. | परिवारों की कुल संख्या | | | |
| 7. | परिवार का सर्वाधिक आम प्रकार | नाभिकीय | संयुक्त | विस्तारित |
| 8. | परिवार का आकार | 6 तक | 6 से12 | 12+ |

प्रमुख धार्मिक और जाति समूहों के संबंध में जनसंख्या का औसत निम्नानुसार दर्ज किया जाना चाहिए।

## तालिका 4: सामाजिक समूह संयोजन

| क्रम सं. | सामाजिक समूह | पुरुष | महिला | कुल | प्रतिशत |
|---|---|---|---|---|---|
| 1. | अनुसूचित जाति | | | | |
| 2. | अनुसूचित जनजाति | | | | |
| 3. | अन्य पिछड़ा वर्ग | | | | |
| 4. | डी.टी | | | | |
| 5. | एन.टी | | | | |
| 6. | मुक्त(ओपन) | | | | |
| 7. | हिन्दू | | | | |
| 8. | मुसलमान | | | | |
| 9. | ईसाई | | | | |
| 10. | बौद्ध | | | | |
| 11. | गैर-बौद्ध | | | | |
| 12. | अन्य | | | | |
| 13. | सभी सामाजिक समूह | | | | |

## III. सामाजिक आधारभूत संरचना व सुविधाएं

प्रमुख आधारभूत सुविधाएं और सेवाएं निम्नलिखित मानकों पर दर्ज की जानी चाहिए:

**तालिका 5: सार्वजनिक आधारभूत ढांचा और सुविधाएं**

| क्रम सं. | आधारभूत ढांचा | उपलब्धता मानक | वास्तविक स्थिति | कमी |
|---|---|---|---|---|
| 1. | पक्की सड़क | प्रत्येक बस्ती | | |
| 2. | बस सेवा | प्रत्येक बस्ती | | |
| 3. | विद्युत कनेक्शन | प्रत्येक बस्ती | | |
| 4. | पाइप्ड जल | प्रत्येक बस्ती | | |
| 5. | सार्वजनिक शौचालय | प्रत्येक बस्ती | | |
| 6. | जल निकासी प्रणाली | प्रत्येक बस्ती | | |
| 7. | ग्राम पंचायत/वार्ड पंचायत कार्यालय | प्रत्येक ग्राम पंचायत/वार्ड पंचायत मुख्यालय | | |
| 8. | राशन की दुकान | जनसंख्या की प्रति इकाई | | |
| 9. | आंगनवाड़ी | जनसंख्या की प्रति इकाई | | |
| 10. | प्राथमिक स्कूल | प्रत्येक बस्ती | | |
| 11. | माध्यमिक स्कूल | जनसंख्या की प्रति इकाई | | |
| 12. | कॉलेज | जनसंख्या की प्रति इकाई | | |
| 13. | प्राथमिक स्वास्थ्य केंद्र | जनसंख्या की प्रति इकाई | | |
| 14. | उप-केंद्र | जनसंख्या की प्रति इकाई | | |
| 15. | अस्पताल | जनसंख्या की प्रति इकाई | | |
| 16. | पशुचिकित्सा क्लीनिक | जनसंख्या की प्रति इकाई | | |
| 17. | पुलिस थाना | जनसंख्या की प्रति इकाई | | |
| 18. | डाकखाना | जनसंख्या की प्रति इकाई | | |
| 19. | बैंक/उधार अभिकरण | जनसंख्या की प्रति इकाई | | |

| | | | | |
|---|---|---|---|---|
| 20. | सार्वजनिक पुस्तकालय | जनसंख्या की प्रति इकाई | | |
| 21. | कृषि विपणन केंद्र | जनसंख्या की प्रति इकाई | | |
| 22. | वास्तविक कनेक्टिविटी | प्रत्येक बस्ती | | |
| 23. | वृहद सिंचाई परियोजनाएं | स्थानीय स्थितियों के अनुसार | | |
| 24. | मध्यम सिंचाई परियोजनाएं | स्थानीय स्थितियों के अनुसार | | |
| 25. | लघु सिंचाई परियोजनाएं | स्थानीय स्थितियों के अनुसार | | |
| 26. | पूर्णतः विकसित वाटरशेड | स्थानीय स्थितियों के अनुसार | | |

**तालिका 6: आधारभूत ढांचा और सेवा गुणवत्ता: आंगनवाड़ी**

| क्षेत्र: पोषण (आईसीडीएस)<br>सेवा: आंगनवाड़ी | | | | |
|---|---|---|---|---|
| **सुविधा** | **मानक** | **मानक के अनुसार आवश्यकता** | **वास्तविक स्थिति** | **अंतर** |
| आंगनवाड़ी का प्रावधान | प्रत्येक 1500 की जनसंख्या पर | | | |
| अवस्थिति | गांव से 1 कि.मी. के भीतर | | | |
| आंगनवाड़ी परिसर | समर्पित पक्के भवन | | | |
| मानव संसाधन (एडब्ल्यूडब्ल्यू और सहायक) | प्रत्येक आंगनवाड़ी में 1 ए डब्ल्यू डब्ल्यू और सहायक | | | |
| शौचालय सुविधा | अटैच्ड शौचालय | | | |

| | | | | |
|---|---|---|---|---|
| जल सुविधा | पेयजल कनेक्शन | | | |
| हाथ धोने का स्थान | पर्याप्त जल और साबुन सहित हाथ धोने के लिए अलग स्थान | | | |
| उपस्कर(औजार) | वजन मापने की मशीन, खिलौने, शैक्षिक उपस्कर, प्लेट्स, कटोरियां, नैपकिन, कंघा, नेलकटर | | | |

**तालिका 7: आधारभूत ढांचा और सेवा गुणवत्ता: स्कूल**

| क्षेत्र: शिक्षा<br>सेवा: प्राथमिक और माध्यमिक स्कूल | | | | | |
|---|---|---|---|---|---|
| **सेवा** | **सुविधा** | **मानक** | **मानक के अनुसार आवश्यकता** | **वास्तविक स्थिति** | **अंतर** |
| प्राथमिक स्कूल | प्राथमिक स्कूलों का प्रावधान | प्रत्येक बस्ती | | | |
| | अवस्थिति | गांव से 1 कि.मी. के भीतर | | | |
| | स्कूल परिसर | समर्पित पक्के भवन | | | |
| | शौचालय सुविधा | 1 शौचालय इकाई जिनमें 2 लैट्रिन्स और 3 यूरीनल्स हों, बालिकाओं के लिए अलग से शौचालय | | | |
| | कक्षाएं | प्रत्येक 40 छात्रों पर एक कक्षा, सभी कक्षाएं श्यामपट्ट, मानचित्र और सूचनात्मक चार्ट युक्त | | | |

| | | | | | |
|---|---|---|---|---|---|
| | स्टाफ | प्रत्येक 40 छात्रों पर 1 अध्यापक, एक लिपिक और एक सहायक | | | |
| | अन्य सुविधाएं | खेल का मैदान | | | |
| माध्यमिक स्कूल | माध्यमिक स्कूलों का प्रावधान | स्थानीय स्थितियों के अनुसार | | | |
| | स्कूल परिसर | समर्पित पक्के भवन | | | |
| | शौचालय सुविधा | 1 शौचालय इकाई जिनमें 2 लैट्रिन्स और 3 यूरीनल्स हों, बालिकाओं के लिए अलग से शौचालय | | | |
| | कक्षाएं | प्रत्येक 40 छात्रों पर एक कक्षा, सभी कक्षाएं श्यामपट्ट, मानचित्र और सूचनात्मक चार्ट युक्त | | | |
| | स्टाफ | प्रत्येक 40 छात्रों पर 1 अध्यापक, कुछ महिला अध्यापिकाएं तथा तकनीकी और प्रशासनिक स्टाफ | | | |
| | अन्य सुविधाएं | अपेक्षित मानक की प्रयोगशालाएं और खेल सुविधाओं तथा जिम्नेजियम सहित एक खेल का मैदान | | | |

## तालिका 8: आधारभूत ढांचा और सेवा गुणवत्ता: प्राथमिक स्वास्थ्य केंद्र और ग्रामीण अस्पताल

| क्षेत्र: स्वास्थ्य<br>सेवा: उप-केंद्र, पीएचसी तथा ग्रामीण अस्पताल | | | | | |
|---|---|---|---|---|---|
| **सेवा** | **सुविधा** | **मानक** | **मानक के अनुसार आवश्यकता** | **वास्तविक स्थिति** | **अंतर** |
| उप-केंद्र | उप-केंद्र का प्रावधान | प्रत्येक 5000 की जनसंख्या पर | | | |
| | मानव संसाधन | 1 एएनएम, 1 एमपीडब्ल्यू और 1 कार्यकर्ता | | | |
| | उपस्कर(औजार) | मेडिकल किट, ओआरएस, डिलीवरी किट और मेज, बीपी उपकरण और स्टेथोस्कोप | | | |
| | परिसर | समर्पित पक्के भवन | | | |
| | पीएचसी. का प्रावधान | प्रत्येक 30,000 की जनसंख्या पर | | | |
| | मानव संसाधन | 1 कंपाउंडर, 2 स्वास्थ्य सहायक, 1 महिला सहायक, 1 लिपिक, 1 ड्राइवर और 5 चपरासी | | | |
| | उपस्कर (औजार) | आपरेशन थिएटर और संबंधित उपस्कर, 1 एम्बुलेंस, दवाओं का पर्याप्त भंडार | | | |
| ग्रामीण अस्पताल | ग्रामीण अरपताल का प्रावधान | प्रत्येक ब्लाक मुख्यालय पर | | | |
| | मानव संसाधन | 3 चिकित्सा अधिकारी, 1 चिकित्सा अधीक्षक, 4 स्टाफ नर्स, 1 फार्मासिस्ट, 1कनिष्ठ लिपिक और 1 ड्राइवर तथा अन्य स्टाफ | | | |
| | उपस्कर(औजार) | प्रयोगशाला, बाह्य रोग विभाग, अंतःरोगी विभाग, आपरेशन थिएटर, एम्बुलेंस और दवाओं का पर्याप्त भंडार | | | |

**तालिका 9ः सार्वजनिक आधारभूत ढांचा और सेवा गुणवत्ताः अन्य सेवाएं**

| क्र. सं. | आधारभूत ढांचा | | गुणवत्ता मानक | वास्तविक स्थिति |
|---|---|---|---|---|
| 1. | पक्की सड़क | प्रमुख जिला सड़कें | सभी मौसमों के उपयुक्त | |
| | | ग्राम सड़कें | | |
| | | ग्राम की आंतरिक सड़कें और गलियां | | |
| 2. | बस सेवा | | दिन में कम से कम एक बार | |
| 3. | विद्युत कनेक्शन | | प्रतिदिन कम से कम....घंटों की आपूर्ति | |
| 4. | पाइप्ड जल | | प्रतिदिन कम से कम....लीटर/ प्रति व्यक्ति पेयजल | |
| 5. | सार्वजनिक शौचालय | | कम से कम एक सीट/....व्यक्ति | |
| 6. | जल निकासी प्रणाली | | सभी घरों को जोड़ने वाली ढकी नालियां | |
| 7. | ग्राम/वार्ड पंचायत कार्यालय | | उपयुक्त रिकार्ड कक्ष सहित समर्पित पक्के भवन | |
| 8. | राशन की दुकान | | आवश्यक खाद्य/ईंधन मदों का सुनिश्चित न्यूनतम भंडार | |
| 9. | पशुचिकित्सा क्लीनिक | | दवाइयों का पर्याप्त भंडार, डाक्टरों और मूलभूत शल्यचिकित्सा/ जीवन सहायक सुविधाओं की नियमित उपलब्धता | |
| 10. | पुलिस थाना | | 24 घंटे उपलब्ध एक विश्वसनीय आपातकालीन टेलीफोन लाइन तथा एक मोबाइल स्कवाड | |
| 11. | डाकखाना | | सभी मूलभूत डाक सेवाओं की उपलब्धता | |

| | | | |
|---|---|---|---|
| 12. | बैंक/उधार अभिकरण | सभी मूलभूत बैंकिग/उधार सेवाओं की उपलब्धता | |
| 13. | सार्वजनिक पुस्तकालय | सभी प्रमुख समाचार-पत्रों की उपलब्धता | |
| 14. | कृषि-विपणन केंद्र | बाजार मूल्य संबंधी नवीनतम आंकड़ों की उपलब्धता | |
| 15. | वास्तविक कनेक्टिविटी | विश्वसनीय टेलीफोन और डायल-अप इंटरनेट कनेक्टिविटी | |

## तालिका 10ः दस्तावेज संबंधी आवश्यक सेवाएं

| क्र. सं. | सेवा | मानक | स्थिति | कमी |
|---|---|---|---|---|
| 1. | बीपीएल कार्ड | पात्र परिवार | | |
| 2. | राशन कार्ड | पात्र परिवार | | |
| 3. | मतदाता पहचान पत्र | पात्र परिवार | | |
| 4. | ईजीएस कार्ड | पात्र परिवार | | |
| 5. | जाति प्रमाण पत्र | पात्र परिवार | | |
| 6. | 7/12 सार | पात्र परिवार | | |
| 7. | गृह संपदा दस्तावेज | पात्र परिवार | | |
| 8. | जन्म प्रमाण पत्र | पात्र परिवार | | |
| 9. | मृत्यु प्रमाण पत्र | पात्र परिवार | | |

### IV. सार्वजनिक स्वास्थ्य सूचना

सार्वजनिक स्वास्थ्य के निम्नलिखित पहलुओं को दस्तावेज-बद्ध किया जाना चाहिए:

**तालिका 11: स्वास्थ्य विशेषताएं**

| श्रेणी | मानक/संकेतक | | पूर्ण संख्या | | प्रतिभागिता/दर | |
|---|---|---|---|---|---|---|
| | | | पुरुष | महिला | पुरुष | महिला |
| जन्म-पूर्व अवस्था | कुल गर्भवती महिलाएं | | | | | |
| | रक्ताल्पता/अपर्याप्त बीएमआई वाली महिलाएं | | | | | |
| | टीकाकरण प्रदत्त गर्भवती महिलाएं | | | | | |
| | गर्भावस्था संबंधी जटिलताओं के मामले | | | | | |
| | संस्थागत प्रसव | | | | | |
| नवजात अवस्था | मातृ मर्त्यता | | | | | |
| | भ्रूण गर्भपात | | | | | |
| | मृत शिशु जन्म | | | | | |
| | जन्म के समय 2500 ग्राम से कम वजन वाले शिशु | | | | | |
| | जन्म के समय की कमियों/जन्मजात विकलांगता वाले शिशु | | | | | |
| | संचारी रोगों के साथ जन्म वाले शिशु | | | | | |
| शैशवावस्था और प्रारंभिक बचपन | नवजात मृत्यु दर | | | | | |
| | कार्यक्रम के अनुसार संपूर्ण टीकाकरण | | | | | |
| | पर्याप्त स्तनपान पोषण संबंधी स्थिति | सामान्य | | | | |
| | | ग्रेड-I | | | | |
| | | ग्रेड-II | | | | |
| | | ग्रेड-III | | | | |
| | | ग्रेड-IV | | | | |
| | शिशु/बच्चों की मर्त्यता | | | | | |

| | | | | | | |
|---|---|---|---|---|---|---|
| सामान्य जनसंख्या | आंगनवाड़ी में नामांकन बीमारी की व्यापकता | मलेरिया | | | | |
| | | तपेदिक | | | | |
| | | एचआईवी/एड्स | | | | |
| | अन्य पुरानी/गंभीर बीमारियां | | | | | |
| | मर्त्यता दर | | | | | |
| | स्वास्थ्य बीमा आवरण | | | | | |
| | महिला नसबंदी आपरेशन | | | | | |
| | पुरुष नसबंदी आपरेशन | | | | | |

## V. सामाजिक आर्थिक सूचना

सार्वजनिक स्वास्थ्य सूचना निम्नलिखित मापदंडों पर दर्ज की जानी चाहिए:

**तालिका 12: साक्षरता और शिक्षा**

| क्र.सं. | मापदंड/संकेतक | पुरुष | कुल | महिला | प्रतिशत |
|---|---|---|---|---|---|
| 1. | मूल साक्षरता | | | | |
| 2. | पूर्व-प्राथमिक स्कूल में नामांकन | | | | |
| 3. | प्राथमिक स्कूल में नामांकन | | | | |
| 4. | मध्याह्न भोजन की कवरेज | | | | |
| 5. | माध्यमिक स्कूल में नामांकन | | | | |
| 6. | स्कूल जाने के मध्य वर्ष | | | | |
| 7. | उच्च शिक्षा के लिए नामांकन | | | | |
| 8. | प्रौढ़ शिक्षा के लिए नामांकन | | | | |

## तालिका 13: रोजगार और स्वरोजगार

| क्र.सं. | मापदंड/संकेतक | पुरुष | कुल | महिला | प्रतिशत |
|---|---|---|---|---|---|
| 1. | खेत संबंधी क्रियाकलापों में स्वरोजगार | | | | |
| 2. | गैर-खेत संबंधी क्रियाकलापों में स्वरोजगार | | | | |
| 3. | संगठित क्षेत्र में रोजगार | | | | |
| 4. | असंगठित क्षेत्र में रोजगार | | | | |
| 5. | कुल श्रमिक वेतन | | | | |
| 6. | ईजीएस के अंतर्गत नामांकित श्रमिक वेतन | | | | |
| 7. | एम्प्लाइमेंट एक्सचेंज में पंजीकृत | | | | |
| 8. | कुल बेरोजगार | | | | |
| 9. | शिक्षित बेरोजगार | | | | |
| 10. | कुशल बेरोजगार | | | | |
| 11. | प्रवासी श्रमिक | | | | |
| 12. | बाल श्रमिक | | | | |

जिले की अर्थव्यवस्था और वाणिज्य संबंधी जानकारी नीचे दिए गए अनुसार दस्तावेजबद्ध की जानी चाहिए:

## तालिका 14: कृषि और संबंधित खेत क्षेत्र क्रियाकलाप

| क्र.सं. | मापदंड/संकेतक | इकाई | स्थिति |
|---|---|---|---|
| 1. | कुल कृषि भूमि (बागवानी सहित) | हेक्टेयर | |
| 2. | सिंचित कृषि | हेक्टेयर | |
| 3. | गैर-सिंचित कृषि | हेक्टेयर | |

| | | | |
|---|---|---|---|
| 4. | परती भूमि/कृषि के अनापयुक्त भूमि | हेक्टेयर | |
| 5. | औसत जोतधारक | हेक्टेयर | |
| 6. | कृषि पर निर्भर भूमिहीन परिवार | प्रतिशत | |
| 7. | प्रति व्यक्ति कृषि उत्पाद | क्विंटल | |
| 8. | कृषि से प्रति व्यक्ति आय | रुपए | |
| 9. | कुल डेयरी पशुधन | संख्या | |
| 10. | चराई के तहत कुल भूमि | हेक्टेयर | |
| 11. | प्रति व्यक्ति दुग्ध उत्पादन | लीटर | |
| 12. | डेयरी व्यवसाय से प्रति व्यक्ति आय | रुपए | |
| 13. | पंजीकृत डेयरियों की कुल संख्या | संख्या | |
| 14. | मांस वाले पशुओं की कुल संख्या | संख्या | |
| 15. | प्रति व्यक्ति मांस उत्पादन | क्विंटल | |
| 16. | मांस उत्पादन से प्रति व्यक्ति आय | रुपए | |
| 17. | पंजीकृत मुर्गी पालन/सुअर पालन/बकरी पालन फार्मों की कुल संख्या | संख्या | |
| 18. | पंजीकृत मत्स्य पालन/मत्स्य पालन से जुड़े परिवार/मत्स्य पालन से जुड़ी फार्मों की कुल संख्या | संख्या | |
| 19. | प्रति व्यक्ति मत्स्य उत्पादन | क्विंटल | |
| 20. | मत्स्य उत्पादन से प्रति व्यक्ति आय | रुपए | |
| 21. | व्यावसायिक वन कृषि के तहत कुल भूमि | हेक्टेयर | |
| 22. | प्रति व्यक्ति वन उत्पाद (लकड़ी, गैर-लकड़ी) | क्विंटल | |
| 23. | वन उत्पाद से प्रति व्यक्ति आय | रुपए | |

## तालिका 15ः उद्योग और वाणिज्य

| क्र.सं. | मापदंड/संकेतक | इकाई | स्थिति |
|---|---|---|---|
| 1. | उद्योगों के तहत कुल भूमि | हेक्टेयर | |
| 2. | प्राथमिक क्षेत्र उद्योगों की कुल संख्या | संख्या | |
| 3. | द्वितीयक क्षेत्र उद्योगों की कुल संख्या | संख्या | |
| 4. | तृतीयक क्षेत्र उद्योगों की कुल संख्या | संख्या | |
| 5. | राज्य के स्वामित्व वाले औद्योगिक क्षेत्र | संख्या | |
| 6. | विशेष क्षेत्र के उद्योगों की प्रतिशतता | संख्या | |
| 7. | संगठित क्षेत्र के उद्योगों की प्रतिशतता | प्रतिशत | |
| 8. | असंगठित क्षेत्र के उद्योगों की प्रतिशतता | प्रतिशत | |
| 9. | प्रदूषक/जोखिमपूर्ण उद्योगों की प्रतिशतता | प्रतिशत | |
| 10. | प्रति व्यक्ति औद्योगिक उत्पाद | रुपए | |
| 11. | उद्योग से प्रति व्यक्ति आय | रुपए | |

## तालिका 16ः घरेलू आय और सुविधाएं

| क्र.सं. | सेवा | इकाई/मानक | स्थिति |
|---|---|---|---|
| 1. | औसत पारिवारिक आय | रुपए | |
| 2. | औसत पारिवारिक व्यय | रुपए | |
| 3. | औसत पारिवारिक ऋण | रुपए | |
| 4. | पक्के घरों में रहने वाले परिवार | प्रत्येक परिवार | |
| 5. | विद्युत आपूर्ति वाले घर | किवा/प्रति व्यक्ति/प्रति दिन | |
| 6. | पेयजल आपूर्ति वाले घर | लीटर/प्रति व्यक्ति/प्रति दिन | |
| 7. | संबद्ध (अटैच्ड) शौचालयों वाले घर | प्रत्येक घर | |
| 8. | मिट्टी के तेल की आपूर्ति वाले घर | लीटर/प्रति व्यक्ति/प्रति दिन | |
| 9. | कुकिंग गैस कनेक्शन वाले घर | सिंगल/डबल सिलेंडर | |

जिले में प्रति व्यक्ति औसत आय/व्यय/उधार को औसत परिवार आकार से गुणा किया गया है।

## तालिका 17: सामाजिक सुरक्षा

| क्र.सं. | मापदंड/संकेतक | पुरुष | महिला | कुल |
|---|---|---|---|---|
| 1. | सार्वजनिक/निजी भविष्य निधि की कवरेज | | | |
| 2. | सार्वजनिक/निजी पेंशन की कवरेज | | | |
| 3. | जीवन/आजीविका बीमा की कवरेज | | | |
| 4. | बिना आजीविका वाले 15 वर्ष से कम आयु के लोग | | | |
| 5. | बिना आजीविका वाले 60 वर्ष से अधिक आयु के लोग | | | |
| 6. | बिना आजीविका वाले गंभीर रूप से विकलांग | | | |
| 7. | बिना आजीविका वाले प्राणघातक रूप से बीमार लोग | | | |

## तालिका 18: आंकड़ा संग्रह के मद

| क्रम सं. | मदें जिनके लिए आंकड़े एकत्र किए जाने हैं | आंकड़ो का स्रोत | आंकड़ों के स्वामी | आंकड़ा संग्रहण अथवा अद्यतनीकरण की आवर्तिता |
|---|---|---|---|---|
| **सामान्य संकेतक** | | | | |
| 1. | लिंग, सामान्य और अ.जा. आयु और सामाजिक समूह के दृष्टिकोण से जनसंख्या | जनगणना, 2001 | केंद्र सरकार | प्रत्येक दशक पर |
| 2. | पंचायतों की संख्या, लिंग और सामाजिक समूह के दृष्टिकोण से चुने गए प्रतिनिधियों की संख्या। पिछले चुनाव का वर्ष | पंचायत विभाग | राज्य सरकार | प्रत्येक चुनाव पर |

| | | | | |
|---|---|---|---|---|
| 3. | ब्लाक (संसाधन मानचित्र) और जल स्रोतों के संबंध में प्राकृतिक आपदा | पंचायत विभाग, वानिकी, जल संसाधन | विभिन्न विभाग | परिवर्तनशील |
| 4. | प्राकृतिक आपदाओं, प्रकार के दृष्टिकोण से, प्रभावित जनसंख्या की प्रतिशतता (पिछले पांच वर्ष) | पंचायत विभाग | राजस्व विभाग | वार्षिक रूप से |
| **शैक्षिक उपलब्धियां** | | | | |
| 1. | सामाजिक समूह और लिंग के आधार पर लोगों का साक्षरता स्तर | जनगणना, 2001 | केंद्र सरकार | प्रत्येक दशक पर |
| 2. | लिंग के आधार पर नामांकन की दर, शिक्षा अधूरी छोड़ने वाले बच्चों की दर | डीआईएसई, एनआईईपीए | शिक्षा विभाग | वार्षिक रूप से |
| 3. | अध्यापक-छात्र अनुपात, प्रशिक्षित अध्यापकों की प्रतिशतता, प्राथमिक, माध्यमिक और उच्चतर माध्यमिक | डीआईएसई, एनआईईपीए | शिक्षा विभाग | वार्षिक रूप से |
| 4. | स्कूलों की संख्या, प्राथमिक, माध्यमिक और उच्चतर माध्यमिक | डीआईएसई, एनआईईपीए | शिक्षा विभाग | वार्षिक रूप से |
| 5. | कला और विज्ञान कालेज, अभियंत्रण कालेज, मेडिकल कालेज, आईटीआई इत्यादि व्यावसायिक संस्थान | शिक्षा विभाग | शिक्षा विभाग | वार्षिक रूप से |
| 6. | स्कूल तक पहुंच (दूरी के आधार पर, ग्राम के भीतर, 2 कि.मी. तक, 2-5 कि.मी., 5 कि.मी. से अधिक) | शिक्षा विभाग | शिक्षा विभाग | वार्षिक रूप से |

## तालिका 19ः स्वास्थ्य संबंधी उपलब्धियां

| क्रम सं. | मदों का आंकड़ा संग्रहण | आंकड़ों का स्रोत स्कीम/जिला सांख्यिकी इकाई | आंकड़ों के स्वामी | आंकड़ा संग्रहण अथवा अद्यतनीकरण की आवर्तिता |
|---|---|---|---|---|
| 1. | जन्म दर, मृत्यु दर और शिशु मृत्यु दर | सिविल पंजीकरण स्कीम/जिला सांख्यिकी इकाई | शिक्षा विभाग | वार्षिक रूप से |
| 2. | लिंग के आधार पर लोगों का आयु वितरण | जनगणना, 2001 | केंद्र सरकार | प्रत्येक दशक पर |
| 3. | ब्लाकों में प्राथमिक स्वास्थ्य केंद्र/उप केंद्र द्वारा कवर की गई जनसंख्या | स्वास्थ्य विभाग | स्वास्थ्य विभाग | वार्षिक रूप से |
| 4. | आईसीडीएस द्वारा कवर की गई जनसंख्या | महिला और बाल विभाग | महिला और बाल विभाग | वार्षिक रूप से |
| 5. | स्वास्थ्य कार्यकर्ताओं, एएनएम, आईसीडीएस कार्यकर्ताओं की संख्या | स्वास्थ्य विभाग/महिला और बाल विभाग | महिला और बाल विभाग | प्रत्येक दशक पर |
| 6. | प्रत्येक प्राथमिक स्वास्थ्य केंद्र/उप-केंद्र में डाक्टरों/पैरामेडिकल कर्मचारियों की औसत संख्या | स्वास्थ्य विभाग | स्वास्थ्य विभाग | वार्षिक रूप से |
| 7. | सरकारी अस्पतालों/निजी अस्पतालों, क्लीनिकों, इत्यादि की संख्या | स्वास्थ्य विभाग | स्वास्थ्य विभाग | वार्षिक रूप से |
| 8. | स्वीकृत पदों की संख्या (प्राथमिक स्वास्थ्य केंद्र/उप-केंद्र, आईसीडीएस) और भरे गए पदों की संख्या | स्वास्थ्य विभाग | स्वास्थ्य विभाग | वार्षिक रूप से |

## तालिका 20: आय और गरीबी संकेतक

| क्रम सं. | मदों का आंकड़ा संग्रहण | आंकड़ों का स्रोत | आंकड़ों के स्वामी | आंकड़ा संग्रहण अथवा अद्यतनीकरण की आवर्तिता |
|---|---|---|---|---|
| 1. | सामाजिक समूह द्वारा की गई नवीनतम बीपीएल गणना के अनुसार गरीबी रेखा के नीचे स्थित परिवारों की संख्या | ग्रामींण विकास विभाग | ग्रामीण विकास विभाग | प्रत्येक पंचवर्षीय योजना पर |
| 2. | गरीबी रूप रेखा-बीपीएल गणना कोडिंग के अनुसार बिना पक्के घर वाले परिवारों की संख्या, स्वामित्व वाली भूमि, व्यवसाय, शिक्षा का स्तर, उधारी, स्वामित्व इत्यादि के आधार पर बारंबारता बंटन | ग्रामीण विकास और पंचायत विभाग | ग्रामीण विकास विभाग | वार्षिक रूप से |
| 3. | कार्य करने वाले बच्चों (बाल मजदूर) की अनुमानित संख्या | ग्रामीण विकास/ पंचायत श्रम विभाग | श्रम विभाग | वार्षिक रूप से |
| 4. | उगाई जाने वाली प्रमुख फसलें, फसलों के तहत आने वाला क्षेत्र तथा प्रमुख फसलों की पैदावार दर अथवा फसलें, क्षेत्र सिंचित/ असिंचित | कृषि विभाग/ टीआरएस/ एलयूएस सांख्यिकी और सामान्य फसल आकलन सर्वेक्षण | कृषि विभाग | वार्षिक रूप से |
| 5. | आर्थिक गणना (1998/2005) के अनुसार उद्यमों की संख्या, कार्यकर्ताओं की संख्या, एनआइसी की श्रेणी के अनुसार किसी प्रमुख गणना 1998/2005 की सूची कार्यकर्ताओं की संख्या | आर्थिक गणना/ डीआईसी डाटाबेस | उद्योग विभाग | वार्षिक रूप से |

| | | | | |
|---|---|---|---|---|
| 6. | रोजगार वालों की संख्या, बेरोजगारों की संख्या, लिंग के आधार पर शिक्षित रोजगार वाले, लिंग के आधार पर बेरोजगार | पंचायत/ग्रामीण विकास विभाग/श्रम विभाग | ग्रामीण विकास विभाग | प्रत्येक पंचवर्षीय योजना पर |
| 7. | लिग के आधार पर भूमिहीन मजदूरों, कृषि मजदूरों तथा अन्य मजदूरों की संख्या | पंचायत/ग्रामीण विकास विभाग/ श्रम विभाग | ग्रामीण विकास विभाग | प्रत्येक पंचवर्षीय योजना पर |
| 8. | गरीबी रेखा से नीचे के लोगों का प्रति व्यक्ति उपभोक्ता व्यय | ग्रामीण विकास विभाग/पंचायत विभाग (बीपीएल गणना) | ग्रामीण विकास विभाग | वार्षिक रूप से |
| 9. | कुशल/गैर-कुशल मजदूरों के लिए वेतन की दर | श्रम विभाग/ श्रम ब्यूरो | श्रम विभाग | वार्षिक रूप से |
| 10. | खाद्य सुरक्षा-सार्वजनिक वितरण प्रणाली के माध्यम से आपूर्ति की गई वस्तुएं, वस्तुओं के संदर्भ में बाजार मूल्य की तुलना में सार्वजनिक वितरण प्रणाली मूल्य, उपभोक्ताओं के आकलन के अनुसार आपूर्ति की गई वस्तुओं की गुणवत्ता | खाद्य और नागरिक आपूर्ति विभाग | खाद्य विभाग | वार्षिक रूप से |

## तालिका 21: अवसंरचना और अन्य सुविधाएं

| क्रम सं. | मदों का आंकड़ा संग्रहण | आंकड़ों का स्रोत | आंकड़ों के स्वामी | अद्यतनीकरण की आवर्तिता |
|---|---|---|---|---|
| 1. | क्या सभी ग्रामों को पक्की सड़कों के माध्यम से ब्लॉक मुख्यालय से जोड़ा गया है, यदि नहीं तो क्या कच्ची सड़क/आधी पक्की सड़क से जोड़ा गया है | ग्रामीण विकास विभाग/ योजना विभाग/ पंचायत | ग्रामीण विकास विभाग और सार्वजनिक कार्य विभाग | वार्षिक रूप से |

| | | | | |
|---|---|---|---|---|
| 2. | यदि ब्लॉक के भीतर अवस्थित नहीं हो तो जिले से निकटस्थ नगर, रेलवे स्टेशन, बस स्टैंड, पुलिस थाने तक | ग्रामीण विकास विभाग/ योजना विभाग | ग्रामीण विकास विभाग और सार्वजनिक कार्य विभाग | वार्षिक रूप से |
| 3. | ऐसे ग्रामों की प्रतिशतता जहां विद्युतीकरण नहीं हुआ है | पंचायत/योजना विभाग। विद्युत बोर्ड | विद्युत विभाग | वार्षिक रूप से |
| 4. | निकटस्थ कृषि विपणन केंद्र से दूरी | पंचायत विभाग | सहकारिता और कृषि विभाग | वार्षिक रूप से |
| 5. | व्यावसायिक बैंकों, बैंकों/ग्रामीण आरआरबीएस, सहकारी बैंकों की संख्या | कृषि विभाग/ ग्रामीण विकास विभाग | ग्रामीण विकास विभाग/ या संस्थागत वित्त विभाग | वार्षिक रूप से |
| 6. | धन उधार देने वालों की मौजूदगी (हां/नहीं) | ग्रामीण विकास विभाग/ कृषि विभाग | ग्रामीण विकास विभाग/ या संस्थागत वित्त विभाग | वार्षिक रूप से |

*अनुबंध-5*

# ग्रामीण विकेंद्रीकरण और सहभागी नियोजन

**ग्राम पंचायत मोहकमपुरा**

**पंचायत समिति-कुशलगढ़**

**जिला-बांसवाड़ा (राजस्थान)**

*सौजन्य से*

## संयुक्त राष्ट्र विकास कार्यक्रम (यूएनडीपी)

**जिला परिषद बांसवाड़ा**

**एजेंसी का नाम**

**जन शिक्षा और विकास संगठन, गाडा (डूंगरपुर)**

1. परिचय
1.1 परियोजना का संक्षिप्त परिचय
1.2 सूक्ष्म नियोजन
2. सूक्ष्म नियोजन की प्रक्रिया के चरण
3. पंचायत का सामान्य विवेचन
4. मानचित्र
4.1 पंचायत समिति का मानचित्र
4.2 पंचायत का मानचित्र
4.3 पंचायत का सामाजिक मानचित्र
4.4 पंचायत का प्राकृतिक संसाधन मानचित्र
5. पंचायत एक नज़र में
6. क्षेत्र की भौगोलिक एवं प्राकृतिक संसाधनों की वस्तुस्थिति पर विश्लेषण
6.1 पंचायत की सामाजिक एवं आर्थिक स्थिति का आकलन
7. पंचायत की समस्याओं का आकलन
8. पंचायत की समस्याओं के हल योग्य संभावित समाधान
9. क्रियान्वित की जाने वाली प्रमुख गतिविधियों की स्पष्ट सूची
10. पंचायत की वर्तमान राजस्व स्थिति
11. पंचायत के क्षेत्र में राजस्व एकत्रीकरण की संभावनाएं और वार्षिक लक्ष्य की स्थिति
12. कार्ययोजना का प्रबंधन
13. अपेक्षित परिणाम

# पहला अध्याय

## 1. परियोजना का संक्षिप्त विवरण

संयुक्त राष्ट्र विकास कार्यक्रम (यू.एन.डी.पी.), योजना आयोग तथा जिला परिषद सिवाड़ा के सहयोग से जन शिक्षा और विकास संगठन द्वारा ग्रामीण विकेंद्रीकरण और सहभागी नियोजन द्वारा गरीबी उन्मूलन परियोजना कुशलगढ़ पंचायत समिति की पांच ग्राम पंचायतों में संचालित की गयी थी। इस परियोजना का मुख्य उद्देश्य विकेंद्रीकृत निर्णय प्रक्रिया द्वारा पंचायती राज संस्थाओं की निजी आय में वृद्धि कर गरीबोन्मुखी विकास करना है ताकि पंचायत की विभिन्न गतिविधियों में आमजन की भागीदारी सुनिश्चित की जा सके जिसमें विकासात्मक कार्यों में पारदर्शिता व जवाबदेही में वृद्धि हो।

परियोजना के विभिन्न चरणों में पंचायती राज प्रणाली, पंचायती राज कानूनों और नियमों की विस्तृत जानकारियां ग्रामीण जन तक पहुंचाई गई तथा वार्ड स्तर पर सूक्ष्म नियोजन तैयार किया गया, जिसमें बुनियादी स्तर पर लोगों की भागीदारी के माध्यम से जनता की आकांक्षाओं को विकासात्मक नियोजन में सम्मिलित किया गया।

**सूक्ष्म नियोजन**

पंचायती राज संस्थाओं की कार्यशीलता को अस्तित्व में लाने तथा वास्तविक लोकतांत्रिक विकेंद्रीकरण के माध्यम से ग्राम स्तरीय सूक्ष्म नियोजन तैयार किया गया जिसके निम्न उद्देश्य हैं:

- पंचायतों के सूक्ष्म नियोजन का मुख्य उद्देश्य विकेंद्रीकरण की प्रक्रिया द्वारा आम ग्रामीण जन के सहयोग से क्षेत्र की समस्या समाधान व प्रबंधन व्यवस्था का बहुद्देशीय नियोजन प्रारूप तैयार कर गरीबी उन्मूलन करना है।
- सूक्ष्म नियोजन द्वारा पंचायती राज संस्थाओं के स्थानीय स्तर विकास के लिए प्राकृतिक संसाधनों का संरक्षण व प्रबंधन हेतु दीर्घकालीन सोच का विकास करना है।
- ग्राम स्तरीय बहुद्देशीय नियोजन द्वारा स्थानीय आय के संसाधनों का सृजन कर पंचायतों की आर्थिक स्थिति में सुधार लाना है।
- गरीबी उन्मूलन हेतु पंचायतों की कार्यप्रणाली व पंचायती राज संस्थाओं को अधिकार संपन्न बनाना है।

- पारदर्शिता व एकजुटता के मूल्य द्वारा वार्ड सभाओं व ग्राम सभाओं की बैठकों में विचार-विमर्श व नवीन गतिविधियों हेतु कोष उपलब्ध कराना है।

# दूसरा अध्याय

## 2. सूक्ष्म नियोजन प्रक्रिया

पंचायतों में विशेषकर प्रभावी नियोजन प्रक्रिया का अभाव रहा है, जिसमें लोगों की निर्णय प्रक्रिया में भागीदारी अत्यधिक सीमित संसाधनों की प्रबन्ध व्यवस्था व बहुसंख्य की समस्याओं व आवश्यकताओं के निर्धारण में आवश्यक समय एवं प्रयास का अभाव दिखाई दिया है। अतः पंचायत द्वारा सूक्ष्म नियोजन निर्माण से पहले प्रथम बार एक सुनियोजित व क्रमबद्ध प्रक्रिया से गुजरते हुए प्रत्येक चरण पर आवश्यक विकेंद्रीकृत व विस्तृत रूप में जिसमें क्षेत्र के चुने हुए पूर्व व वर्तमान के सभी जनप्रतिनिधियों सहित, पुरुषों, महिलाओं, बुजुर्गों, युवाओं, गरीबों को पंचायत क्षेत्र, गांव व फलिया स्तर पर शामिल करते हुए सक्रिय जनसहभागिता द्वारा सूक्ष्म नियोजन को तैयार किया गया है। सूक्ष्म नियोजन के इस अंतिम स्वरूप को प्राप्त करने से पूर्व पंचायत और स्वयंसेवी संस्था द्वारा निम्नलिखित चरणों में विभिन्न गतिविधियों को संपादित किया गया है, जो कि इस प्रकार है:

### 2.1 वातावरण निर्माण

सूक्ष्म नियोजन निर्माण के लक्ष्य प्राप्ति को ध्यान में रखते हुए पंचायत क्षेत्र के सभी गांवों में परियोजना की स्वीकार्यता एवं ग्रामवासियों की समझ को बढ़ाने हेतु आरंभ में माह जून 2005 में पंचायत की मिनी सचिवालय की बैठकें, ग्राम/वार्ड स्तर पर अतिरिक्त बैठकों का आयोजन किया गया जिसमें राजस्व गांवों की महिलाओं, पुरुषों व पंचायतों के जनप्रतिनिधियों को परियोजना के उद्देश्यों एवं गतिविधियों की जानकारी देकर उन्हें जागरुक करने का प्रयास किया गया है। ग्राम पंचायत मोहकमपुरा के 15 वार्डों में 33 बैठकें आयोजित की गईं थीं जिसमें कुल 621 ग्रामीणों में से 365 पुरुषों व 256 महिलाओं ने भाग लिया था।

### 2.2 ग्राम सभा/वार्ड सभा बैठकों को सुदृढ़ और सक्रिय बनाने हेतु जन जागरुकता अभियान

ग्राम सभाओं को अधिक सक्रिय बनाने के उद्देश्य से पंचायत क्षेत्र के 11 राजस्व गांवों में व्यापक प्रचार-प्रसार सामग्री द्वारा जन-जागरुकता अभियान चलाया गया। आमजन की अधिक से अधिक भागीदारी सुनिश्चित करने के लिए एक

सप्ताह तक सघन संपर्क द्वारा ढाणी-ढाणी में परियोजना, ग्राम सभा/वार्ड सभा बैठकों के महत्व को दर्शाने के लिए घरों, सार्वजनिक भवनों जैसे कि पंचायत, विद्यालय, आंगनवाड़ी, उप-स्वास्थ्य केंद्र और यात्री प्रतिक्षालयों की दीवारों पर नारों का लेखन कार्य किया गया था। वहीं ग्राम सभाओं के दौरान ग्राम स्तरीय सूक्ष्म नियोजन के उद्देश्य व आवश्यकता की जानकारी दी गई थी। सूक्ष्म नियोजन से पूर्व मोहकमपुरा पंचायत में 4 ग्राम सभाएं आयोजित की गईं उनमें 678 ग्रामीणजनों ने भाग लिया जिसमें 26 प्रतिशत से अधिक महिलाएं थीं जोकि अब तक की बैठकों में अधिकतम रहीं।

### 2.3 पंचायती राज से संबद्ध जनप्रतिनिधियों और जिलास्तरीय अधिकारियों का आमुखीकरण प्रशिक्षण

सूक्ष्म नियोजन और परियोजना की अवधारणा को स्पष्ट करने हेतु पंचायत समिति मुख्यालय पर एक दिवसीय आमुखीकरण प्रशिक्षण का आयोजन किया गया जिसमें पंचायती राज से संबंधित जनप्रतिनिधियों जैसे सरपंच, उप-सरपंच, पंचायत समिति सदस्य सहित विकास खण्ड एवं जिला स्तरीय सरकारी अधिकारियों व कर्मचारियों ने भाग लिया था। उक्त प्रशिक्षण में 34 सहभाागियों की उपस्थिति रही।

### 2.4 औपचारिक व अनौपचारिक संगठनों का निर्माण

मोहकमपुरा ग्राम पंचायत का सूक्ष्म नियोजन निर्माण के लिए और पंचायतों की बैठकों में आमजन की सक्रिय सहभागिता के साथ-साथ उनकी भागीदारी को निरंतर बनाए रखने की आवश्यकता को ध्यान में रखते हुए ग्राम स्तर पर औपचारिक व अनौपचारिक संगठनों का निर्माण किया गया। पंचायत क्षेत्र में 15 चेतना दलों का गठन किया गया। इस प्रकार के संगठनों में 225 सदस्यों, जिनमें 68 महिलाएं और 157 पुरुषों को शामिल किया गया था। ये संगठन सूक्ष्म नियोजन प्रक्रिया में पूर्ण भागीदारी के साथ-साथ परियोजना की गतिविधियों के संचालन व प्रचार-प्रसार में प्रेरक की भूमिका का निर्वहन किया था।

### 2.5 ग्राम सचिवालय

पंचायती राज कर्मियों व जनप्रतिनिधियों की प्रतिमाह पांच व 20 तारीख की नियमित आयोजित होने वाली बैठकों में सूक्ष्म नियोजन के निर्माण के लिए आवश्यक विभिन्न मुद्दों जैसे पंचायतों की वर्तमान राजस्व की स्थिति के आकलन और संभावनाओं को तलाशने के लिए इसी मुद्दे पर नियमित चर्चा, साथ-साथ प्रस्तावित कार्ययोजना की प्रबंधन व्यवस्था पर सभी से विस्तारपूर्वक चर्चा कर अंतिम निर्णय के लिए आवश्यक प्राथमिक सूचनाओं का संकलन किया गया।

### 2.6 पंचायती राज संस्थाओं की दक्षता अभिवृद्धि व सूक्ष्म नियोजन के निर्माण हेतु आवश्यक दक्षता प्रशिक्षणों का आयोजन

2.6.1 ग्रामीण समुदाय पंचायती राज कानून व नियमों की जानकारी हेतु 73वें संविधान और पंचायत क्षेत्र विस्तार अधिनियम (पीईएसए) के संबंध में परियोजना द्वारा समय-समय पर आमुखीकरण प्रशिक्षण आयोजित किए गए। इसके लिए पंचायत में 13 प्रशिक्षणों का आयोजन किया गया जिसमें 347 संभागियों ने भाग लिया था।

2.6.2 पंचायती राज जनप्रतिनिधियों की क्षमतावर्धन व दक्षता अभिवृद्धी हेतु तीन दिवसीय प्रशिक्षण ग्राम पंचायत स्तर पर आयोजित किया गया जिसमें परियोजना की विस्तृत जानकारी, उद्देश्य, गतिविधियों व महत्व पर चर्चा की गई थी। साथ ही पंचायत के निजी आय के संसाधनों में बढ़ोत्तरी व विकेंद्रीकृत निर्णय प्रक्रिया द्वारा सहभागी नियोजन के संबंध में जनप्रतिनिधियों को अवगत कराया गया जिसमें 17 जनप्रतिनिधियों ने भाग लिया था।

2.6.3 पंचायत की आय के संसाधनों में बढ़ोत्तरी के संबंध में जनप्रतिनिधियों व पंचायत कर्मियों के साथ कार्यशाला का आयोजन किया गया, जिसमें पंचायत के नये राजस्व की संभावनाओं को तलाश करते हुए वार्षिक लक्ष्य को निर्धारित किया गया है जिसकी विस्तृत रूपरेखा आगे दी गई है।

2.6.4 परियोजना के अंतर्गत औपचारिक व अनौपचारिक संगठनों का निर्माण किया गया है जिनके तहत चेतना दल के सदस्यों की क्षमतावर्धन व सूक्ष्म नियोजन प्रक्रिया में भागीदारी बढ़ाने हेतु पंचायत स्तर पर 11 प्रशिक्षण आयोजित किए गए, जिनमें 52 महिलाएं और 68 पुरुषों को शामिल किया गया जिसमें चेतना दल के 120 सदस्यों ने भाग लिया था।

2.6.5 सूक्ष्म नियोजन की अवधारणा व प्रक्रिया को स्पष्ट करने हेतु पंचायत स्तर पर जनप्रतिनिधियों व पंचायत क्षेत्र में सरकारी कर्मचारियों का तीन दिवसीय ग्रामीण सहभागी मूल्यांकन (पी.आर.ए.) पर प्रशिक्षण आयोजित किया गया, जिसमें सहभागी ग्रामीण आकलन की विभिन्न विधियों जैसे सामाजिक व प्राकृतिक मानचित्रण, आय संसाधनों का मानचित्रण व क्षेत्र भ्रमण पर विस्तृत जानकारी दी गई तथा पंचायत क्षेत्र की सूचनाओं

को एकत्रीकरण, विश्लेषण व लेखन पर भी प्रशिक्षित किया गया था। इस प्रशिक्षण में पंचायत के 10 सरकारी कर्मचारियों तथा 17 जनप्रतिनिधियों ने भाग लिया था।

**2.6.6 ग्रामीण सहभागी मूल्यांकन (पी.आर.ए.)**

सूक्ष्म नियोजन की सबसे महत्वपूर्ण और प्रभावी प्रक्रिया आमजन के साथ **ग्रामीण सहभागी मूल्यांकन (पी.आर.ए.)** का आयोजन किया गया जिसमें आम ग्रामीण उनकी वास्तविक स्थितियों से अवगत हुए। ग्राम पंचायत मोहकमपुरा में 27 दिसम्बर से 06 जनवरी 2006 तक पंचायतों के 11 राजस्व गांवों के 15 वार्डों में ग्रामीण सहभागी मूल्यांकन का आयोजन किया गया। ग्रामीण सहभागी मूल्यांकन में प्रयुक्त विधियों का प्रयोग करते हुए ग्रामीणों की समस्याओं व आवश्यकताओं का आकलन के साथ-साथ क्षेत्र में उपलब्ध प्राकृतिक संसाधनों की वर्तमान स्थिति पर विकास की संभावनाओं के लिए ग्रामीणों से विस्तृत चर्चा करते हुए आवश्यक आकड़ों का संकलन किया गया। मोहकमपुरा ग्राम पंचायत में आयोजित पी.आर.ए. में बड़ी संख्या में ग्रामीणों ने भाग लिया था। संपूर्ण प्रक्रिया में कुल 692 ग्रामीणजनों ने भाग लिया जिसमें 512 पुरुष व 172 महिलाएं थीं।

# तीसरा अध्याय

## 3. पंचायतः सामान्य विवेचन

### 3.1 भौगोलिक स्थिति

ग्राम पंचायत मोहकमपुरा कुशलगढ़ पंचायत समिति से 16 कि.मी. दूर तथा जिला मुख्यालय से 86 कि.मी. दूरी पर पूर्व दिशा में स्थित है, भौगोलिक दृष्टिकोण से देखा जाए तो उत्तर से दक्षिण दिशा में पहाड़ियों पर ग्रामीण समुदाय अपने कच्चे मकानों में रहते हैं तथा उसके आस-पास की जमीन पर अपनी खेती करते हैं। अधिकतर एक फसलीय उपज इस क्षेत्र में ली जाती है, अर्थात् मानसून आधारित कृषि पर ही निर्भर रहना पड़ता है। यहां पर 11 राजस्व गांव और 15 वार्ड हैं। इस पंचायत के पूर्व में मध्य प्रदेश की सीमा, पश्चिम में रामगढ़ पंचायत तथा उत्तर दिशा में बावलीया पाड़ा पंचायत आती है।

इस ग्राम पंचायत में प्राकृतिक वनस्पतियों में सागवान, बबूल, खाखरा, नीम,

देशी बबूल, आम, महुआ के वृक्ष मुख्यतः पाए जाते हैं। यहां की जमीन अधिकतर काली, भूरी-लाल तथा पथरीली मिट्टी से युक्त है। जिसमें मुख्यतः बैलों द्वारा खेती की जाती है।

**3.2 सामाजिक व राजनैतिक स्थिति**

पंचायत के 11 राजस्व गांवों में विभिन्न जातियों व उप-जातियों के लोग निवास करते हैं जिसमें सिगाड, डामोर, कुणिया, चारेल, बड़खिया, भूरिया, झोड़िया, मईडा, डिन्डोर, भामोर, कटारा, गामड, डांगी, डाबी, सोलंकी, चावड़ा, यादव, जैन, नाई, लुहार, सोनी, इत्यादि प्रमुख हैं। क्षेत्रीय भाषा के अंतर्गत मालवी भाषा को मुख्य रूप से बोला जाता है। सामाजिक रीति रिवाजों के अनुसार आज भी दहेज प्रथा प्रचलित है। त्यौहारों में मुख्यतः होली, दीपावली, मकर सक्रांति, आखा तीज मनाए जाते हैं। सामाजिक न्याय प्रणाली में अधिकांशतः ग्राम पंचायत के सरपंच या अन्य सामाजिक नेता द्वारा ही अंतिम निर्णय लिए जाते हैं।

पंचायत क्षेत्र में मुख्यतः तीन राजनैतिक पार्टियां हैं। वर्तमान में महिला सरपंच पंचायत का प्रतिनिधित्व कर रही है।

**3.3 आर्थिक स्थिति**

पंचायत क्षेत्र में लोगों की आजीविका का मुख्य साधन कृषि व मजदूरी है। कृषि के लिए यहां समतल भूमि का अभाव है। अधिकतर खरीफ की फसल ही बोई जाती है जिसमें कपास की पैदावार अधिक होती है। फसल कटाई के उपरान्त पंचायत क्षेत्र के अधिकतर लोग निकटवर्ती राज्यों में मजदूरी हेतु पलायन कर जाते हैं।

# चौथा अध्याय

इस अध्याय के अंतर्गत, ग्राम पंचायतों व पंचायत समिति का सामान्य मानचित्र, सामाजिक मानचित्र, प्राकृतिक मानचित्र, आदि बनाए गए हैं। ये मानचित्र ग्रामीण सहभागी मूल्यांकन के द्वारा तैयार किए गए थे। इस तरह के मानचित्रों का संक्षेप में जिक्र अध्याय पांच में किया गया है।

# पांचवां अध्याय

**पंचायत एक नज़र में**

(1) पंचायत का नाम – मोहकमपुरा

(2) पंचायत के राजस्व गांव – सुरवन, तरालिया, भुरीपाड़ा, खानपाड़ा, सुन्दरीपाड़ा, भरोज, भवदा, अन्दोक, हल्दपुड़ा, सातलीया, ओंड़वा, मोहकमपुरा

(3) पंचायत मुख्यालय – मोहकमपुरा

(4) पंचायत से पंचायत समिति की दूरी – 16 कि.मी.

(5) पंचायत से जिला मुख्यालय की दूरी – 86 कि.मी.

(6) पंचायत तक पहुंच रास्ता कुशलगढ़ रतलाम मार्ग (वाया खॉटली महुडी) पर स्थित है।

(अ) पक्की चौड़ी सड़क–पूर्व – बसी पंचायत
पश्चिम – रामगढ़ पंचायत
उत्तर – बावलीया पाड़ा
दक्षिण – मध्य प्रदेश सीमा

**(7) पंचायत क्षेत्र की जनसंख्या का विवरण**

(अ) पंचायत क्षेत्र में आने वाले परिवारों की संख्या – 1438

(ब) पंचायत की कुल जनसंख्या – 7189

(स) (1) पुरुष – 3797
(2) महिला – 3392

(द) जनसंख्या का आयु के आधार पर वर्गीकरण
(1) 0-5 वर्ष (बालक/बालिकाएं) – 1110
(2) 6-14 वर्ष (बालक/बालिकाएं) – 1748
(3) 15 से अधिक (कार्यशील पुरुष/महिलाएं) – 4331

**(8) शिक्षा**

(1) कुल साक्षर जनसंख्या – 2301
(2) साक्षर पुरुष – 1632
(3) साक्षर महिलाएं – 669
(4) निरक्षर पुरुष – 1579
(5) निरक्षर महिलाएं – 2199
(6) 0-5 वर्ष वाले बालक/बालिकाएं – 1110

**(9) पंचायत क्षेत्र में पशु परिदृश्य**

| | |
|---|---|
| (1) गाय | – 1132 |
| (2) भैंस | – 490 |
| (3) बैल | – 1750 |
| (4) बकरी | – 1197 |
| (5) मुर्गे/मुर्गियां | – 978 |
| (6) अन्य | – 15 |
| (7) कुल | 5562 |

**(10) पंचायत क्षेत्र में परिवारों का जीवनयापन वितरण**

| | |
|---|---|
| (1) कृषक परिवार | – 1293 |
| (2) नौकरी पर आश्रित परिवार | – 17 |

**(11) पंचायत क्षेत्र में पलायन की स्थिति**

| | |
|---|---|
| (1) पलायन करने वाले परिवारों की संख्या | – 1063 |
| (2) पलायन करने वाले सदस्यों की संख्या | – 2716 |
| (अ) पुरुष | – 1467 |
| (ब) महिला | – 1249 |

**(12) पलायन अवधि के अनुसार स्थिति**

| | |
|---|---|
| (1) 1 माह पलायन करने वाले परिवार | – 32 |
| (2) 2 माह पलायन करने वाले परिवार | – 423 |
| (3) 3 माह से अधिक | – 608 |

**(13) पंचायत क्षेत्र में बसावट की स्थिति**

| | |
|---|---|
| (1) कुल घरों की संख्या | – 1349 |
| (2) कुल चूल्हों के अनुसार परिवारों की संख्या | – 1438 |

| **(14) जातियों के अनुसार वितरण** | **नाम व संख्या** |
|---|---|
| (1) कुल जातियों की संख्या | |
| 1. अनुसूचित जनजाति | – 1188 |
| 2. अनूसूचित जाति | – 15 |
| 3. अन्य पिछड़ा वर्ग | – 21 |
| 4. सामान्य | – 125 |

(2) **जनजाति में उपजातियों का विवरण**

भूरिया, डामोर, मावी, झोडिया, सिंगाड, डिन्डोर, मईडा, कटारा, चारेल, भाभोर, वड़खिया, मुजियां, गामड, डाबी

**(15) पंचायत क्षेत्र में सामाजिक व राजनैतिक नेतृत्व का परिदृश्य**

(1) राजनैतिक नेता श्रीमती चोका/जेथिंग डामोर सरपंच, श्री नाहर सिंह/लुणसिंह उपसरपंच, श्री लालू/मकाना भुरिया वार्ड पंच, श्री कचरू/दहलीग भूरिया, श्रीमती बाबुड़ी/भीमा, श्रीमती रमीया/बादर, श्री कलसिंग/हवसिंह, श्री मलसिंह/कलजी, श्रीमती जोगां/मावजी, श्रीमती पैमला/तेरसिंह,श्रीमती दुबली/नाथु, श्री मानसिंह/वरसिंग, श्री मोती सिंह/लक्ष्मण सिंह, श्री खुमा/लालजी, श्री नरसिंह/दहलिंग, श्री मनोहर लाल/लालचन्द्र।

(2) सामाजिक नेता श्री साजु भाई बारजी, श्री मंगल सिंह/कालुमिंग, श्री बाबु मावी पूर्व वार्ड पंच, श्री मसुर भाई पूर्व उपसरपंच, श्री भीमा नरू भाई, श्री खुमा भाई हवजी, श्री भुरजी भाई पूर्व वार्ड पंच, श्री भुरजी भाई पूर्व जनपद, श्री हिरू पूर्व जनपद, श्री तेरसिंह भाई रायचन्द्र, श्री कैलाश राधु भाई, श्री वरसिंह भाई पूर्व वार्ड पंच।

**(16) पंचायत क्षेत्र में प्रशासनिक ढांचे**

| | |
|---|---|
| (1) विद्यालय | |
| – प्राथमिक | – 22 |
| – माध्यमिक | – 1 |
| (2) स्वास्थ्य सेवा केंद्र | – 02 |
| (3) कृषि विस्तार केंद्र | – 01 |
| (4) पंचायत | – 01 |
| (5) पटवार मंडल | – 01 |
| (6) बहुद्देशीय सहकारी समिति | – 01 |
| (7) लोक वितरण केंद्र | – 03 |
| (8) बैंक | – 01 |

**(17) पंचायत क्षेत्र में स्थित संगठनात्मक ढांचों की स्थिति**

(1) वन सुरक्षा एवं प्रबन्धनात्मक संगठन – 01

(2) बचत समूह – 05

**(18) पंचायत क्षेत्र में बाजार की स्थितिः स्थान व दूरी**

(1) साप्ताहिक हाट – मोहकमपुरा

(2) नजदीकी बाजार – कुशलगढ़ 16 कि.मी.

(3) विद्युतीकरण – 125 परिवार

**(19) पंचायत क्षेत्र के प्राकृतिक संसाधनों का परिदृश्य**

(अ) पंचायत क्षेत्र में भूमि वितरण

(1) वन भूमि – 1483 हेक्टेयर

(2) चरागाह पंचायत में भूमि – 282 हेक्टेयर

(3) आबादी भूमि – 0.28 हेक्टेयर

(4) असिंचित कृषि भूमि – 1675 हेक्टेयर

(5) सिंचित कृषि भूमि – 99 हेक्टेयर

(6) राजस्व भूमि – 600 हेक्टेयर

**कुल भूमि** **4139.28 हेक्टेयर**

(ब) पंचायत क्षेत्र में उपलब्ध जल संसाधनों का परिदृश्य

(1) सार्वजनिक कूएं – 18

(2) निजी कूएं – 316

(3) तालाब/तलावडीयां – 09

(4) नदी – 08

(5) नाले – 30

(6) हैंडपंप – 56

(7) एनिकट – 11

**(20) पंचायत क्षेत्र में फसल पद्धति का विवरण**

(अ) एक फसली क्षेत्र – कुल कृषि का 100 प्रतिशत

(ब) द्विफसली क्षेत्र – कुल कृषि का 40 प्रतिशत

वर्ष के 12 महीनों में कौन सी चीजों की आवश्यकता व उपलब्धता होती है और किस महीने से कौन सी परिस्थितियों का सामना करना पड़ता है जिसका

माह-वार विवरण दिया गया है:

1. वर्षा–वर्ष भर में बरसात आषाढ़ सावन महीने में होती है

2. बीमारी–मनुष्य को बारह महीने में बुखार, सर्दी, जुकाम, उल्टी दस्त, मलेरिया, जोड़ो का दर्द, आदि बीमारियों का अलग-अलग तरह से मौसम परिवर्तन के साथ सामना करना पड़ता है।

3. फसल–मानसून उठने के अनुसार ही बरसात संभव है जिन इलाकों में बरसात आधारित खेती होती है वह आषाढ़, सावन, भाद्रपद, अश्विन महीनों में खरीफ की फसल करते हैं और जिन काश्तकारों के पास सिंचाई के लिए कुएं का साधन और पर्याप्त पानी हो तो रबी की फसल कार्तिक माह में बोते हैं। यहां भी मुख्य फसलें मक्का, धान, कपास, सोयाबीन, उड़द और अरहर हैं।

4. चारा–पशुओं के लिए चारा काश्तकार के पास आषाढ़, सावन, भाद्रपद, अश्विन, कार्तिक, मार्गशीर्ष, पोष, माघ, फाल्गुन महीने तक उपलब्ध रहता है बाकि चैत्र, बैसाख, जेष्ठ माह में काश्तकारों को चारा खरीद कर लाना पड़ता है।

# छठा अध्याय

## ग्राम पंचायत मोहकमपुरा की भौगोलिक और प्राकृतिक संसाधनों की वस्तु स्थिति का विश्लेषण

### 6.1 ग्राम पंचायत मोहकमपुरा की भौगोलिक और प्राकृतिक स्थिति

मोहकमपुरा पंचायत क्षेत्र में 11 राजस्व गांव तथा 15 वार्ड हैं जिसकी कुल भूमि 4139.28 हेक्टेयर है। कुल भूमि का 42.86 प्रतिशत कृषि के लिए उपयोग होता है, 6.81 प्रतिशत भूमि चरागाह के लिए, राजस्व पड़त भूमि 14.49 प्रतिशत तथा वन भूमि 35.82 प्रतिशत है। कृषि क्षेत्र का अधिकांश भाग एक फसली है, यहां की मिट्टी भूरी-लाल व पथरीली है।

जल संसाधन की दृष्टि से विश्लेषण करने पर ज्ञांत होता है कि यह क्षेत्र औसत वर्षा वाले क्षेत्र की श्रेणी में आता है। यहां लगभग 800 सेंटीमीटर वार्षिक वर्षा होती है। पंचायत क्षेत्र में दो बड़े तालाब हैं जिनसे कृषि भूमि का छः प्रतिशत क्षेत्र पर सिंचाई हो पा रही है। सात तालबाड़ियां और 11 एनिकटों के निर्माण के उपरांत भी इनसे सिंचाई नहीं हो पा रहीं है। ग्राम पंचायत में 11 छोटे नाले और 8 बड़े नाले हैं, परंतु सर्वाधिक जल बहकर निकल जाता है। ग्राम पंचायत में 316 निजी कूएं और 18 सार्वजनिक कूएं हैं तथा 56 हैंडपंप हैं जिसमें से लगभग 36

हैंडपंप खराब पड़े हैं। लोगों व मवेशियों के लिए पेयजल हेतु इन्हीं कुओं व हैंडपंप का उपयोग किया जाता है। राजस्व गांव भवरदा, भोराज व सुंदरीपाड़ा में मई-जून माह में पेयजल की आपूर्ति टैंकरों द्वारा की जाती है और मवेशियों को पानी पिलाने के लिए मोहकमपुरा लाया जाता है। पशुधन सम्पदा में यहां स्थानीय देशी नस्ल की गाय, भैंस, बैल एवं बकरियां पाली जाती हैं। पशुओं की कुल संख्या का अधिकांश हिस्सा छोटे पशुओं का है। प्रति परिवार औसतन दो से तीन पशु हैं जिसमें से दुधारू पशुओं गाय, भैंस का औसत दुग्ध उत्पादन क्षमता 450 से 750 मि.ली. है वहीं छोटे पशुओं का दुग्ध उत्पादन 250 मि.ली. है।

**6.2 ग्राम पंचायत में सामाजिक, शैक्षणिक व आर्थिक परिदृश्य**

शिक्षा की दृष्टि से देखने पर ज्ञात होता है कि यहां कुल 13 राजकीय प्राथमिक विद्यालय, 5 राजीव गांधी पाठशाला, 2 शिक्षाकर्मी विद्यालय, 2 निजी विद्यालय हैं जिनके प्रभाव से 37.04 प्रतिशत लोग साक्षर हैं। उक्त में महिला पुरुषों की साक्षरता दर क्रमशः 50.82 व 23.32 प्रतिशत है। ढांचागत सुविधाओं के अंतर्गत पंचायत क्षेत्र में वर्तमान में पंचायत भवन तथा पटवारघर, प्राथमिक स्वास्थ्य केंद्र, उप-स्वास्थ्य भवन, पुलिस चौकी आदि की व्यवस्था है।

ग्राम पंचायत मोहकमपुरा के 11 राजस्व गांव में कुल 1438 परिवार निवास करते हैं जिसमें 82.61 प्रतिशत जनजाति की 23 उपजातियां निवास करती हैं। डामोर और चारेल प्रमुख प्रभावशाली उपजातियां हैं। क्षेत्र में इन उपजातियों का राजनैतिक, सामाजिक दृष्टि से काफी प्रभाव है परंतु ये जातियां आर्थिक रूप से सुदृढ़ नहीं हैं। 95 प्रतिशत से अधिक परिवार कृषि पर निर्भर हैं वहीं 18 परिवार धंधे तथा 15 परिवार नौकरी पर भी आश्रित हैं। यहां कुल परिवारों का 50 प्रतिशत बीपीएल श्रेणी में आते हैं।

पंचायत में कृषि पर निर्भर परिवारों के पास दो से चार बीघा प्रति परिवार औसतन भूमि है जिसमें से अधिकांश क्षेत्र में प्रति हेक्टेयर 12 क्विंटल कपास की पैदावार होती है। क्षेत्र में की जाने वाली खाद्यान्न वाली कृषि में 80 प्रतिशत से अधिक क्षेत्र में आजीविका के स्थाई व्यवस्था नहीं होने व अशिक्षा के कारण 2716 सदस्य पलायन कर जाते हैं।

# सातवां अध्याय

## ग्राम पंचायत मोहकमपुरा की प्रमुख समस्याएं

क्षेत्र के भौगोलिक, प्राकृतिक, सामाजिक एवं आर्थिक परिदृश्य का विश्लेषण करने

पर यहां की प्रमुख समस्याओं की पहचान निम्नानुसार है:

7.1. ग्राम पंचायत मोहकमपुरा में 11 राजस्व गांव हैं इन गांवों में से राजस्व गांव भवरंदा, भोराज, सुंदरीपाडा और भूरीपाडा में पानी का मुख्य स्रोत कूएं हैं। मई माह के पश्चात कुंओं में पानी सूख जाने पर पेयजल की आपूर्ति टैंकर से की जाती है। गर्मियों में पशुओं के लिए पेयजल की व्यवस्था मोहकमपुरा राजस्व गांव में स्थित ट्यूबवेल द्वारा की जाती है। निकटवर्ती राजस्व गांवों से पशुओं को औसतन तीन से छः कि.मी. दूरी तय कर मोहकमपुरा लाया जाता है।

7.2. ग्राम पंचायत मोहकमपुरा में कुल 56 हैण्डपंप हैं जिसमें से अधिकांश हैंडपंप खराब पड़े हैं और मई-जून माह में पानी का स्तर 50 फीट से अधिक नीचे चला जाता है जिससे अधिकांश हैंडपंप बंद हो जाते हैं। फलस्वरूप भवरदा, भोराज, सुंदरीपीडा, खानपाड़ा और भूरीपाड़ा राजस्व गांवों में पर्याप्त मात्रा में पेयजल उपलब्ध नहीं होता है।

7.3. पंचायत क्षेत्र में पानी की कमी के कारण पक्के निर्माण कार्य भी पूर्ण नहीं हो पाते हैं। सिंचाई का मुख्य स्रोत तालाब है। राजस्व गांव खानपाड़ा व सुरवन दोनों में तालाब से सिंचाई हो पाती है परंतु खानपाड़ा तालाब में जल की आवक कम होने से काश्तकारों को रबी की फसल में दो बार ही सिंचाई के लिए जल उपलब्ध हो पाता है, ग्राम पंचायत में कुल 11 एनिकट हैं जिसमें से अधिकांश एनिकट नाम मात्र के हैं और कहीं तो एनिकटों की ऊंचाई बहुत कम होने के कारण मिट्टी से भर गए हैं। जिससे जल की रुकावट नहीं होती है तथापि विलंब व अंतराल से वर्षा होने पर इन एनिकटों में कुछ संरक्षित जल से खरीफ की फसल को एक सिंचाई देकर बचाया जाता है। निजी कुओं से ही लगभग 20 प्रतिशत रबी अर्थात् दूसरी फसल ली जा सकती है।

7.4. मोहकमपुरा पंचायत क्षेत्र के लोगों की आर्थिक स्थिति सुदृढ़ नहीं होने के कारण अधिकांश परिवार अहमदाबाद, सूरत और अन्य नगरों में आजीविका अर्जित करने के लिए पलायन कर जाते हैं। पलायित परिवार के साथ छः से चौदह वर्ष के बालक व बालिकाएं भी पलायन करते हैं जिससे वे शिक्षा से वंचित रह जाते हैं।

7.5. पंचायत क्षेत्र में 11 राजस्व गांवों में से केवल सातलिया ग्राम में ही एक उप-स्वास्थ्य केंद्र है तथा मोहकमपुरा में प्राथमिक स्वास्थ्य केंद्र है। अन्य राजस्व गांवों में स्वास्थ्य सुविधाओं की व्यवस्था नहीं है, विशेषकर अंदोख ग्रामवासी मध्य प्रदेश राज्य के सीमावर्ती क्षेत्र में होने से स्वास्थ्य सुविधाओं से वंचित है। ग्रामीण जनों

में मुख्यतः बीमारियों में निमोनिया, कुकर खांसी व मलेरिया होती है। जिनका इलाज पंचायत क्षेत्र में नहीं हो पाने से पंचायत समिति मुख्यालय जो कि 20 कि.मी. दूरी पर स्थित है वहां ले जाना पड़ता है।

7.6. सार्वजनिक वितरण प्रणाली के अंतर्गत उचित मूल्य की तीन दुकानें पंचायत मुख्यालय पर स्थित हैं जिससे किसानों को अपने-अपने राजस्व गांवों व घरों तक खाद्यान्न ले जाने में असुविधा होती है।

7.7. पंचायत क्षेत्र के अधिकांश राजस्व गांवों में कच्ची सड़क होने से आमजन को आवागमन की समस्या बनी रहती है।

7.8. पंचायत क्षेत्र के अधिकतर राजस्व गांवों में विद्युतीकरण की सुविधा उपलब्ध नहीं है।

7.9. पंचायत में 78.9 प्रतिशत परिवार आजीविका हेतु पलायन करते हैं। जिनमें से 57 प्रतिशत परिवार वर्ष में 3 माह से अधिक समय के लिए क्षेत्र से बाहर रहते हैं।

# आठवां अध्याय

## ग्राम पंचायत मोहकमपुरा की समस्याओं के हल योग्य संभावित समाधान

सहभागी ग्रामीण मूल्यांकन द्वारा प्राप्त समस्याओं के संभावित समाधानों पर विकेंद्रीकृत निर्णय प्रक्रिया द्वारा ग्रामीणों में निम्नानुसार आमराय बन पाई है:

8.1. पेयजल की समस्या से निज़ात पाने के लिए सार्वजनिक कुओं में जल की निरंतरता को बनाये रखने के लिए छोटे-छोटे अवरोधी बंधों का निर्माण किया जाए और अतिरिक्त बरसाती जल के संरक्षण व संवर्धन हेतु जल संरक्षण टैंकों का निर्माण कर पेयजल की समस्या का समाधान किया जा सकता है। हैंडपंपों की उचित मरम्मत व देखभाल की जानी आवश्यक है।

8.2. सिंचाई सुविधा के विकास के लिए दो राजस्व गांवों के तालाबों की मरम्मत व गहरीकरण का कार्य किया जाना है तथा नालों पर नवीन एनीकटों का निर्माण कर वर्ष में दो से अधिक बार सिंचाई हेतु जल का उपयोग किया जा सकता है।

8.3. पलायन की समस्या को रोकने हेतु स्थानीय क्षेत्र के आय का साधनों का सृजन व बढ़ोत्तरी करने हेतु कपास की वर्तमान पैदावार को और अधिक क्षेत्र में लगाने के लिए किसानों को प्रेरित कर कपास की रिफाइनरी लगाकर कपास रेसों व बीज पृथक्करण से लघु उद्योग को विकसित किया जा सकता है।

8.4. लोगों की आजीविका का मुख्य साधन कृषि व मजदूरी है फलस्वरूप कृषि क्षेत्र में नवीन तकनीकों व जानकारी के साथ जैविक कृषि व उन्नत बीजों से फसल के उत्पादन को बढ़ाया जा सकता है साथ ही नवीन प्रयोगों व तकनीकी जानकारियों के लिए आदिवासी कास्तकारों को प्रशिक्षित किया जाना भी आवश्यक है।

8.5. पंचायत क्षेत्र के दूरस्थ गांवों में स्वास्थ्य सुविधाओं की गुणवत्ता में सुधार हेतु उप-स्वास्थ्य केंद्रों की स्थापना किया जाना अनिवार्य लगता है व विशेष रूप से पंचायत स्तर पर स्वास्थ्य कार्यक्रमों की जानकारी समय-समय पर लोगों तक पहुंचाई जानी नितान्त आवश्यक है।

8.6. पंचायत क्षेत्र के लोगों की आर्थिक स्थिति में सुधार करने तथा पंचायत की राजस्व आय में वृद्धि के लिए मछली पालन, ईट निर्माण, सड़क के किनारे पौधारोपण, रतनजोत व बांस के पौधों का रोपण जैसे कार्य किए जा सकते हैं।

8.7. पंचायत के विभिन्न गांवों तक पहुंच व संपर्क सड़कों व पुलियाओं की मरम्मत व नवीन सड़कों का निर्माण किया जा सकता है।

# नवां अध्याय

## क्रियान्वित की जाने वाली गतिविधियों की सूची

मोहकमपुरा ग्राम पंचायत में 12 राजस्व गांव हैं। इन गांवों के नाम क्रमशः खानापाड़ा, सुरवन, तारपाड़ा, भुरीपाड़ा, सुंदरीपाड़ा, भोराज, भवडा, अन्दोक, हलूडुपाड़ा, सतलीया, ओंडवा, मोहकमपुरा हैं। इस अध्याय में ग्रामानुसार कार्य का नाम स्थान के अनुसार सूचीबद्ध किया गया है।

# दसवां अध्याय

## पंचायत की वर्तमान राजस्व की स्थिति

पंचायत की वर्तमान राजस्व स्थिति सुदृढ़ नहीं है। वर्तमान समय में पंचायत क्षेत्र में साप्ताहिक हाट लगते हैं। इन हाटों से पंचायत दुकानदारों से प्रति दुकान 5 रुपए लेती है जिससे वार्षिक 6000 रुपए राजस्व की प्राप्ति होती है। इसके अतिरिक्त पंचायत की अपनी चार दुकानें हैं जिसमें स्थानीय निवासी व्यवसाय करते हैं परंतु इनसे किसी भी प्रकार के राजस्व की वसूली नहीं की जाती है। इसके अतिरिक्त मोहकमपुरा राजस्व गांव में टयूबवेल से 40 परिवारों को पेयजल हेतु नल कनेक्शन

दिए गए हैं। फलस्वरूप, प्रति परिवार दस रुपया प्रति माह सुविधा शुल्क एकत्रित किया जाता है। इस प्रकार मोहकमपुरा पंचायत को वर्तमान में कुल 10800 रुपए वार्षिक राजस्व की प्राप्ति हो रही है।

# ग्यारहवां अध्याय

## पंचायत क्षेत्र में राजस्व एकत्रीकरण की संभावनाएं एवं वार्षिक लक्ष्य की स्थिति

ग्राम पंचायत मोहकमपुरा द्वारा तय किए गए संभावित राजस्व आय के प्रस्ताव इस प्रकार हैं:

11.1. राजस्व गांव मोहकमपुरा में साप्ताहिक हाट शुक्रवार को लगता है और इस क्षेत्र में 25 से 30 दुकानें लगती हैं जिनसे पंचायत निर्धारित 10 रुपये प्रति गुमटी प्रति हाट वसूली करने का प्रस्ताव लिया है।

11.2. ग्राम पंचायत मोहकमपुरा में चार दुकानें हैं उन्हें 200 से 250 रुपए प्रति दुकान प्रति माह के हिसाब से किराए पर दिया जाएगा।

11.3. मोहकमपुरा में पेयजल हेतु चालीस परिवारों में नल कनेक्शन दिए गए हैं जिससे मासिक किराया वसूल किया जा रहा है और 200 परिवारों को पेयजल उपलब्ध कराने के नल कनेक्शन दिए जाने की संभावना है फलस्वरूप 2000 रुपये प्रतिमाह किराया प्राप्त होगा।

11.4. पंचायत के सुरवन गांव में स्थित तालाब से 15 बीपीएल परिवारों के सदस्यों को मछली पालन का स्वरोजगार दिया जाएगा जिसके लिए मछली पालन विभाग बांसवेड़ा का सहयोग लिया जाएगा।

11.5. पंचायत मोहकमपुरा के सुरवन गांव मैं स्थित तालाब से सिंचाई के लिए किसानों को पानी उपलब्ध कराया जा रहा है इनसे 160 एकड़ क्षेत्र पर सिंचाई उपलब्ध हो सकेगी जिससे प्रति एकड़ प्रति फसल 60 रुपए वसूल किया जा रहा है।

11.6. सुरवन गांव में सामुदायिक भूमि पर 1000 आंवले के पौधों का रोपण कराया जाना प्रस्तावित है।

11.7. पंचायत द्वारा किसान सेवा केंद्र की स्थापना की जाएगी जिसमें सभी कृषि यंत्रों व औजारों व आवश्यक मशीनों को किसानों को किराए पर उपलब्ध कराकर पंचायत की निजी आय को बढ़ाया जाएगा। सेवा केंद्र से वार्षिक 10000 रुपए किराया एकत्रित करने का लक्ष्य रखा गया है।

**पंचायत मोहकमपुरा में अगले तीन वर्षों के लिए तय संभावित राजस्व लक्ष्य**

| | | राजस्व आय | | |
|---|---|---|---|---|
| **आय का स्रोत** | **स्थान** | **प्रथम वर्ष** | **द्वितीय वर्ष** | **तृतीय वर्ष** |
| साप्ताहिक हाट | मोहकमपुरा | 14400 रुपए 30 दुकान/10 रुपए प्रति माह | 14400 रुपए 30 दुकान/10 रुपए प्रति माह | 14400 रुपए 30 दुकान/10 रुपए प्रति माह |
| मकान किराया | मोहकमपुरा | 12000 रुपए 4 दुकान/250 रुपए प्रति माह | 12000 रुपए 4 दुकान/250 रुपए प्रति माह | 12000 रुपए 4 दुकान/250 रुपए प्रति माह |
| नल कनेक्शन | मोहकमपुरा | 4800 रुपए 40 परिवार/10 रुपए प्रति माह | 3600 रुपए 150 परिवार/20 रुपए प्रति माह | 7200 रुपए 200 परिवार/30 रुपए प्रति माह |
| मछली पालन | सुरवन | 7500 रुपए 15 सदस्य गुणा 50 रुपए प्रति माह | 8250 रुपए 15 सदस्य गुणा 550 रुपए प्रति माह | 9000 रुपए 15 सदस्य गुणा 600 रुपए प्रति माह |
| सिंचाई | सुरवन | 9600 रुपए 160 एकड़/ 60 रुपए प्रति वर्ष | 9600 रुपए 160 एकड़/ 60 रुपए प्रति वर्ष | 9600 रुपए 160 एकड़/ 60 रुपए प्रति वर्ष |
| **योग** | | **48300 रुपए** | **80250 रुपए** | **117000 रुपए** |

इस प्रकार, मोहकमपुरा पंचायत द्वारा सामुदायिक संसाधनों को विकास कर तीन वर्षों में 2,45,550 रुपए वार्षिक राजस्व के रूप में एकत्रित करने का लक्ष्य निर्धारित किया गया है और इसी प्रकार निजी परिवार स्तर के कार्यों पर भी राजस्व एकत्रीकरण के प्रयास किए जाएंगे।

# बारहवां अध्याय

## कार्ययोजना का प्रबंधन

पंचायत स्तर पर विकेंद्रीकृत सहभागी नियोजन प्रक्रिया द्वारा तैयार की गई योजना

के संचालन व प्रबंधन की जवाबदेही भी पंचायत की है अतः पंचायत द्वारा तीन स्तरों पर कार्य योजना का प्रबंधन निम्न प्रकार से किया जाएगाः

### क्रियान्वयन के पूर्व

ग्राम पंचायत में कार्य योजना के क्रियान्वयन के पूर्व पंचायत स्तर पर बैठकों का आयोजन कर विभिन्न प्रकार की समितियों का गठन किया जाएगा जिसमे मुख्यतः 1. प्रबंधन समिति, 2. वित्त और प्रशासन समिति, और 3. सतर्कता समिति प्रमुख है।

प्रबंधन समिति कार्यों के पूर्व प्रबंधन हेतु जिम्मेदार होगी तथा वित्त और प्रशासन समिति समस्त कार्यों से राजस्व आय अर्जित करने की जिम्मेदारी का निर्वहन करेगी व प्रशासनिक निर्णय भी इसी स्तर पर लिए जाएंगे, जबकि सतर्कता समिति कार्यों के सफल संचालन की व्यवस्था करेगी।

### क्रियान्वयन के दौरान

क्रियान्वयन के दौरान पर्यवेक्षण समितियां सभी प्रकार के कार्य जैसे मछली पालन, पंचायत की दुकानों की देख-रेख, वृक्षारोपण व मेड़बंदी के कार्यों की निगरानी रखने के साथ समय-समय पर कार्ययोजना से संबंधित प्रशिक्षणों व कार्यक्रमों की जानकारी आमजन तक पहुंचाने का कार्य करेगी।

### क्रियान्वयन के उपरान्त

ऊपर वर्णित संबंधित समितियां योजनाओं के क्रियान्वयन के पश्चात् विभिन्न स्रोतों से होने वाली राजस्व आय की वसूली करेंगी तथा आय के उपयोग संबंधित निर्णय भी पंचायत की विभिन्न बैठकों के दौरान लिए जाएंगे। जिसमें मछली पालन के लिए ठेका देने जैसे निर्णय शामिल हैं।

# तेरहवां अध्याय

### अपेक्षित परिणाम

यूएनडीपी परियोजना के क्रियान्वयन से मोहकमपुरा पंचायत से निम्नलिखित परिणामों की अपेक्षा की जा रही हैः

13.1. जल संसाधनों की मरम्मत व गहरीकरण के पश्चात जल स्तर की निरंतर उपलब्धता बनी रहेगी, जिससे ग्रामीणजनों व मवेशियों को पेयजल उपलब्ध

होगा तथा वर्षा जल के संरक्षण व अवरोधी बंधों द्वारा भूजल स्तर में बढ़ोत्तरी होगी जिससे वर्ष भर सिंचाई हेतु जल उपलब्ध होगा फलस्वरूप फसल प्रतिशत की वृद्धि से लोगों की आर्थिक स्थिति में सुधार होगा।

13.2. स्थानीय स्तर पर लघु उद्योगों के विकास से स्वरोजगार का सृजन होगा जिसमें मुख्यतः कपास से संबंधित लघु उद्योग लगा कर प्राप्त उत्पादों को निकटवर्ती क्षेत्रों में निर्यात करने पर क्षेत्र की आर्थिक स्थिति में सुधार होगा तथा 300 से 500 परिवारों को स्थानीय क्षेत्र में रोजगार मिल सकेगा। पलायन समस्या का निराकरण हो सकेगा।

13.3. आजीविका के मुख्य स्रोत कृषि व मजदूरी में विभिन्न तकनीकों व उच्च गुणवत्ता के उर्वरकों व बीजों के प्रयोग द्वारा कृषि पैदावार को बढ़ावा मिलेगा तथा जमीन का उपजाऊपन भी बढ़ेगा।

13.4. पंचायत क्षेत्र में स्वास्थ्य से संबंधित सुविधाओं में विस्तार होने से ग्रामीण जन के स्वास्थ्य में सुधार होगा तथा लोगों में स्वास्थ्य के प्रति जागरुकता बढ़ेगी।

13.5. ग्राम पंचायत के राजस्व आय से आंशिक रूप से मजदूरी पर निर्भर परिवारों का जीवन स्तर ऊपर उठेगा।

13.6. विभिन्न प्रकार के कार्यों से जो राजस्व प्राप्ति होगी उससे विकास व रोजगार के नए अवसर पैदा होंगे।

*अनुबंध-6*

# 11वीं पंचवर्षीय योजना में जिला योजनाओं के लिए दिशा-निर्देश

## 1. प्रस्तावना

सन् 1950 में नियोजित विकास के शुरू से ही प्रत्येक क्षेत्र में विशिष्ट स्थायी निधि पर आधारित एकीकृत स्थानीय क्षेत्र योजनाओं की आवश्यकता महसूस की गई थी। तथापि अनेक रिपोर्टों और अध्ययनों के बावजूद ऐसी योजना के छुटपुट प्रयास और अलग-थलग मामले ही सामने आए थे। क्षेत्रीय योजनाओं और एक जैसे कार्यक्रमों के जरिए अधिकांश विकास किया गया था जिससे निष्कर्ष सीमित निकले और संसाधनों का अपव्यय हुआ। संविधान के 73वें और 74वें संशोधनों ने ग्राम पंचायत, मध्यवर्ती पंचायतों और जिला पंचायत स्तर पर तथा शहरी स्थानीय सरकारों में स्थानीय योजना की वकालत की और प्रत्येक जिले में जिला योजना तैयार की जाए। हालांकि संवैधानिक आदेशपत्र को लागू हुए 14 वर्ष हो चुके हैं, कुछ ही राज्यों को छोड़कर प्रगति नहीं के बराबर हुई है।

यह निर्णय लिया गया है कि 'जिला योजना प्रक्रिया' 11वीं पंचवर्षीय योजना (2007-2012) और वार्षिक योजना 2007-2008 को तैयार करने की प्रक्रिया का एक अभिन्न हिस्सा होना चाहिए। इसे देखते हुए पंचायती राज मंत्रालय ने योजना आयोग के परामर्श से 2005 में एक विशेषज्ञ समूह का गठन किया था।

निचले स्तर पर योजना से संबंधित विशेषज्ञ समूह की रिपोर्ट मार्च, 2006 में सरकार को प्रस्तुत कर दी गई थी। इसे पंचायती राज मंत्रालय और योजना

आयोग द्वारा स्वीकार कर लिया गया है और इसे अप्रैल-मई, 2006 में राज्यों को परिचालित किया गया था। यह परिपत्र राज्यों द्वारा 11वीं पंचवर्षीय योजना/वार्षिक योजना 2007-2008 के तैयार किए गए प्रस्तावों का एक हिस्सा है।

## 2. जिला योजना

जिला योजना उपलब्ध संसाधनों (प्राकृतिक, मानवीय और वित्तीय) को ध्यान में रखते हुए जिले में स्थानीय सरकारी क्षेत्र के लिए एक समन्वित योजना तैयार करने की एक प्रक्रिया है तथा इसमें जिला स्तर और उससे नीचे के स्तर पर सौंपे गए तथा राज्य में स्थानीय सरकारों के जरिए कार्यान्वित किए जाने वाले कार्य क्षेत्रीय कार्यकलापों और योजनाओं को शामिल किया गया है।

जिस दस्तावेज में संसाधनों का यह विवरण तथा विभिन्न प्रयोजनों के लिए उनका आबंटन शामिल होता है, उसे जिला योजना कहा जाता है। इसके मुख्य रूप से तीन पहलू होते हैं अर्थातः

1. ग्रामीण स्थानीय निकायों द्वारा उन्हें सौंपे गए कार्यकलापों तथा उनके द्वारा कार्यान्वित राष्ट्रीय/राज्यीय योजनाओं, जिनके पास अपने संसाधन हों और इन्हें इन प्रयोजनों के लिए निर्धारित किया गया हो, की योजना तैयार करना,
2. शहरी स्थानीय निकायों द्वारा उन्हें सौंपे गए कार्यकलापों तथा उनके द्वारा कार्यान्वित राष्ट्रीय/राज्यीय योजनाओं, जिनके पास अपने संसाधन हों और इन्हें इन प्रयोजनों के लिए निर्धारित किया गया हो, की योजना तैयार करना, और
3. ग्रामीण और शहरी स्थानीय निकायों की योजना का भौतिक एकीकरण जिन्हें जिले की भौगोलिक सीमाओं के भीतर कार्यान्वित किया जाता है।

जिला योजना समिति (डीपीसी) द्वारा इन सभी तीनों पहलुओं पर विचार किया जाएगा और इन्हें जिला योजना में शामिल किया जाएगा। यह पूरी तरह स्पष्ट है कि जिला योजनाओं को अलग-थलग तैयार नहीं किया जा सकता और इसे स्थानीय अर्थव्यवस्था के गैर-सरकारी क्षेत्रों की संभावित गतिविधियों को ध्यान में रखते हुए तैयार किया जाना चाहिए। इनमें से निम्नलिखित महत्वपूर्ण हैं:

1. स्व-सहायता समूहों, सहकारी समितियों, आदि जैसे जन समूहों की गतिविधियों से उभरने वाली योजनाएं।
2. वाणिज्यिक बैंकों (सार्वजनिक और निजी क्षेत्र, दोनों) नाबार्ड, सहकारी बैंकों

और समकक्ष बैंकों की स्थानीय शाखा (शाखाओं) जैसे वित्तीय संस्थानों से उभरने वाली योजनाएं।

3. जिले में मौजूद गैर-सरकारी संगठनों (आईएनजीओ)/एनजीओएस और द्विपक्षीय एजेंसियों की योजनाएं।
4. अन्य निजी एजेंटों की योजनाएं जिनका सरकार के कार्यकलापों पर प्रभाव पड़ता हो अथवा वे सरकार से उपेक्षा करते हों कि सरकार जहां तक उनके क्षेत्रीय कार्यों/सेवा सुपुर्दगी का संबंध है, उनके विकास पर प्रतिक्रिया व्यक्त करेगी।

## 3. राज्य स्तर पर किए जाने वाले उपाय

राज्य सरकारें (राज्य योजना आयोग/बोर्ड/विभाग) निम्नलिखित के लिए तत्काल कदम उठा सकती हैं यदि ऐसा पहले न किया गया होः

1. स्थानीय सरकारों के विभिन्न स्तरों द्वारा शुरू की जाने वाली गतिविधियों को पूरा करना;
2. संविधान में की गई कल्पना के अनुसार जिला योजना समितियों (डीपीसी) का गठन करना अर्थात् प्रत्येक जिले में पंचायत के निर्वाचित सदस्यों और शहरी स्थानीय सरकारों से 80 प्रतिशत सदस्यों का चुनाव किया जाए तथा बकाया 20 प्रतिशत सदस्यों को राज्य सरकारों द्वारा विशेषकर विशेषज्ञों के रूप में नामित किया जाए;
3. डीपीसी और स्थानीय सरकारों को नीचे भाग चार में दर्शाए अनुसार दिशानिर्देश जारी किए जाएं;
4. राज्य योजना के स्थानीय सरकारी घटक के वितरण के फार्मूले पर निर्णय लेना तथा संसाधनों को व्यापक आर्डर का उल्लेख करना जो पिछले पांच वर्षों/एक वर्ष (2007-2008) के लिए विभिन्न स्तरों (प्रत्येक स्थानीय सरकार के लिए) पर उपलब्ध होगा—यह क्षेत्रवार और उन्मुक्त होगा;
5. संसाधनों का उल्लेख करें जो प्रत्येक स्थानीय सरकार के लिए केंद्रीय प्रायोजित योजनाओं के जरिए केंद्रीय स्रोतों, विशेष आबंटनों, जिनमें वित्त आयोग के संसाधन भी शामिल हैं, आदि को व्यापक रूप से उपलब्ध कराया जाएगा।
6. जिला योजना का प्रारूप तैयार करें; और संवीक्षा के बाद जिला योजनाओं के सार को भाग चार के दर्शाए गए प्रपत्र में प्रस्तुत करें। इसके साथ-साथ 11वीं पंचवर्षीय योजना 2007-08 के प्रस्तावों को भी प्रस्तुत करें।

## 4. जिला योजना तैयार करना

जिला योजना के प्रारूप को तैयार करते समय निचले स्तर पर योजना संबंधी विशेषज्ञ समूह की रिपोर्ट में विस्तृत विभिन्न उपायों का आम तौर पर पालन किया जाना चाहिए। विकास और क्षमता सहित संसाधनों की मौजूदा स्थिति विभिन्न राज्यों में भिन्न-भिन्न है। प्रक्रिया क्षमताओं में सुधार करने के लिए अलग-अलग उपाय किए जा सकते हैं। निम्नलिखित उपायों का सुझाव दिया जाता है:

1. प्रत्येक स्थानीय सरकार के लिए उपलब्ध आंकड़ों को एक साथ रखा जाए। इस संबंध में राज्य सरकार की एजेंसियों, विभागों और जिला सांख्यिकीय संगठनों (केंद्रीय और राज्य) द्वारा उनकी मदद की जानी चाहिए।
2. इन आंकड़ों के आधार पर जिला और भागीदारी मूल्यांकन के आधार पर प्रत्येक स्थानीय सरकार द्वारा 10 से 15 वर्ष के लिए 'विजन' दस्तावेज तैयार किया जाना चाहिए। इस संबंध में डीपीसी स्थानीय सरकारों तथा अन्य प्रमुख शेयर धारकों के साथ औपचारिक बातचीत कर सकती है तथा इन्हें अंतिम रूप दिया जा सकता है। दस्तावेज में पिछड़ेपन/विकास की कमियों के प्रमुख कारणों को स्पष्ट रूप से उल्लेख किया जाना चाहिए तथा विकास में बाधा बनने वाले मुद्दों का समाधान भी किया जाना चाहिए। इसमें निम्नलिखित क्षेत्र शामिल होंगे:
   - कृषि और संबद्ध क्षेत्र (जैसा प्रासंगिक हो)
   - जल स्रोतों की उपलब्धता और विकास
   - उद्योग–विशेषकर परंपरागत, खाद्य प्रसंस्करण सहित लघु उद्योग
   - विद्युत सहित आधारभूत ढांचा
   - पेयजल और स्वच्छता
   - साक्षरता-स्कूल शिक्षा
   - स्वास्थ्य और चिकित्सा सुविधाएं
   - गरीबी उपशमन और बुनियादी आवश्यकताएं
   - स्त्री-पुरुष और बच्चे
   - सामाजिक न्याय-अनुसूचित जाति/अनुसूचित जनजाति, विकलांग, इत्यादि।
3. 'विजन' दस्तावेज तैयार करने में डीपीसी की सहायता करने (और तत्पश्चात योजना प्रस्तावों की संवीक्षा करना) के लिए प्रत्येक जिले में एक तकनीकी सहायता समूह का गठन किया जाए। इसमें विभागीय अधिकारी

(जहां उपलब्ध हों) को उनके कर्तव्यों के अतिरिक्त जिस उद्देश्य के लिए उन्हें नामित किया गया है या स्थानीय तौर पर उपलब्ध सेवानिवृत्त व्यक्ति या कोई स्थानीय शैक्षिक संस्थान या कोई स्थापित गैर-सरकारी संगठन जिसका अच्छा रिकार्ड हो, शामिल होना चाहिए। इसी प्रकार शहरी क्षेत्रों, मध्यवर्ती पंचायतों और ग्राम पंचायतों के लिए उपयुक्त तकनीकी सहायता की व्यवस्था की जानी चाहिए।

4. यदि इसे एक अभियान के रूप में शुरू किया जाए तो 'विजन' दस्तावेज को दो महीने के समय में तैयार किया जा सकता है।
5. इसके अलावा, यदि जिला योजना प्रक्रिया के लिए आर्थिक इकाई हो तो 'विज़न' दस्तावेज के दायरे को बढ़ाकर इसमें प्रत्येक जिले के तुलनात्मक लाभप्रद क्षेत्रों (तकनीकी संस्थानों, पर्यटन, कृषि उद्योग, आदि की उपलब्धता) को शामिल किया जा सकता है।
6. 'विजन' दस्तावेज के आधार पर तथा समान भागीदारी प्रक्रिया को अपनाकर आवश्यकताओं को पंचवर्षीय अवधि के अनुसार लक्ष्य निर्धारित करके प्राथमिकता दी जा सकती है तथा पंचवर्षीय योजना के प्रारूप को नीचे दिए अनुसार दर्शाया जा सकता है:

(क) योजना तैयार करने के प्रारूप की शुरुआत ग्राम सभा स्थल से की जानी चाहिए। ग्राम पंचायत अपनी योजना को ग्राम सभा से उभरने वाली प्राथमिकताओं के आधार पर अंतिम रूप दे सकता है तथा मध्यवर्ती पंचायत के लिए सुझाव दे सकता है। ग्राम पंचायत स्तर पर कार्यान्वित की जाने वाली परियोजनाओं और गतिविधियों को 'ग्राम पंचायत योजना' में शामिल किया जाना चाहिए। ऐसी परियोजनाएं और गतिविधियां जिन्हें एक या उससे अधिक ग्राम पंचायतों में ही कार्यान्वित किया जा सकता हो, को मध्यवर्ती पंचायत योजना में शामिल करने पर विचार करेंगी। ग्राम पंचायत योजनाओं में सामुदायिक योगदान का अनुमान उपलब्ध कराया जाना चाहिए, जिसे विकास योजना को लागू करने के उद्देश्य से जुटाया जा सकता है।

(ख) ग्राम पंचायतों से प्राप्त इन सुझावों तथा अपनी निजी प्राथमिकताओं के आधार पर मध्यवर्ती पंचायत को अपनी योजना को अंतिम रूप दिया जाना चाहिए। मध्यवर्ती पंचायत स्तर पर कार्यान्वित की जा सकने वाली

योजनाओं और गतिविधियों को 'मध्यवर्ती पंचायत योजना' के रूप में शामिल किया जाना चाहिए। जिन परियोजना और गतिविधियों को एक से अधिक मध्यवर्ती पंचायत में कार्यान्वित किए जाने की आवश्यकता है, के लिए पंचायत को भेजा जाएगा जो उन्हे 'जिला पंचायत योजना' में शामिल करने पर विचार करेंगी।

(ग) ग्राम पंचायत योजनाओं, मध्यवर्ती पंचायत योजना और जिला पंचायत योजना के आधार पर जिला योजना समिति द्वारा जिले के लिए जिला योजना को अंतिम रूप दिया जाएगा।

(घ) शहरी स्थानीय सरकारों में भी इसी तरह की प्रक्रिया शुरू की जानी चाहिए। प्रत्येक स्थानीय सरकार को जिला योजना के विभागीय घटकों में अलग-अलग सुझाव देने के लिए कहा जाना चाहिए।

7. उपर्युक्त पैरा छः में विभिन्न उपायों की समय-सीमा को दर्शाया जाना चाहिए। इसी प्रकार, राज्य योजनाओं सहित एकीकृत जिला योजनाओं की समय-सीमा को दर्शाए जाने की आवश्यकता है।
8. प्रत्येक स्थानीय सरकार के योजना प्रस्ताव का प्रारूप अनुमोदित कार्यकलाप तथा केंद्रीय प्रायोजित फ्लैगशिप तथा संबंधित कार्यक्रमों (जहां-कहीं लागू हों) के अनुसार होने चाहिए।
9. योजना प्रस्तावों के प्रारूप में उपर्युक्त पैरा दो में उपलब्ध क्षेत्रों को शामिल किया जाना चाहिए तथा ये उत्पादन, रोजगार, आधारभूत ढांचा, और मानव विकास के संभावित निष्कर्षों का उल्लेख करेंगे।
10. हालांकि उपर्युक्त पैरा (6), (7), (8) और (9) के अनुसार योजना प्रारूप बनाते समय संबंधित राज्य सरकार विकासात्मक योजनाओं तथा केंद्रीय प्रायोजित योजनाओं और बाहरी सहायता प्राप्त परियोजनाओं, जो उन्हें कार्यान्वयन के लिए सौंपी गई हैं, के जिला घटकों को ध्यान में रखेंगी। इसके अलावा, राज्य योजना के घटकों, जिले के भौगोलिक क्षेत्र में कार्यान्वित किया जा रहा है, सभी जिला योजना के भौतिक एकीकरण पर अधिक ध्यान दिए जाने की जरूरत है। जिले में स्थित राज्य योजना की इन मदों के संबंध में संसाधन और परिव्यय (जिन्हें स्थानीय निकायों के माध्यम से कार्यान्वित नहीं किया गया है) को स्थानीय निकायों के योजना संसाधनों तथा परिव्ययों में शामिल नहीं किया जाएगा।

11. जिला योजना के स्थानीय सरकारी घटक संसाधनों से उत्पन्न होंगे जिनमें निम्नलिखित निधि स्रोत शामिल होंगेः
    (क) विकास के लिए उपलब्ध निजी संसाधन।
    (ख) विकास प्रयोजनों के लिए राज्य वित्त आयोग द्वारा स्थानांतरण।
    (ग) राज्य सरकार द्वारा पारित 12वें वित्त आयोग के अनुदान।
    (घ) स्थानीय योजना के लिए अनुदान
    (ङ) केंद्रीय प्रायोजित योजनाओं के संबंध में अनुदान जिन्हें स्थानीय सरकारों के माध्यम से कार्यान्वयन के लिए सौंपा गया है।
    (च) बाहरी समर्थन प्राप्त योजनाओं के लिए अनुदान जिन्हें स्थानीय सरकारों के माध्यम से कार्यान्वयन के लिए सौंपा गया है।
    (छ) समुदायों द्वारा स्वयं के लिए अनुमानित अंशदान।
12. डीपीसी दो चरणों—पंचायत योजना और शहरी क्षेत्रीय योजना को सुदृढ़ करेगी, और उन्हें जिले के लिए विकासात्मक योजनाओं के साथ जोड़ेगी तथा पंचवर्षीय योजना और वार्षिक योजना के प्रारूप को तैयार करेगी।
13. राज्य योजना आयोग/बोर्ड/विभाग उपर्युक्त दिशानिर्देशों को जारी करेगा और जिला योजना दस्तावेज के व्यापक ढांचे का सुझाव देगा। और साथ ही दस्तावेज के साथ प्रपत्र संलग्न करेगा।

## 5. राज्य के 11वें योजना के प्रस्ताव के भाग के रूप में प्रस्तुति

1. राज्य के 11वीं पंचवर्षीय और वार्षिक 2007 योजना प्रस्तावों के भाग के रूप में जिला योजनाओं का एक सार प्रस्तुत करना होगा।
2. इस उद्देश्य के लिए स्थानीय सरकारों के अधिकारों की वर्तमान स्थिति तथा स्थानीय सरकारों के सभी स्तरों पर तैयार किए गए स्थानीय प्रारूप योजनाओं को प्राप्त करने के लिए अपनाई गयी प्रक्रिया पर एक नोट योजना प्रस्तावों के साथ संलग्न किया जाएगा।
3. सार विवरण प्रस्तुत किया जाएगा जो राज्य योजना प्रस्तावों के लिए सामान्यतः अपनाए जाने वाले प्रपत्रों के अलावा होगा (वार्षिक योजना में संदर्शित प्रपत्र पंचवर्षीय योजना के समान हो सकते हैं)।
4. राज्य में जिला योजनाओं पर परिव्यय का कुल योग सकल राज्य योजना परिव्यय का लगभग 40 प्रतिशत होगा।

मुद्रितः रैक्मो प्रेस प्राईवेट लिमिटेड, ओखला फेस-1, नई दिल्ली-110 020